종교학의 길잡이

KB207756

종교학의 길잡이

이정순 편저

머리말

　전 세계가 코로나 19 바이러스라는 전대미문의 큰 역경을 겪으면서 지구촌
의 현실이 나와 무관한 현실이 아니라 바로 내 현실이 되고 있다는 생각이 들
곤 한다. 이제 어느 개인이나 특정 공동체만 행복하면 그만이라는 그런 생각
으로 살 수 있는 현실이 아니다. 우리 모두 지구라는 한 배에 탄 동시대의 인
간들로 세계의 얽힌 실타래를 잘 풀어나가야 할 것이다. 세계 곳곳에서 들려
오는 전염병 소식과 전쟁 소식으로 희망보다는 공포와 좌절의 현실에 처해 있
는 이때 종교를 공부한다는 것은 어떤 의미가 있을까? 진리와 구원 또는 해탈
을 약속하는 종교의 길은 여전히 가능한 것인가? 이런 세계적인 문제들을 해
결하는 데 도움을 주지 못하는 종교는 이미 무의미해지고 만 것일까? 종교학
이라는 학문이 태동한 서구에서는 주요 종교들에 대한 대중들의 관심이 시들
기 시작한 지 오래되었다. 이미 탈종교 시대에 접어든 것이다. 물론 '종교적'이
지는 않지만 '영성적'이라는 새로운 현상도 출현하고 있다. 여전히 다종교 상
황 가운데 사는 우리의 현실은 다소 다르겠지만 종교에 대한 사회 전반의 무관
심은 갈수록 더 심해지고 있다. 특히 코로나 19 바이러스 시대 특정 종교 집단

이 보여준 이기주의적이고 폐쇄적인 모습으로 종교에 대한 부정적인 인식이 확산하고 있다. 종교가 흥했던 시절을 그리워하는 때가 이미 온 지도 모른다.

필자는 그동안 미국에서 3년, 한국에서 7년 6개월이라는 기간 동안 종교학 개론을 비롯한 여러 종교학 과목을 대학에서 강의했다. 종교에 무관심한 오늘의 현실에서 비전공자들에게 '종교학 개론'을 강의하기란 쉽지 않았다. 대부분 종교를 옛 시절 문화유산쯤으로 여기는 미국의 젊은이들에게 종교학을 가르친다는 것은 특히 어려운 일이었다. 이때 종교학 강의를 위해 좋은 교재를 선택하는 것이야말로 이런 어려움을 조금이라도 더는 일이었다. 미국에서 학위과정을 끝내고 인근 대학 학부 종교학과에서 교양과목으로 개설된 '종교학 개론'을 강의하게 되었을 때, 가장 먼저 어떤 교재를 써야 하나 고민이 되었다. 다행히 고민하던 신참 강사에게 동료 교수가 자기가 쓰는 교재를 추천해 주었다. 모 대학 종교학과에서 오랫동안 종교학을 강의하는 두 명의 교수들이 대학원생들의 도움을 받아 출판한 다소 얇은 책이었다. 하지만 이 책은 학부 비전공자 학생들을 대상으로 사용하기에 매우 적절한 교재였다. 종교의 여러 주제가 적절하게 다루어지고 있었다. 또 이미 여러 해 실험적으로 사용해보다 출판한 책이라 좋은 교재였다. 필자 역시 6학기 동안 이 교재를 사용하면서 배운 바가 많았다.

이후 한국으로 귀국해서 대학에서 종교학 개론을 다시 맡게 되었는데, 이번에는 한국어로 된 교재가 문제였다. 이리저리 찾아본 끝에 한국 종교학계의 원로 학자가 편집한 책을 교재로 쓰기로 했다. 하지만 한 학기 내내 학생들의 반응을 보니 너무 어렵고 지루해했다. 전공자도 아닌데 이렇게 자세하게 배워야 하는지 의문이 들었다. 유럽의 여러 학파와 학자들의 이름을 일일이 기억하기조차 힘들어했다. 다양한 종교 이론도 복잡하여 학부 학생들이 공부하기에는 쉽지 않았다. 한 마디로 학생들에게는 적절치 않은 교재였다. 이후 다시 교재를 찾아봤고 몇몇 번역서가 눈에 띄었는데, 역시 한국 학생들이 사용하기에는 어렵고, 또 상황이 달라서 이해하기조차 힘들었다. 그러던 중 한국의 젊은 종교학자들이 다양한 주제들을 가지고 함께 쓴 책이 출판된 것을 알고 이 교재를 선택하여 몇 년을 사용했다. 학생들의 흥미를 끈 좋은 교재였다. 하지만 이 책 역시 너무 오래전에 출판된 지라 곧 절판되고 말았다. 학부 비전공 학생에게 적절한 종교학 개론 교재를 만들어야 한다는 생각이 더 절실해졌다. 서구권에서 나온 종교학 개론을 찾아서 번역하는 길도 있을 터이고, 아니면 새로 집필하는 방법도 있을 거라고 생각했다. 하지만 번역은 서구의 상황과 다른 한국적 상황을 고려할 때 최선책은 아닌 듯했다. 그렇다면 우리 현실에 맞는 새로운 교재를 집필해야 하는데, 이 작업을 어떻게 시작할 것인가 고민하기 시작했다. 바로 이런 고민에서 본 교재의 출판 작업이 시작된 것이다.

이번에 출간하는 『종교학의 길잡이』는 사실 3인의 공동작품이다. 대학 강의용 교재로 만들기 위해 필자가 편자가 되어 다른 두 분의 글을 뽑아서 수정하고 다듬었다. 또 필자가 새로 집필한 부분도 있다. 두 분의 글은 '김하태-송기득 기념 사업회'로부터 허락을 받아 사용하였다. 두 분은 필자의 스승들로 오랫동안 직간접적으로 필자에게 영향을 끼쳤다. 두 선생님으로부터 철학, 신학, 종교학 등의 분야를 배운 필자는 오래전부터 두 분의 사상을 계승하는 측면에서 종교학 개론 교재를 만들면 어떨까 생각하곤 했다. 또 부족하더라도 한국적 상황을 잘 반영한 종교학 교재가 되어야 한다는 생각도 하게 되었다. 그 결과 『종교학의 길잡이』가 마침내 출간된 것이다. 사실 이 교재는 세 사람이 책으로 만들려고 의도적으로 쓴 것은 아니지만, 학문적인 스승과 제자의 관계로 오랜 기간 교류해 왔다는 측면에서 공통의 관점이 작용하는 공동의 작품이라고 할 수 있다. 또 세 사람은 목원대학교에서 철학, 신학, 종교학 등을 강의한 경험도 공유하고 있다.

김하태 선생님은 주로 철학과의 관련 속에서 신학과 종교학을 연구하고 가르치셨다. 미국에서 공부한 탓에 오랫동안 서양철학과 신학에 젖어 있었지만 인생 후반기에 들어서서 한국인의 정체성에 눈을 뜨고 한국과 동양 세계의 철학과 종교의 비교연구에 관심을 기울이셨다. 또 말년에는 신비주의를 종교의 핵심으로 보고 동서양 종교를 비교 연구하셨다. 반면에 송기득 선생님은 스승이신 김하태 선생님으로부터 폴 틸리히의 철학적 신학을 배우면서 철학과 신학의 새로운 관점을 갖게 되었다. 이후 안병무 박사로부터 '역사의 예수'라는 주제를 중심으로 성서학을 배웠고 이는 실존주의 신학과 민중신학으로 발전되었다. 또 유영모 선생과 함석헌 선생으로부터 씨올사상과 동양종교 사상을 직접 배웠으며, 최근 돌아가시기 직전까지 다수의 저서와 계간지『신학비평』을 통해 후학들에게 많은 영향을 끼쳤다.

종교학 개론 수업을 위한 교재를 만드는 일은 쉽지 않았다. 필자는 종교학과 관련된 두 분의 글을 찾아 일일이 읽고 교재에 맞게 문장을 다듬고 재편집했다. 또 필자가 직접 작성한 원고를 다시 보완하여 첨부했다. 본 교재는 이미 제본된 형태로 2022년도 1학기 목원대학교 신학과 종교학 개론 시간에 사용된 바 있다. 한 학기 동안 학생들의 반응을 토대로 해서 수정 보완하였다. 어려운 부분은 빼고 새로 집필한 부분을 넣었다.『종교학의 길잡이』는 말 그대로 학부 학생들에게 종교학이라는 학문의 주요 내용을 안내하는 책이다. 기존에는 이런 종류의 책에다 '개론'이라는 말을 많이 붙였는데, 필자는 좀 더 쉬운 용어로 '길잡이'라는 단어를 사용했다. 진정한 교육은 '가르치는'(敎) 것이라기보다는 '가리키는'(指) 것으로 생각하기 때문이다. 즉 교육자의 역할은 진리를 향한 길잡이 역할을 한다는 것인데, 이런 교육철학은 종교학의 경우에도 그대로 적용된다. 누구든 본서를 통해 종교의 참 의미를 알게 되고 그것을 통해 진리에 이르도록 그 길을 가리킬 뿐이다. 그런 의미에서 길잡이인 것이다.

이 책은 총 3부 13장으로 이루어져 있다. 여기에 종교학의 개념과 연구 방법을 소개하는 서론과 부록이 덧붙여져 있다. 제1부 '종교의 일반적 이해'는 총 8개 장으로 구성되어 있으며, 종교학의 핵심 주제들을 다루고 있다. 제2부 '종교 경전과 종교 다원주의'는 총 3개 장으로 구성되어 있으며, 종교 경전의 문제, 종교 다원주의, 종교 간 비교연구를 다루고 있다. 제3부 '종교와 휴머니즘'은 2개 장으로 구성되어 있으며, 휴머니즘과 무신론의 문제를 종교 사상과 관련하여 다루고 있다. 매 장 끝에는 학생들이 배운 바를 정리할 수 있도록 '연구 및 토의 문제'를 제시했다. 뒷부분의 부록에서는 유영모 선생과 함석헌 선생을 소개하는 글을 실었다. 종교학이란 학문이 서양에서 태동하여 발전되었지만, 종교학은 더 이상 서구 학계의 전유물이 아니라는 생각이 들었다. 이미 수천 년간 다양한 종교가 공존해 온 이 땅의 종교사에서 별처럼 빛나는 유영모 선생과 함석헌 선생이 빠질 수 없기 때문이다. 동서양 사상을 꿰뚫은 두 분의 독특한 사상과 철학은 당연히 세계 종교학계에 내놓을 만하다. 원래 두 분의 종교사상을 독립된 장으로 소개하는 것이 가장 바람직하겠지만, 필자의 역량 부족으로 여기서는 소개하는 글로 대치하고자 했다.

본 교재는 대학의 한 학기용 강의를 염두에 두고 집필되었지만, 종교학에 관심을 가진 사람이라면 누구든지 교양서적으로 읽을 수 있는 책이다. 독자들은 아무 장이나 관심 가는 대로 읽으면 좋을 것 같다. 세 사람의 필자가 그리스도교에 좀 더 친숙해 있는 관계로 이런 경향이 교재 곳곳에 스며들어 있음을 부인할 수 없다. 하지만 모든 종교를 존중해야 하며 종교학은 곧 사람을 이해하기 위한 학문이라는 관점만큼은 분명하다. 이런 관점이 좀 더 충분히 반영되어 한국인을 위한 종교학 교재로 발전될 수 있도록 앞으로 계속 보완해 나갈 계획이다.

본 교재가 나오기까지 먼저 미국 메리맥 칼리지와 목원대학교에서 필자의 종교학 개론 수업을 수강했던 학생들에게 감사를 드린다. 이들 모두는 매 학기 수업 때마다 필자의 학문적 영역을 넓히는 데 자극과 통찰을 주었다. 또 이미 돌아가셨지만 여전히 마음에 남아 계신 학문의 스승 김하태, 송기득 두 분 선생님들께 감사를 드린다. 또 보스턴 대학교에서 필자의 지도교수로 학문의 새로운 차원을 경험하게 해주신 존 버트롱(John Berthrong) 교수님께도 감사를 드린다. 유난히도 더웠던 올여름 책 집필을 위해 매달렸던 순간순간마다 용기와 새로운 영감을 불어 넣어 준 아내 창금, 딸 보름, 아들 한얼, 사위 피터에게 감사의 마음을 전한다. 또 지난 겨울 메인주 포틀랜드에서 잠시나마 온 가족이 함께했던 순간들을 따뜻하게 떠올리며 힘을 얻곤 했다. 마지막으로 이 책이 출판될 수 있도록 애써 주신 한국학술정보 출판사업부 직원분들께 감사를 드린다. 본 교재가 부족하지만 종교학이라는 분야에 입문하고자 하는 모든 분들께 조금이라도 유용한 지침서가 되기 바란다.

2022년 9월 2일

이정순

목 차

서론

이정순

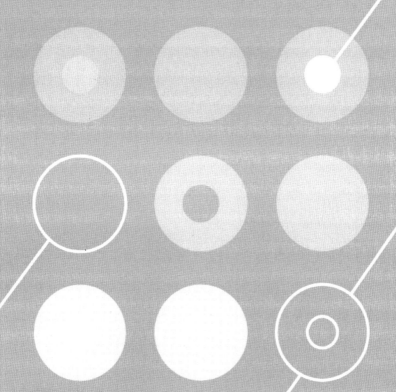

흔히 인간을 '호모 사피엔스'(homo sapiens)라고 부른다. 이성을 지닌 인간이라는 뜻이다. 즉 인간은 이성을 가지고 사고하며 판단을 하는 존재인 것이다. 그런데 여기서 인간을 정의하는 표현이 하나 더 있다. '호모 렐리기오수스'(homo religiosus), 즉 '종교적 인간'이다. 물론 이 표현에 해당하지 않거나 동의하지 않는 사람도 있을 수 있다. 하지만 인류 역사가 시작된 이래 종교가 사라진 적은 한 번도 없었다. 어떤 형태든 종교는 인간 사회의 중요한 요소로 존재해 왔다. 그러므로 종교에 무관심하거나 비종교인일지라도 보편적인 측면에서 인간은 종교적 인간이라는 표현에 동의할 수밖에 없을 것이다. 첨단과학의 시대에 사는 현재에도 종교는 인류 사회에 중요한 영향을 끼치고 있다. 종교는 원시 시대에나 존재했다가 사라져서 박물관에 보관되어 있는 그런 유물이 아니라 현재에도 여러 가지 모습으로 생생하게 살아 있다.

현재 세계 곳곳에서 각종 분쟁과 전쟁이 계속되고 있는데, 이런 곳마다 종교가 분쟁의 원인 중 하나로 작용하고 있다. 그래서 신학자 한스 큉은 "종교 간의 평화가 없이는 세계에 평화가 이루어질 수 없다"라는 유명한 말을 했다. 종교의 중요성을 역설적으로 지적한 말이다. 비록 종교의 역기능과 관련된 지적이기는 하지만 종교가 여전히 중요하다는 의미이기도 하다. 시베리아 극 지대에 사는 에스키모인들이나 태평양지역 작은 섬에 흩어져 사는 작은 부족 또는 최첨단의 과학 기술을 향유하고 있는 서울이나 뉴욕 사람들 모두 지금 이 순간에도 다양한 종교를 믿고 그 종교의 가르침에 따라 살아가고 있다. 당연히 이들의 종교 생활을 밑받침하는 크고 작은 다양한 종교체험도 현재 진행형으로 여전히 계속되고 있다.

1. 종교학의 태동과 개념

종교학(the study of religion)이란 한 마디로 '종교를 연구하는 학문'이다. 물론 종교학 이외에도 종교를 대상으로 연구하는 여러 학문들이 있다. 즉 신학, 철학, 인류학, 심리학 등에서도 얼마든지 종교학을 연구할 수 있다. 하지만 종교학은 말 그대로 모든 종교에 초점을 맞추어 객관적인 자세로 연구하는 학문이다. 여기서 객관적인 자세라 함은 특정 종교나 교리 또는 신학에 얽매이지 않는다는 것을 의미한다. 또 특정 종교의 간섭이나 압력을 배제한 채 종교의 다양한 주제들을 연구하는 것을 의미한다.

오랫동안 다종교 사회였던 한국 사회에서 종교학은 여전히 낯선 학문이다. 대한민국 전체에 400여 개가 넘는 대학들에서 종교학 과목을 개설한 학교는 매우 소수이다. 그것도 이른바 종교 교사 양성을 위해 교육부 지정 과목으로 종교학 과목을 개설한 학교들 외에는 특정 종파나 교단의 선교 목적을 위해 개설한 경우가 전부이다. 이는 거의 모든 대학 학부 과정에 인문학 교양과목으로 종교학 과목을 개설한 미국의 경우와 너무 다른 현실이다. 미국은 1960년대 초부터 특정 종교나 종파의 지원을 받지 않은 채 일반 대학에 종교학 과목이 개설되기 시작했다. 이후 각 대학에서 앞다투어 종교학과가 개설되고 이와 별도로 독자적으로 종교학과목을 인문과학의 중요한 분야로 개설하기 시작했다. 현재 미국에서는 우리나라처럼 학부에 신학과가 있는 대학은 거의 없으며, 각 종교의 성직자가 될 사람은 3년간의 전문대학원을 졸업해야 한다.

사실 종교학은 서구에서 태동하고 발전된 학문이다. 특히 종교학은 신학의 테두리에서 발전하여 독립한 학문이다. 중세까지 유럽은 기독교가 지배했다. 16세기 이후 유럽에는 여러 가지 변화가 일어났다. 중세 봉건제 사회가 산업화의 시작으로 붕괴되고 자본주의가 태동하면서 근대국가의 개념이 형성되기 시작했고, 과학이 발전했다. 더욱이 1517년 마르틴 루터의 종교개혁을 시점으로 프로테스탄트(개신교)라는 새로운 형태의 그리스도교가 출현하게 되었고 이후 가톨릭과 개신교의 피비린내 나는 전쟁도 겪었다. 17세기에 접어들면서 이런 종교전쟁이 잦아들고 다양한 교파가 발전되어 각국으로 전파되었다. 이후 사람들은 그동안 특정 집단의 소속감의 증표로 여겼던 신앙을 인간 내면에 실재하는 무엇으로 간주하기 시작했다. 외부적 차이가 있다고 해서 서로 죽이고 죽이는 전쟁을 벌일 게 아니라 각자 인간 내부에 자리 잡은 어떤 보편적인 것이 더 중요하다고 생각하기 시작했다. 여기서 비로소 서로 다른 신앙에 공통으로 존재하는 불변적이고 보편적인 신앙의 성격을 인정하기 시작했다.

또 이런 관점은 인간의 이성을 강조하는 계몽주의라는 새로운 사조와 맞물려서 더 보편화되기 시작했다. 그동안 신앙의 이름으로 억눌려 왔던 이성을 이제 자유롭게 사용하여 절대자나 초월자 역시 이성으로 인식할 수 있다고 생각했다. 계몽주의의 영향으로 종교를 인간학적 관점으로 이해할 수 있게 되었기 때문에 기독교는 계시종교로서의 특권적인 위치를 상실하게 되었다. 유럽인은 그리스도교인이지만 비유럽인은 비그리스도교인이라는 도식은 이제 유럽인은 문명인으로 자연의 인과성을 아는 자이지만 비유럽인은 야만인이자 자연법칙을 모르는 자라는 도식으로 바뀌었다. 즉 종교를 자연법칙의 관점과 인간 본성의 관점에서 설명하려는 시도가 계속 일어나게 되었다.

19세기 들어와 서구 각국이 제국주의적으로 비서구권에 진출하면서 비서구권의 문화와 종교에 대한 관심이 증대하기 시작하였다. 이런 관심은 세계의 다양한 종교들을 인정하려는 자세보다는 그리스도교 선교를 효과적으로 수행하기 위해 피선교지의 종교들에 대한 지식을 습득하는 데 목적이 있었다. 물론 이런 관점과 함께 피선교지에서 수집된 다양한 정보들이 학자들을 중심으로 세계의 다양 종교들에 대한 관심을 증대시켰고 이후 종교학의 발전에 기여한 것도 사실이다. 어쨌든 이런 분위기에서 서구에서 초기 종교학은 신학의 일부로 연구되었으며, 종교학자들은 곧 신학자들이었다.

한편 계몽주의의 영향으로 19세기 중엽 이후 종교의 기원을 설명하고자 하고, 또 급격한 사회 변동과 함께 종교의 요인을 연구하려는 활발한 움직임이 일어났다. 베버, 뒤르켐, 마르크스, 프로이트 등이 대표적인 학자이다. 반대로, 계몽주의에 대한 반발로 일어난 낭만주의(Romanticism) 시대에는 "종교를 다른 현상으로 환원시키지 말고 종교 그 자체로 보자"라는 관점이 등장했다. 특히 종교를 외적인 요소로 보지 말고 종교 그 차제로 나타나는 현상에 초점을 기울여야 한다는 주장이 대두되었다. 이후 19세기 말부터 종교학은 점차 신학에서 독립하여 특정 종교와 관계없이 독자적으로 종교를 연구할 수 있는 방향으로 발전하게 되었다.

2. 종교학의 연구 목적과 전제

종교학은 말 그대로 종교를 대상으로 삼고 학문적으로 연구하는 분야이다. 종교학은 일반 대학이나 종교 관련 대학 또는 신학대학 관계없이 종교를 연구하는 학문이다. 종교학은 특정 종교나 신학 전통을 이해하거나 발전시키는 데 초점을 두지 않으며, 종교 그 자체에 대한 역사적 문화적 이해에 초점을 맞춘다.

종교학은 현대 사회 속에서 종교가 처해 있는 위치를 설명하면서 모든 종교들을 연구 대상 속에 포괄하여 이해하고자 한다. 종교학은 인문과학이기 때문에 다른 모든 학문에 요구되는 학문의 엄격성이 요구된다. 그렇다고 해서 종교에서 가장 중요시되는 종교의 신비를 부정하지는 않는다. 그렇다면 종교를 연구하는 목적은 무엇인가? 종교학은 일차로 종교를 이해하는 데 목적이 있다. 하지만 종교학은 종교 자체를 물화(物化)시켜 종교를 연구하는 데 그치는 것이 아니라 종교 자체를 통해 그 종교를 믿는 인간을 이해하고자 한다. 이것이 바로 종교학 연구의 목적이다. 즉 종교학은 종교에서 나타나는 신비나 신앙의 대상이 갖는 초월성이나 궁극성 등 종교의 고유한 요소들에 관심을 두지만, 궁극적으로는 그런 종교를 믿고 체험하고 살아가는 인간에게 관심을 둔다는 것이다. 그래서 '종교학은 곧 인간학이다'라는 주장을 하게 되는 것이다. 물론 이런 종교학의 보다 효과적인 연구를 위해서는 인접 학문들과의 교류와 협력이 중요하다. 오늘 말로 표현하면 융·복합 연구가 중요하다는 말이다.

가끔 '종교는 쓸데없다'라거나 '모든 종교는 다 똑같다'라는 말을 하는 사람들이 있다. 종교학에서는 이런 전제를 철저히 거부한다. 종교가 쓸모없다면 벌써 사라졌어야 하고 수천 년에 걸친 연구가 지속될 이유가 없을 것이다. 또 종교가 모두 똑같다면 종교가 이처럼 다양하고 복잡하게 발전한 것은 어떻게 설명할 것인가? 종교들을 관통하는 보편적 설명이 가능하다 하더라도 종교의 다양성은 종교가 모두 똑같다는 식으로 단순화될 수 있는 문제가 아니다.

종교학을 연구하기 위해서는 모든 종교들에 대한 '열린 마음'과 '판단 유보'라는 두 가지 자세가 필요하다. 종교학 연구자는 특정 종교를 믿을 수도 있고 종교 자체를 믿지 않을 수도 있다. 누구든 종교학을 연구한다고 한다면 자신의 종교든 다른 사람들의 종교든, 본인이 종교를 믿든 믿지 않든 간에 모든 종교들을 열린 마음을 가지고 대하는 자세가 선행되어야 한다. 내가 믿는 종교를 참종교라고 생각하면서 다른 종교들을 이교, 사교, 우상, 미신이라고 생각하는 태도가 종종 나타나곤 하는데, 종교학은 이런 태도를 배격한다. 흔히 종교를 하등종교와 고등종교, 원시종교와 현대종교로 나누어 부르기도 한다. 이런 구분에는 하등종교와 원시종교를 경멸하는 관점이 깔려있다. 즉 특정 종교의 관점에서 볼 때 다른 종교들이 열등하고 원시적이라는 평가를 한다는 것이다. 하지만 종교학에서는 이런 구분을 거부한다. 종교들이 크든 작든, 역사가 오래되었든 오래되지 않았든, 교리 체계나 조직을 잘 갖추었든 그렇지 않든, 경전을 가지고 있든 없든 관계없이 모든 종교들은 그 나름대로 소중한 의미를 가지고 있으므로 모두 존중되어야 한다는 것이다. 이런 전제하에서 종교학은 시작된다.

또 하나의 중요한 자세는 '에포케'(epoche), 즉 판단 중지(유보)이다. 에포케란 그리스어로 본래 고대 그리스 철학자들이 대상에 대해 판단을 중지한다는 의미로 사용되었다. 이제 종교학에서 이 단어를 연구의 전제로 사용한다. 즉 특정 종교에 대한 옳고 그름이나 진리성 또는 비진리성 따위의 판단을 하지 않는다는 것이다. 나타나는 현상 그대로를 이해하기 위해 어떤 형이상학적 전제나 주관적 판단, 편견, 또는 가치 평가를 중지 내지 보류해야 한다는 것이다. 이런 판단 중지는 특히 특정 종교와 종파에 속해 연구를 진행하는 학문에 적용된다. 그리스도교 신학, 유대교 신학, 이슬람 신학, 힌두교 신학, 불교학 등 많은 예를 들 수 있다. 하지만 종교학은 모든 종교를 대등하게 간주하기 때문에 이런 판단은 적용되지 않는다.

3. 현대 종교학의 방법

서구에서 종교학은 신학의 테두리에서 발전하였다. 신학대학에서 태동한 초기 종교학은 주로 그리스도교를 중심으로 다른 종교를 비교하고 판단하는 비교종교학에서 시작되었다. 이런 비교종교학의 발전으로 그리스도교 이외의 다른 종교에 대한 관심과 연구가 발전하였다. 당시 그리스도교 문명 안에 있었던 서구 세계에서는 이런 연구 역시 획기적인 일이었다. 이런 측면의 초기 종교학은 다분히 그리스도교적 관점, 구체적으로 말하면 '신학적 관점'(theological approach)에서 진행되었다.

하지만 19세기 이후 종교학이 점차 독자적인 분야로 발전해가면서 신학적 관점 대신 종교를 '인간주의적인 관점'(humanistic approach)에서 연구하기 시작했다. 이는 종교 그 자체를 중시하면서 인간의 이성으로 이해하고 연구하고자 하는 관점이다. 이제 이런 관점이 현대 학계에서 종교학을 연구하는 지배적인 관점이 되었다.

물론 현대 종교학에서 인간주의적 관점으로 종교를 연구한다 할 때 먼저 종교를 그 어떠한 것으로 환원시키려는 '환원주의'(reductionism)를 철저히 배제한다. 흔히 종교를 사회, 정치, 문화, 심리 등과의 관계에서 연구하면 더 잘 이해할 수 있다는 시각이 있다. 일면 타당성이 있는 시각이다. 하지만 그 결과 종교를 심리적 환상이나 민중의 아편이나 사회구조를 형성하는 이념이나 사회 그 자체라는 식으로 이해하게 되는데, 이것들이 이른바 환원주의이다. 종교의 고유성, 독특성을 배제한 채 특정 개념이나 요소와 종교를 동일시한다는 것이다. 그런데 이런 환원주의로는 종교의 깊이와 넓이를 다 설명하거나 이해할 수 없다. 종교는 그 이상으로 깊고 풍요로우며 다양한 현상이다. 한 가지 요소나 개념으로 종교를 다 설명할 수 있다면 인간의 역사는 그 얼마나 단순한 것인가?

이런 비판에서 제기된 종교학 연구 방법은 이른바 '현상학적 방법'(phenomeno -logical approach)이다. 종교를 다른 것들로 환원시키지 말고 그 자체로 보자는 것이다. 다시 말해, 종교를 살아 있는 생생한 현상(real phenomenon)으로 연구하자는 것이다. 또한 종교 현상이란 독자적이고 자율적인 것이기 때문에 종교를 다른 그 어떤 것으로도 축소되거나 환원되지 않는다. 현상학적 방법은 종교를 종교인의 관점에서 그 종교의 사고나 행위 형태를 이해하고자 한다. 현상학적 방법은 해당 종교에 속한 종교인에 초점을 맞춘다. 그럴 때 종교인의 행동 배후에 작용하는 의도를 파악하게 되고, 그들이 믿는 거룩한 존재(초월적 존재, 절대적 존재 등)의 의미와 이 존재와 관련된 사고, 감정, 행동 등을 파악할 수 있게 된다. 더 나아가, 개인에 국한하지 않고 위의 것들이 공동체적으로 어떻게 표현되는지에 관심을 둔다. 이런 과정들을 통해 종교를 제대로 이해할 수 있게 된다는 것이다. 종교학 연구 방법론인 종교 현상학을 좀 더 자세히 살펴보도록 하자.

1) 종교 현상학의 특징

종교 현상학은 현상학의 특징을 그대로 이어받는다. 철학의 한 분야인 현상학은 어떤 실체의 외부에 나타나는 현상들을 다루는 학문이다. 현상학의 방법은 한 마디로 사물의 본질을 직관하는 것이다. 즉 현상학은 우리의 경험을 그대로 보고 이 경험에서 직관된 본질을 묘사하는 데 그치며, 이 경험을 지성적으로 판단 혹은 해석하는 것을 중단하는 태도이다. 그러므로 현상학은 순수하게 사물의 본질을 직관하는 데 방해되는 요소들을 제거해야 한다. 먼저, 사물을 순수하고 자연스럽게 직관하는 것을 방해하는 여러 가지 역사적인 요소들, 곧 종래의 철학이나 과학을 통하여 우리가 가지고 있는 이론이나 가설, 또는 종교적, 사회적, 윤리적 전통에서 얻은 선입견이나 의견을 배제해야 한다. 이것을 역사적인 배제라고 한다. 다음으로, 모든 실제적인 판단도 배제해야 한다. 왜냐하면 현상학에서는 감성적이고 실제적인 존재가 문제가 아니고 본질적인 존재가 문제이기 때문이다. 이것을 실존적인 배제라고 한다.

종교 현상학 역시 종교 경험의 대상이 되는 신이나 절대자, 더 나아가 이 신을 언급하는 주관적 자아의 성질을 규명하지 않고, 그런 존재 또는 성질에 관하여 지성적으로 판단하기를 보류하는 태도를 갖는다. 무엇보다도 종교 현상학적 태도는 인간의 종교성을 진지하게 다루며, 인간의 종교성 그 자체를 의미와 가치가 있는 것으로 본다. 종교 현상학의 특징을 몇 가지로 요약하면 아래와 같다.

① 종교를 교리나 신념으로 보지 않고 '경험'으로 인정한다는 것이다. 교리나 신념은 참이냐 거짓이냐 판단하게 되고, 또한 이 판단이 옳은가 그른가 하는 평가가 뒤따른다. 하지만 종교 경험은 해석은 다를지 모르지만 경험 자체는

확실성을 갖는 것으로 간주된다. 문제는 이 경험을 어떻게 묘사하는가 하는 것이다. 종교 현상학은 이 경험을 있는 그대로 묘사한다.

② 종교 현상학은 종교 경험에서 현상으로 나타나는 것이 무엇인가를 직관적으로 파악하고자 한다. '나타나는 것'(appearance)은 무질서한 현상이 아니다. 이 '나타남' 속에는 본질 전체가 주어진다. 또 나타난다는 것은 '누구에게' 나타난다는 것이다. 그러므로 나타남이 누구에게 이루어질 때 현상학이 가능하게 되는 것이다.

③ 종교 현상학은 종교를 다른 학문의 용어로 변형시키는 것을 배격한다. 즉, 종교 현상을 다른 현상으로 변질시키거나, 또는 종교 현상을 그 이하의 것으로 바꾸어 놓는 것을 배격한다.

④ 종교 현상학은 철학이나 신학에서 흔히 볼 수 있는 규범적 진술을 제시하지 않는 것을 목표로 한다. 대신 규범적 진술보다는 기능적 또는 구조적 진술을 제시하려고 노력한다.

⑤ 종교 현상학은 선입관이나 편견으로 인한 왜곡 없이 종교 현상 그 자체를 그대로 보려고 노력한다. 그것은 한편으로 종교 현상에 대한 편견 없는 공평한 관찰이면서도, 다른 측면에서 볼 때 종교 현상을 제대로 이해하기 위한 감정이입(感情移入, empathy)의 태도이기도 하다. 이것은 감정이입을 통하여 종교적 의미를 재체험하는 과정인 것이다. 그러므로 이런 방법은 종교 현상에 대한 연구자의 외부적 관찰에 그치지 않고 연구자 자신이 종교 현상의 내적 차원으로 들어가 보다 깊은 이해를 추구한다. 즉 종교 현상의 심리학적 해석 역시 중요하다는 것이다.

2) 종교학 연구의 실제

현상학적 방법의 종교학 연구의 실제를 제시하면 다음 4단계로 이루어진다.

첫째, 종교 관련 자료의 수집 단계이다. 현상학적 방법은 먼저 다양한 종교 전통, 종교 문화, 종교 집단들로부터 체험, 제의, 의례, 축제, 경전, 상징, 예술품 등에 관한 다양한 자료들을 수집하는 것으로 연구를 시작한다. 이런 다양한 종교 관련 자료들을 어떠한 판단 없이 열린 마음으로 수집하는 단계이다.

둘째, 유형(pattern)을 탐구하는 단계이다. 즉 수집된 다양한 자료들을 유형화할 수 있는지 알아보는 단계이다. 수집된 다양한 종교 자료들을 보면 공통된 유형으로 묶을 수 있는 것들이 있다. 예를 들어, 그리스도교의 세례의식, 유대교, 힌두교, 이슬람교 등의 세정의식에서는 물이 공동으로 사용된다. 즉, 위의 의식들은 물을 사용한 종교의식이라는 패턴에 모두 해당한다.

셋째, 유형의 구조(structure of pattern)를 분석하는 단계이다. 위에서 예를 든 종교의식에서는 공통된 요소인 물이 각 종교에서 어떻게 사용되고 있으며 유사성과 차이점은 무엇이며, 결국 각 종교들에서 어떤 종교적 의미를 지니고 있는지를 분석하는 단계이다. 예를 들어, 종교에서 물은 다양한 의미로 중요하게 사용된다. 정통 유대교인들은 안식일이 시작되는 날 저녁에 정결례인 '미크바'를 지키기 위해 몸을 물에 담그는 의식을 거행하며, 그리스도인은 세례의식을 통해 그리스도를 믿는 새로운 영적 인간으로 거듭나게 되고, 경건한 힌두교도들은 매일 아침 기도 전에 목욕을 하며, 이슬람교도들은 매일 정해진 시간에 기도를 드리기 전에 물로 손과 발 및 얼굴을 씻는다. 또 가톨릭 교인들은 교회에 들어가기 전에 성수를 찍어 바른다. 이렇게 다양한 종교들에서 몸을 물로 씻거나 물에 들어가거나 물을 뿌리는 의식을 통해 물이 정화나 정결 또는 순수함의 의미로 사용되고 있음을 알 수 있다. 하지만 각 종교에서 같은 물을 가지고서도 다른 형태로 사용하고 있는 것도 사실이다. 또 물이라는 공통점을 두고서도 서로 비슷하지만 다른 의미도 발견된다. 이 단계는 이런 측면들을 심도 깊게 연구하면서 유형들을 구조화할 수 있을지 연구하는 단계이다.

넷째, 보편적 설명을 제시하는 단계이다. 이상의 단계에서 얻게 된 결론을 제시하는 단계이다. 이 단계는 위에서 수집하고 연구한 종교 관련 자료들을 통해 얻게 된 결론, 즉 보편화할 수 있는 어떤 설명을 제시하는 단계이다. 이 단계는 쉽지 않은 작업이지만, 종교 연구의 결실로 특정 종교 이론이 정립되는 단계이기도 하다.

4. 종교학 연구의 의미

현재 우리나라에서는 종교학을 몇몇 대학에서는 인문학 분야의 교양과목으로 공부할 수 있는 반면에 종교학과나 신학과가 있는 대학에서는 전공 선택 과목으로 공부할 수도 있다. 또 종립 학교의 종교 교사가 되기 위한 교직 과정의 일환으로 종교학을 수강할 수도 있다. 종교 교사 자격을 취득한 후 대학 졸업 후 종교 계통 중고교에서 종교 교사로 일하기를 원하는 사람들은 반드시 종교학 과목들을 수강해야 한다. 이럴 경우 구체적인 자기 전공과 무관하게 먼저 종교학도로서 교육부에서 요구하는 종교학적 기본 지식을 갖추는 것이 중요하다. 언젠가 교직 실습 현장지도를 위해 해당 학교를 방문한 적이 있다. 그런데 선생님과의 대담 중 이제 다문화시대로 접어들어서 다양한 배경의 학생들이 학교에 들어오게 되어서 교실에서 한 종교만 일방적으로 가르칠 수 없다는 말을 들었다. 과거 종립학교에서는 특정 종교만을 가르쳤지만 이제 다양한 종교들을 소개하면서 그 학교가 속한 종교를 가르치는 시대가 왔다는 것이다. 이런 맥락에서 본다면 종교학은 다문화 시대에 다양한 종교를 이해하고 가르칠 미래 종교 교사들에게 큰 도움이 되는 학문이다.

종교 교사가 되기 위해 교직 과정의 일환으로 종교학을 공부하는 것이 아니라 하더라도, 오늘날 대학에서 종교학을 공부하는 것은 중요한 학문적인 의미가 있다. 종교학은 인문학의 대표적인 학문으로 인간의 자아 형성과 인문 정신의 발전에 기여할 수 있다. 사람과 삶을 탐구하는 학문인 인문학은 인간 사회를 구성하는 가장 기본적이고 필수적인 학문이다. 인간의 역사는 종교의 역사라 해도 과언이 아니기 때문이다. 이 말은 종교를 통해 인간을 가장 잘 이해할 수 있음을 의미한다. 서구의 많은 대학에서 인문학의 필수 과목으로 종교학을 개설하는 이유가 바로 여기에 있다. 오늘날 우리 사회에서는 취업 위주의 실용학문에 대한 지나친 강조로 인문학이 경시되고 있는 현실이다. 그래서 인문학을 대표하는 '문사철'(문학, 역사, 철학) 관련 학과가 대학에서 하나둘씩 사라져 가고 있는 불행한 현실이다. 하지만 인문학은 학문의 근본이자 대학을 형성하고 있는 주춧돌과 같다. 주춧돌이 사라지면 건물은 무너지고 만다. 아니 기술 중심으로 빠르게 변화하는 세상에서 우리를 '인간'답게 유지하기 위해서는 인문학 연구가 필수이다. 그러므로 인문학에 대한 강조가 그 어느 때보다도 중요한 때이다. 이런 맥락에서 볼 때 인문학의 핵심 학문인 종교학이 필요하다는 것이다.

또 오랫동안 종교다원주의 사회가 지속되어 온 우리의 역사적, 사회적 현실을 직시할 때 종교에 대한 바른 이해는 그 어느 때보다도 절실하다. 많은 종교가 오랫동안 공존해 왔다 하더라도 이웃 종교에 대한 이해는 매우 적은 편이다. 특히 오랫동안 우리와 함께해 온 전통 종교에 대해 무지하거나 왜곡된 지식을 갖고 있는 현실이다. 그래서 종종 일부 극단주의자들이 이웃 종교 사찰에 들어가 성물을 훼손하는 불미스러운 일이 일어나곤 한다. 서로를 존중하는 평화를 실현하기 위해 종교에 대한 바른 이해가 절실한 때이다.

오늘의 다원주의 사회, 민주주의 사회에서 종교적 문맹과 왜곡은 갈등과 비극을 초래할 뿐이다. 그 어떤 종교도 자기만이 유일한 종교이고 다른 종교들은 거짓이고 우상이라고 정죄하며 우월의식과 배타적인 자세를 가지고 살 수는 없는 현실이다. 때문에 종교인이든 비종교인이든 누구든 이 땅에 사는 이웃을 이해하기 위해 종교학은 필요한 학문이다. 요즈음 쓰는 말로 '종교 문해(文解)력'이 필요한 때이다. 수천 년간 이 땅에서 우리의 삶과 함께해 온 종교들을 제대로 이해할 수 있도록 종교학이 적극 개설되고 연구되어야 한다. 더 나아가, 오늘 우리가 살아가고 있는 이 땅의 역사적, 문화적, 종교적 콘텍스트를 제대로 이해하기 위해 종교학은 매우 필요한 학문이며, 오늘의 변화된 시대에 부응하는 보다 성숙한 삶을 고민하고 정립하는 데도 필요한 학문이다.

제1부

종교의 일반적 이해

김하태

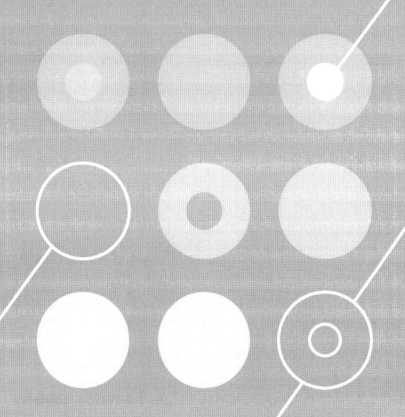

제1장

종교의 보편성

1. 인간은 종교적 동물

　종교는 인류가 역사 속에서 문화를 구성하고 살 때 뚜렷하게 나타나는 인간 생활의 한 현상으로서, 어디서나 언제나 발견할 수 있는 인간 활동 중 하나이다. 인류학자들은 원시사회로부터 문명사회에 이르기까지 종교가 어떤 형태로든 존재한다고 주장하는 데 대해 이의를 제기하지 않는다. 종교는 시간상으로, 혹은 공간적으로 "보편성"을 띠고 있다. 이 사실에만 그치지 않고 종교는 인간 생활에 있어서 중대한 역할을 한다. 인간이 종교 없이 살 수 없다고 하는 것은 물고기가 물 없이 살 수 없다고 하는 말과도 같다. 그만큼 종교는 우리 인생(生)의 불가결한 것이다. 이 사실을 고려할 때 우리는 종교를 깊이 생각하고 연구할 대상으로 간주하게 된다.

종교의 보편성을 찾기 위하여 우리는 인류학자들의 연구나 역사가들의 사료(史料)를 들추지 않더라도, 우리 생활 주위를 둘러볼 때 쉽게 알 수 있다. 도시나 시골에 우뚝 솟은 교회당에 일요일이면 남녀노소가 예배를 드리기 위하여 모여들고, 산간(山間)마다 고풍스러운 사찰이 산의 중심이 되는 듯하여 기도하는 자들과 등산가들을 끌어들이고 있으며, 스님은 염불을 외우고, 목사와 신부는 예문(禮文)을 읽고 있는 것을 우리는 흔히 본다. 종교라는 말을 할 때 우리 마음속에 생각나는 것은, 하늘을 찌르는 듯한 뾰족한 예배당, 아침 공기를 가르는 종소리, 찬란하면서도 엄숙한 교회의 채색 유리창, 우리 마음을 안정시키는 오르간의 음악, 우리의 무릎을 꿇게 하는 제단, 강대상과 의자, 마리아와 성인들의 상(像), 자애가 넘치는 듯한 불상, 단조롭고 그윽한 석등(石燈), 길 걷는 이를 말없이 주시하는 듯한 미륵 … 등등이다. 이런 것들이 우리 머릿속에 쉽게 떠오를 것이다.

우리는 어디를 가나 이러한 종교의 모습을 쉽게 접한다. 크리스마스의 호화로움이나 음력 4월 8일 석가탄신일의 관등놀이로부터, 이른 봄의 고난주간 예배와 조상의 제사에 이르기까지 달력에는 종교 행사와 절기로 가득 차 있다. 또한 우리는 주위에서 감독, 주교, 목사, 신부, 스님, 무당, 판수에 이르기까지 여러 직업적인 종교인을 만나게 된다. 무심코 산을 넘는 행인의 발길을 멈추게 하는 돌을 쌓아 놓은 곳, 또는 나무에 매달려 있는 고사 밥은 우리나라의 고유한 종교적 표현이라고 볼 수 있다.

우리의 생활 경험에서도 우리는 종교적 표현이나 행동을 쉽게 발견한다. 우리는 가끔 "하나님 맙소사", "하나님 날 살리소서.", "나무아미타불" 하는 표현을 듣게 되는데, 이런 표현은 종교적 신앙이 우리 속에 배어있다는 것을 증명하고도 남음이 있다. 예로부터 산은 신(神)이 거하는 곳이라고 믿어 오기 때문에, 우리는 산속에 들어갈 때 신비감과 경외감을 품게 된다. 인도에서는 사람들이 강을 거룩한 것으로 여겨 종교적 의미의 목욕을 하며, 심지어 소와 같은 동물도 신성하다고 여겨 잡아먹지 못하는 것을 우리는 잘 알고 있다. 곤경에 빠졌을 적에 종교적인 신앙을 드러내지 않는 자는 거의 없을 것이다. 몹시 가물었을 적에는 교회나 사찰에서뿐만 아니라, 마을에서도 기우제를 드리곤 하는데, 이것은 우리가 다 경험하는 바이다. 서양에는 아래와 같은 속담이 있다. "전선의 참호에 있는 사람 중 무신론자는 하나도 없다." 전쟁터에서 생사(生死)의 기로에 서서 싸우는 군인으로 미지의 자기 운명을 절박하게 느끼는 순간, 자기 생명보다도 더 큰 힘에 대한 신앙을 가지지 않는 사람은 없다는 말이다. 이처럼 종교는 인간 경험 속에 깊이 뿌리박힌 것이라고 보지 않을 수 없다.

어떤 사람의 말에 의하면, 6 · 25 동란 때에 피난을 가면서 생명의 위기에 빠졌을 때 자기 생명을 구해달라는 기도를 진심으로 드렸는데, 그는 인생에서 그때보다 더 "진심으로" 기도를 드려 본 적이 없었다고 말하였다. 이처럼 인간은 위기와 곤경을 당할 때 그 형식의 여하를 불문하고 자연적으로 "종교적"이 된다, 그리고 종교는 인간 경험에 있어서 빼놓을 수 없는 매우 중요한 요소인 것이다. 옛날이나 지금이나, 서양이나 동양에 있어서 종교는 보편적인 인간의 활동인 것은 분명하다. 종교는 인간 사회에나, 인간 경험 속에 "두루 있는" 현상이다. 이러한 점에서, 우리는 인간을 '종교적 동물'이라고도 정의한다. 이렇게 인간을 정의할 때에 모든 사람이 다 종교적이라고 말하는 것은 아니다. 아리스토텔레스(Aristotle)가 사람은 '이성적 동물', 또는 '정치적 동물'이라고 정의할 때에도 사람이 전부 다 이성적이어서 비합리적인 요소는 발견할 수가 없다는 말은 아니다. 사람이 '정치적'이라고 해서 모든 사람이 다 정치가가 된다는 말도 아니다. 또는 베르그송(Bergson)이 말한 대로 사람은 '웃을 줄 아는 동물'이라고 할 때 사람들이 늘 웃고 있다는 말은 아니다. 이들의 정의는 인간의 본질을 규명하고 인간의 특성을 나타내고자 함에 있다. 즉 인간은 본질적으로 이성적인 존재이며 정치적 구조를 가지려 하며, 다른 존재에서 발견할 수 없는 '웃을 줄 아는' 특성을 가졌다고 하는 점을 지적하려는 것이다. 이와 마찬가지로, 인간이 종교적인 동물이라고 할 때는, 다른 존재에서 발견할 수 없는 종교성을 인간이 지닌 것을 지적하려는 것이고, 인간 존재의 기본적 구조가 종교적 행동을 요구한다는 것을 나타내고자 하는 것이며, 인간은 어떤 모양으로든지 종교적 신앙을 필요로 한다고 말하고자 하는 것이다. 더 나아가, 인간이 지금 당장은 종교성이 없다고 하더라도 종교적으로 될 수 있는 소질을 가졌다고 하는 의미로 이 정의를 해석하고자 한다.

2. 무관심자와 반종교인

세상에는 종교에 대하여 무관심한 사람도 많이 있다. 가정에서도 종교가 없고, 종교 없이 잘살 수 있다고 생각하는 사람도 많이 있다. 이런 사람들이라고 반드시 종교를 반대하는 것은 아니다. 다른 사람이 종교를 신봉(信奉)하는 것은 그들의 자유이고, 자신은 종교에 대하여 관심이 없고 종교의 필요를 느끼지 않는다고 생각하는 사람들이 있다. 이런 종류의 사람들은 다른 사람들은 음악을 즐기지만 자기는 음악에 대하여 무관심하다고 말하는 사람들과 별로 다르지 않다. 물론 어떤 사람들은 음악적인 재능이 없고, 좋은 음악을 들어보지 못하였기 때문에 음악에 무관심한 경우도 있다. 그러나 음악적 감수성은 누구든 어느 정도 연마(諫磨)할 수는 있다. 음악에 무관심하다고 하여 그가 음악을 즐

길 수 없다고 단언할 수는 없다는 것이다. 마찬가지로, 어떤 사람이 종교에 무
관심하다고 할 때도 그 사람이 전혀 종교성을 갖지 않은 사람이라고 단언하지
는 못한다. 그 사람이 환경적으로 종교 생활로 인도할 만한 자극이 없었던지,
종교적 진리와 가치를 알아볼 기회가 없었던지, 혹은 자기 경험 속에서 종교적
신앙의 필요성을 아직 느끼지 못했을 수도 있기 때문이다.

　종교에 대하여 무관심한 사람들 이외에 우리는 반(反)종교인이나 무신론자
들을 볼 수가 있다. 이런 종류의 사람들은 위에 말한 사람들과 같이 종교에 무
관심한 사람들은 아니다. 이들은 오히려 종교에 관심이 많은 사람들이다. 흔
히 반종교인이나 무신론자들 중에는 어떤 종교를 믿었던 사람들이 많이 있다.
즉 종교를 믿다가, 그 종교의 교리나 의식이 마음이 맞지 않는 경우 그 종교
를 반대하는 수도 있고, 혹은 이런 종교와 일치하지 않는 세계관이나 인생관
을 갖게 됨으로써 그 종교를 반대하는 경우도 있을 수 있다는 것이다. 그러나
특정 종교의 교리나 의식에 대하여 불만을 가지고 이것을 반대한다 하더라도,
그 사람을 비종교적이라고 보기는 어려울 것이다. 왜냐하면 그가 특정 종교를
반대할 때에는 이미 그 자신이 어떤 일정한 종교적 체계를 가지고 있다고 생
각할 수 있기 때문이다.

　무신론자라고 해도 반드시 비(非)종교인이라고 말할 수는 없다. 무신론자
가운데도 흔히 종교적 태도를 가진 사람들을 발견할 수 있기 때문이다. 예를
들면, 공산주의 국가에서는 사람들이 무신론을 주장하며, 무신론 운동을 일으
킨다. 그러나 이들은 태도의 측면에서 종교인들의 열정과 이상을 송두리째 모
방한다. 어떤 면에서 마르크스주의는 '신 없는 종교'라고 볼 수도 있다. 마르크
스주의자들에게는 자신들의 성경이 있고, 과오를 범치 않는다는 지도자가 있
으며, 입교, 고백, 회개와 같은 의식이 있으며, 천국과 지옥이 뚜렷하며, 구원자

와 정죄자도 분명하다. 또 이들은 독단적 교리를 절대적으로 신봉하기를 요구하며, 권위에 복종하기를 기대한다. 이들이 인정하는 가치는 오직 경제적 가치이며, 이 가치에 절대적인 신뢰와 희생을 요구한다. 이들은 궁극적으로 지상의 낙원(계급 없는 사회)을 꿈꾸고 있다. 이렇게 무신론이라 해도 모든 종교적 격식을 갖추고 있다는 것을 알 수 있다.

흔히 세상에서는 우리가 믿는 신을 받아들이지 않을 때 무신론자라는 명칭을 부여할 때가 많다. 비록 우리가 받드는 신관(神觀)이 좀 다르다고 할지라도, 이것이 반드시 비종교적이라고 말할 수는 없을 것이다. 사실상 고대 로마인은 초대 기독교인들을 무신론자라고 불렀다. 그 이유는 기독교인들이 로마의 종교가 인정하고 예배하는 신들의 존재를 믿지 않았기 때문이다. 이런 종류의 무신론은 '상대적 무신론'이라고 부른다.

물론 신의 존재를 철저히 부인하는 '절대적 무신론자'도 있다. 유신론은 신이 기본적으로 존재하며, 신이라는 존재는 타 존재에 의존하지 않는다고 주장한다. 그리고 유신론은 신은 선(善)의 원천이요, 가치의 최종적 실재라고 주장한다. 만일 이런 내용을 담고 있는 유신론을 무신론이 부인한다면, 이때 무신론은 존재가 자기 자신에만 의존하고 선(善)과 가치의 실재가 되는 그런 궁극적 실재가 있다는 것을 부인하게 된다. 그러나 무신론자가 무신론자 된다는 사실이 보람 있는 일이라고 생각하여, 온갖 어려움을 무릅쓰고 무신론자 노릇을 한다고 한다면, 그는 이미 유신론의 가치를 인정하게 되는 셈이다. 그렇지만 진정한 무신론자가 되기 위해서는 존재의 궁극적 구조의 가치를 부정해야 되며, 그 가치의 실재를 배척해야 된다. 이러한 논리적 모순을 피하기 위하여 무신론자는 가치의 진실성을 주장할 수 있는 근거를 다른 곳에서 찾아야 한다. 그렇지 않다면 그는 허무주의자가 될 것이고, 또 허무주의를 주장한다고 하는 것은 그가 의미가 없는 일을 한다고 인정하는 셈이 된다.

만일 가치 있는 것이 조금도 없다고 한다면, 이 세상에는 보람과 값어치가 하나도 없다는 것을 안다고 하는 것 자체도 소용이 없게 되고 말 것이다. 이 세상에서 이렇게 저렇게 살지만 가치의 구별이 없다고 한다면, 이런 사실을 안다는 것 자체도 소용없게 될 것이다. 나아가, 무신론을 주장한다는 사실도 소용없게 될 수밖에 없다. 다시 말하면, 무신론은 자기모순에 빠지고 말 것이다. 즉 무신론자가 말하는 가치라는 것이 참된 것이라면, 그는 이 가치가 어떻게 참되다는 것을 말해야 하고, 또 존재의 궁극적인 구조에서 그 가치가 어떠한 위치를 차지한다는 것을 말해야 한다. 그리고 우리가 사는 이 실제 세계에서 그 가치가 어떠한 위치를 차지한다는 것을 설명해야 한다. 물론 유신론자는 이 문제에 대해 명확한 해답을 제시하는데, 무신론자도 이 문제를 회피할 수 없다.

어떤 자들은 이 세상의 종교는 가지각색의 다양성을 지니고 있기 때문에 어느 것을 믿어야 좋을지 알 수 없을 뿐만 아니라, 이런 다양성은 종교의 진실성이 결여된 것을 증명하는 것이 아닌가 하고 생각하기도 한다. 물론 동서고금을 통하여 종교는 여러 가지의 형태로 나타났다. 여러 가지 미신적 형태로부터 고등종교에 이르기까지 종교의 모습은 실로 복잡하다. 오랜 시일에 걸쳐 많은 신도들을 지닌 세계 주요 종교들만 하더라도 유대교, 그리스도교, 이슬람교, 힌두교, 불교, 도교, 유교, 원시종교, 신도, 무속 등을 열거할 수가 있고, 한 가지 종교에도 그 교파의 수는 이루 다 헤아리기가 어렵다. 이렇게 종교의 형태가 다양하다고 해서 종교를 배척할 이유는 되지 못한다. 마치 어떤 사람들은 밥과 김치를 먹고, 어떤 사람들은 빵과 버터를 먹고, 어떤 사람들은 생선을 먹는다고 해서 사람들이 먹고 살 필요가 없다고 말할 수 없는 것과 마찬가지이다. 또한 어떤 사람들은 두루마기를 입고 짚신을 신고, 어떤 사람들은 외투를 입고 구두를 신고, 어떤 사람들은 기모노에 게다를 신는다고 해서 사람들이 옷을 입을 필요가 없다고 말할 수 없는 것과 마찬가지이다. 종교는 인간에게 본질적인 것인데, 역사와 문화와 지능의 발달에 따라 여러 가지의 형태로 발전되었다. 종교적 형태의 다양성은 오히려 종교의 보편성을 증명하는 것이라고 볼 수 있다.

3. 종교는 본능적인가?

이제 한 가지 문제가 되는 것은 종교가 이처럼 보편성을 지닌 것이라고 말할 때, 종교는 인간에게 본능적인 것인가 하는 것이다. 어떤 학자들은 종교는 본능적이라고 생각한다. 이 문제를 다루기 위해서 본능이라는 것이 무엇인가 하는 것을 우리는 먼저 규명해야 한다.

보통 본능(instinct)이란 말은 생리학적 용어로써, 인간이라는 유기체가 유전적으로 부모 혹은 종족으로부터 물려받은 "힘"이라고 볼 수 있다. 예를 들면, 본능은 먹는 일, 집 짓는 일, 구애(求愛), 생식, 자기방어 등을 가리키는데, 이런 일들은 배우지 않고 하는 행동이라는 특징을 지닌다. 이제 종교라는 것이 만일 본능적이라고 한다면, 종교적 행위는 대대로 내려오면서 동일한 형태를 지닐 것이며, 사람이 배우거나 익히지 않더라도 지니고 있고 표현할 수 있어야 한다. 그러나 종교 현상을 살펴볼 때 종교적 행동은 유전적인 것이 아니라 학습적인 것임을 알 수 있다. 한 가지 더 부언할 것은, 종교는 본질상 생리학적인 근거에서 움직이는 것이 아니라, 적어도 인간이 자의식을 가질 수 있는 정신적 상태에서 발생하는 것이라는 점이다.

이제 종교가 본능적인 것이 아니라고 단정을 내린다면, 종교의 보편성은 어떻게 설명할 수 있는가? 종교가 보편성을 지닌다는 것은 종교가 인간의 생활 전체(단순히 생리학적 생활뿐 아니라)에서 요구되기 때문이다. 인간은 어떠한 처지에 있든지 (원시인으로부터 문화인에 이르기까지), 자기 처지를 의식할 수 있는 한 자기 처지를 더 향상시키려는 욕구가 있다. 이런 욕구에 응하려는 것이 종교적 형태로 나타난다고 볼 수가 있다. 곧 인간은 종교적 필요성(need)을 가지고 있다. 이 필요성은 인간에게서 항상 찾아볼 수 있는 보편적인 것이다. 그러므로 인간이 본능적으로 종교적이라고 보기는 어려워도, 적어도 인간은 종교적 필요성을 가지고 있고 이 필요성에 응할 때 어떤 형태로든 종교를 갖게 된다고 볼 수 있다.

4. 여러 종교의 공통점

앞서 우리는 종교는 시간상으로 또는 공간적으로 단일한 것이 아니라 다양성을 띠고 나타났으며, 이 세상에는 여러 종류의 종교가 있고 여러 종파가 있다는 것을 언급하였다. 그러나 우리가 종교를 학문적으로 이해하기 위해서는 종교가 가지고 있는 특수성을 잠시 곁으로 제쳐두고 종교가 지닌 공통점 가운데서 종교의 본질을 파악할 필요가 있다. 이러한 방법은 옛날 그리스 철학에서 소크라테스와 아리스토텔레스가 사용한 학문적 방법이라고 볼 수 있다. 플라톤의 대화편 중에는 『유디프로』(Euthyphro)라는 대화편이 있다. 이 속에는 유디프로라는 청년이 소크라테스를 만나서 대화하는 것이 적혀 있다.

소크라테스는 이 청년에게 '경건'(piety)이라는 것을 정의하여 보라고 했다. 유디프로는 자기 속에서 생각나는 대로 경건이라는 것이 무엇인가를 말했다.

그는 여러 가지 모양으로 경건에 대한 정의를 내려 보았다. 경건은 '범죄자를 재판하는 것', '신들이 좋아하는 것을 행하는 것', '기도와 희생의 기술' 등이라고 설명하면서 결국 경건은 '신들을 기쁘게 하는 일'이라고 정의하였다. 그러나 소크라테스는 이와 같은 정의에 만족하지 않고, 이 정의들을 분석하여 그 비합리성을 지적하고 난 다음, 어떤 개념을 이해하기 위해서는 그 본질을 지적해야 한다고 역설하면서 다음과 같이 말하였다. "유디프로, 나는 이 세상에 있는 여러 가지 경건한 행동 중에 몇 가지 예를 들어 말해 달라고 한 것은 아니네. 나는 모든 경건한 행동을 경건하게 만드는 그 본질적 형태가 무엇인가 하는 것을 알기 원한다네." 이처럼 학문의 목적은 지엽적(枝葉的)인 것을 버리고, 본질적인 것을 규정하는 데 있다. 그러므로 우리가 익히 아는 종교의 교리나 의식의 특수성을 강조하지 말고, 이 특수성 속에 감추어진 본질적인 것을 규정함으로써 종교를 학문적으로 잘 이해할 수가 있을 것이다.

이렇게 본질적인 것을 규정하기 위해서는 먼저 여러 가지 종교가 가지고 있는 공통점과 유사성을 열거해 볼 필요가 있다. '사람'이라고 하는 개념 속에는 황인, 흑인, 백인, 말레이인, 폴리네시아인 등의 다양한 인종이 들어있고, 같은 아시아인 중에도 한국인, 중국인, 일본인, 베트남인. 필리핀인 등의 다양한 민족이 있다. 또한 같은 한국인 중에도 김 아무개, 박 아무개, 이 아무개 하는 각기 다른 개인들이 있다. 그러나 인간이 무엇이냐고 물을 때, 박 아무개, 혹은 서양인이라고만 대답한다면 우리는 인간의 본질을 파악하기가 어렵다. 이처럼 여러 종류의 사람들이 가지는 특수성은 제쳐놓고 이들의 공통점을 살펴보면서 그 본질을 규명하고 인간을 이해할 수가 있게 된다. 이제 종교들 간에 서로 공통되는 점을 아래와 같이 열거하여 보고자 한다.

1) 인간 능력 이상에 대한 신앙

어느 종교를 막론하고 종교에는 신앙의 대상이 있다. 이 대상은 동일한 것은 아니지만 인간의 능력보다 더 능력이 있다고 믿어지는 대상인 것만은 확실하다. 원시종교 연구의 권위자인 제임스 프레이저(James G. Frazer)는 그의 유명한 저서인 『황금가지』(The Golden Bough)에서 "유럽에는 '보리 · 어머니'가 있다면, 아메리카에는 '옥수수 · 어머니'가 있고, 동인도에는 '쌀 · 어머니'가 있다"[1]라고 말했다. 이는 원시종교에서 '대지'(大地)를 '어머니 신(神)'으로 믿고 있는데, 이 대지는 농산물을 생산하는 능력이 있다고 보아 종교적 신앙의 대상으로 삼은 것을 말한다. 이런 종류의 종교적 대상은 지역적 차이를 초월하여 유사성을 띠고 있다. 이처럼 종교적 대상을 신(神)이라 하든지, 혹은 자연계의 한 현상이라 하든지 간에 이 대상이 인간의 능력 이상으로 인간에게 혜택을 주고, 복을 내린다고 믿는다는 점은 어느 종교에서나 공통적인 현상이다.

2) 종교의식의 유사성

종교 신앙의 대상이 있다는 점만 종교들 간의 공통점이 아니고, 이런 대상을 신앙하는 표현도 유사하다는 점을 발견할 수 있다. 세계 어느 종교에서든지, 우리가 찾아볼 수 있는 종교적 표현으로는 기도, 희생, 주문, 분향, 찬양, 종 울리는 것, 상(像)을 만드는 일 등이다. 그뿐 아니라 종교에는 종교의식을 집행하는 목사, 신부, 이맘, 승려, 무당 등과 같은 직업적 종교인이 있는 것도 어

---

1   James G. Frazer, *The Golden Bough* (New York : The MacMillan Co., 1935), 412.

느 종교에서든지 찾아볼 수 있는 일이다. 이 종교적 의식에 참여하는 대중이나, 집행하는 지도자들은 또한 가장 경건한 태도와 진지한 태도로써 하는 것도 공통된 점이라고 볼 수 있다.

종교적으로 신성하다고 여기는 음식을 취하기 전에 정결하게 하는 습관도 여러 종교에서 발견할 수 있는 사실이다. 프레이저는 이렇게 말했다.

> 이러한 경우에 행하는 모든 정결의식 형태 중에 아마도 크릭(Creek)족과 세미놀(Seminole)족처럼 일찍이 이 의식의 성례적(聖禮的) 가치를 명확하게 드러낸 경우는 거의 없다. 크릭족과 세미놀족은 새로 수확한 옥수수를 먹기 전에 자기 몸을 정결케 하는 의식을 거행했다. 신성한 음식이 먹는 자의 배 속에 있는 보통 음식과 접촉하는 동안 불결하게 되는 것을 방지하려는 것이 그들의 의도이다. 이와 동일한 이유로 천주교인들은 성만찬에 참여하기 전에 금식하며, 동아프리카의 유목민인 마사이족의 젊은 전사는 고기와 우유만 먹고 사는데, 며칠 동안에는 우유만 먹고 그다음에는 고기만 먹는 습관이 있다. 한 음식에서 다른 음식으로 넘어가기 전 먼젓번 음식이 위장에 남아있지 않다는 것을 반드시 확인해야 하는데, 매우 강력한 정결행위와 메스꺼운 행동으로 음식물을 삼킴으로써 이렇게 한다.[2]

이처럼 미국 원주민들과 천주교인들 및 아프리카인들이 지역적으로는 서로 교류할 수 없는 먼 거리에 있음에도 불구하고, 또한 한 종교가 다른 종교에 영향을 줄 수 없음에도 불구하고 유사한 종교의식을 가지고 있다는 데 놀라지 않을 수 없다. 이는 곧 인간의 환경에 대한 종교적 반응으로부터 생겨난 공통된 의식이라고 보지 않을 수 없다.

---

2 위의 책, 487.

3) 종교적 교훈의 유사성

종교의 또 다른 유사성을 든다면. 전 세계를 통하여 종교적 교훈이 비슷하다는 점이다. 많은 종교들은 사랑, 자기부인(自己否認), 희생, 인내, 겸손의 덕을 가르치고 있다. 논어에 보면 자공(子貢)이 행위의 원칙을 물었을 때 공자(孔子)는 '서'(怨)라는 말로 대답하였다. 곧 "내가 원하지 않는 것을 남에게 베풀지 말라"(己所不欲 勿施於人)[3]라고 했는데, 이 말은 기독교에서 '황금률'이라고 부르는 예수의 말, 즉 "남에게 대접을 받고자 하는 대로 너희도 남을 대접하라"(마태복음 7:12)라는 말과 비슷하다. 모든 종교는 도덕적으로 악한 생활을 극복하려 하며, 신자가 섬기는 신(神)과 성현들의 도움으로써 선을 행하려고 한다. 또한 대부분의 종교는 지금 우리가 사는 현세(現世)를 지나서 내세(來世)가 있다고 믿는다.

4) 구원관

여러 종교의 유사점을 또 하나 들어본다면, 종교는 구원의 길이라는 점이다. 이 구원의 길이란 말은 종교는 인간이 죄와 고통과 죽음으로부터 해방을 얻으려는 방도(方途)란 의미이다. 죄와 고통을 어떻게 해석하든지 간에 종교는 인간이 이런 것들에게 얽매여 있다고 보며 이 구속으로부터 해방을 얻는 것이야말로 종교의 궁극적 목표 중의 하나이다. 또한 사람은 누구나 다 죽음에 직면하지 않으면 안 된다는 것을 스스로 깨닫고 있다. 이 죽음에 대한 해결책은 삶

---

3 『논어』 위령공편.

에 대한 해결책만큼 중요한 것이다. 종교는 죽음에 대한 나름의 해결책을 제공한다. 즉 모든 종교는 죽음으로부터의 해방의 방도로서 혹은 신비주의, 즉 신(神) 혹은 영원자에 대한 직접적 지각(知覺), 혹은 선행을 쌓는 일, 혹은 인격 전체를 바치는 일 등의 방법을 가르친다. 어떤 종교든 이러한 길을 진심으로 걷고 있는 자를 '성인'(聖人)이라고 부른다. 각 종교에서 성인의 삶은 평정(平靜), 자기 수련, 자비 등으로 가득 차 있다. 이처럼 종교는 그 정신에 있어서 공통점을 갖는다.

우리는 이 장에서 종교가 동서고금을 통하여 보편적으로 존재하는데, 이 보편성은 문화와 민족에 따라 특이성을 지닌다고 지적하였다. 또한 종교의 특이성은 종교의 다양성을 의미하기도 하지만 수많은 종교 신앙과 의식을 깊이 연구하여 볼 때 종교의 공통점과 유사성도 발견할 수 있다는 점을 지적하였다. 그렇다면 우리는 종교는 다양하지만 동시에 단일한 것이기도 하다고 말할 수 있다.

물론 종교를 믿는 자는 어떤 특수한 종교에 소속되어 있는 것만은 사실이다. 우리는 구체적이고 특수한 종교를 떠나서 추상적으로 종교를 믿을 수 없다. 그러나 종교의 보편성을 말할 때 종교 신자는 자기들이 속한 종교 외에도 다른 형태를 갖춘 종교가 존재한다는 것을 알 뿐만 아니라, 자신들의 특수한 종교로 말미암아 가질 수 있는 독단과 편견을 제거할 수도 있으리라고 생각한다. 종교가 거짓을 내세우는 것이 아니고 적어도 진리에 입각할진대 종교는 편견과 독단으로부터 오는 오류를 제거할 의무가 있다. 그뿐만 아니라 특정 종교는 다른 종교와 비교 연구하여 볼 때 자기 종교의 본질을 더욱 잘 이해할 수가 있게 될 것이요, 또한 이러한 비교를 통하여 자기 종교를 더욱 더 완성 발전시킬 수 있게 된다. 이것은 개인의 생활을 보더라도 마찬가지이다. 나는 남을 통하여 나를 볼 때 더욱 나의 본질을 잘 파악할 수 있게 된다. 이런 의미에서 남(他人)은 곧 나(我)의 거울이 된다고 볼 수 있다. 이처럼 다른 종교를 무조건적으로 배척할 것이 아니라 오히려 다른 종교를 자기 종교의 거울로 삼아 자기 종교를 볼 때 자기 종교의 모습이 더욱 분명히 나타날 수 있다. 종교의 보편성을 고려할 때 비로소 종교의 자기반성이라는 결과를 낳게 된다.

다음으로, 불신자와 종교에 무관심한 사람들에게 종교의 보편성과 관련하여 종교가 인간 생활에서 역사적으로 중대한 역할을 해왔다는 사실을 알게 할 필요가 있다. 그렇게 될 때 적어도 지성인이라면 인간 생활에 불가결한 활동을 하는 종교에 대하여 관심을 기울이고 알아보게 될 것이다. 왜 많은 사람들이 종교 신앙을 가지고, 종교를 위하여 자기 재산과 생명을 바쳤는가? 역사상 가장 훌륭하다고 볼 수 있는 인물들이 왜 종교를 위하여 전 생애를 바쳐 왔는가? 왜 그들은 종교 신앙을 고집하면서 죽음을 두려워하지 않았는가? 종교인들의 마음의 평안과 용기는 어디서 오는가? 종교를 위하여 왜 어떤 사람들은 자기에게 닥쳐오는 영광과 명예를 희생했는가? 인생에 대한 문제를 생각하고 해결하려 하는 지성인이라면 이런 물음들을 외면할 수 없을 것이다. 현재 우리는 과학의 시대에 살고 있다. 우리가 과학의 시대에 산다고 하여 무조건 종교를 반대한다면, 이러한 태도야말로 극히 비과학적 태도일 것이다. 만일 과학이 요청하는 바가 증거라고 한다면, 우리는 종교와 관련된 많은 증거들을 제시할 수 있을 것이다. 세계 곳곳에서 여전히 많은 사람들이 종교 신앙을 가지고 온갖 어려움을 무릅쓰고 역경과 곤경을 견디고 죽을 고비를 넘어서 살고 있음을 보고 있지 않은가! 이처럼 실제로 인간 생활에 궁극적인 힘과 밑받침이 되는 종교를 과학적인 현대 지성인은 무시할 수 없을 것이다. 이것은 참으로 과학적 재료요 증거이기 때문이다. 모름지기 현대 지성인은 인간에게 종교가 얼마나 중요한 것인지를 알아야 할 것이고, 종교가 인간에게 어떠한 효과를 가져오는가 하는 것 또한 알아야 할 것이다. 그럼으로써 현대인은 단지 종교에 관한 지식을 쌓을 뿐 아니라, 종교적 세계에 참여하여 삶으로써 과학적 지식과 함께 인간의 완성을 도모하여야 한다.

연구 및 토의 문제

1. 민족과 지역별로 종교를 예로 들어보라.
2. 절대적 무신론과 상대적 무신론의 차이는 무엇인가?
3. 종교는 어째서 본능적인가?
4. 종교가 많은 것만큼 종교에는 진리가 없는가?
5. 종교의 보편성과 특수성이 갖는 의미는 무엇인가?

제2장

종교의 기원

1. 기원 연구의 어려움

근래에 학문하는 사람들의 방법 가운데 뚜렷하게 드러나는 방법의 하나는 학문의 대상의 기원을 모색함으로써 그 본질을 규명하려는 방법이다. 이 방법은 과학적 방법의 하나로 볼 수 있다. 즉 물리적 현상을 연구할 때에는 이 현상의 원인을 캐어 보게 되고, 자라나는 것과 변천하는 현상을 연구할 때에는 그 성장 초기의 형태를 조사하게 된다. 그러므로 무엇이든 역사적인 것은 그 기원 (origin)을 탐구하여 본질을 이해하여 보자는 방법이다. 특히 오늘날 인류학이 발달하여 이런 방법을 적용하는 데 도움을 주고 있다. 이 방법을 가리켜 '발생학적 방법'(genetic method)이라고 한다. 이 방법의 뚜렷한 목표는 연구 대상의 기원을 살펴 그 발생적 형태를 규정해 놓고, 그 형태야말로 그 대상의 본질이라고 판단하는 방법이다. 물론 이 방법은 우리가 어떤 학문의 대상이든지 간에 그 대상을 이해함에 있어서 많은 도움을 준다.

그러나 철학적으로 볼 때 이 방법에 의해서만 사물의 본질을 규명하려고 하는 것은 불충분하다. 그 이유는 이 방법을 사용할 때 우리는 역사적인 것, 성장, 발전, 변천하는 것을 다루게 되는데, 성장하고 발전하기 전의 것만을 가지고 현재의 대상을 규정한다는 것은 성장의 과정 안에 비약적 변화와 창조가 내포되어 있다는 점을 무시하게 되기 때문이다. 예를 들어, '사람이란 무엇인가' 하는 물음을 살펴보려 할 때 우리가 발생학적 방법을 사용한다면, 어른이 되기 전 갓난아기의 형태를 고찰하거나 원시인의 생활 형태를 모색해야 한다. 갓난아기가 기어 다닌다고 하여 우리가 사람을 정의할 때에 '사람은 기어 다니는 동물'이라고 말한다면 그것은 합리적인 정의라고 보기 어렵다. 물론 기어 다닌다는 사실도 사람을 이해하는 데 도움이 되는 것만은 사실이다.

이와 같은 발생학적 정의는 완전한 정의가 될 수가 없다는 점을 먼저 알 필요가 있다. 종교의 기원을 논하는 학자들 중에는 이처럼 발생학적 방법으로 종교의 기원적 형태를 규정짓고, 이에 따라 종교를 정의하고 이해하려는 사람이 많이 있다. 그러나 이러한 태도는 곧 발생학적 오류(genetic fallacy)를 범한다고 말하지 않을 수 없다. 종교의 기원이 반드시 종교의 본질을 알려주는 것은 아니다. 종교의 역사적 시초는 참으로 유치하다. 그러나 이와 동시에 역사적 인간의 시초는 종교뿐 아니라 모든 면에 있어서 유치하다는 것을 잊어서는 아니 된다. 현대의 천문학은 점성술로부터 시작되었고 화학은 연금술로부터 시작되었으며 의학은 마법사의 마술로부터 시작되었다. 이것은 문화사를 공부한 사람은 누구나 다 알고 있는 사실이다.

사실상 종교의 기원을 탐색하는 것은 그리 쉬운 일은 아니다. 이러한 시도에는 실제적인 어려움이 많이 있다. 우리는 암석을 통하여 지구의 역사를 읽을 수가 있으며, 화석을 통하여 인류의 역사를 재건할 수도 있다. 그러나 종교사를 구성하는 데 있어서는 그 자료를 취급하기가 대단히 곤란하다. 우리가 가지고 있는 문서, 습관, 고고학적 발견과 같은 것도 이 문제를 취급하는 데 큰 도움을 줄 수 없다. 이와 같은 자료도 역사 이전의 시대에까지는 올라가지 못하고 비교적 역사의 근대 시기에 속한다고 볼 수 있으며, 이런 자료를 해석한다고 하는 일 역시 쉬운 일은 아니다.

유명한 종교학자이며『동양의 경전』(Sacred Books of the East)을 편찬한 막스 뮐러(Max Müller)는 종교의 기원의 실마리를 인도와 유럽의 종교들이 믿는 여러 신(神)들에 대해 동일한 명칭을 사용한다는 점에서 찾았다. 이 공통된 명칭은 하늘, 땅, 해, 달, 불, 천둥과 같은 것을 의미하는 언어학적 어근으로부터 왔다고 그는 보았다. 그러므로 그는 이 사실로부터 종교와 신관(神觀)의 진화에 대한 학설을 제시했다. 이 진화과정이란 자연세력으로부터 신(諸神)으로의 변천을 의미한다. 오늘날 학자들은 뮐러가 언어학적 연구에만 너무나 치중하였다는 것을 지적한다. 특히 인류학자들은 종교적 기원의 다양성을 강조한다.

종교의 기원을 탐색하는 일에 있어서 또 한 가지 난관은 종교사의 성질 자체에서 발견한다. 종교는 원래 단순한 형태로부터 시작하여 오늘의 복잡한 형태로 발전될 때까지 평탄한 길을 걸어왔다고 볼 수는 없다. 이 길이란 참으로 굽이굽이 돌고, 역류가 있고 의외의 돌변 상황이 있는 복잡한 경로를 밟아 온 것이다. 어떤 종교는 처음에 가졌던 정열과 순수함으로부터 타락하여 저하되는 것도 있고 어떤 종교는 확장되고 발전되는 것도 있으며, 어떤 종교는 응결되어 성장이 정지되어 있는 것도 있다. 또한 교훈과 조직이 비슷한 두 종교가 있더라도 똑같은 역사를 통하여 여정을 걸어왔다고 보기는 어렵다. 역사에는 수많은 외부적 조건과 영향이 있고, 내부적으로는 돌발적 변화가 있을 수 있으므로 두 종교가 동일한 보조를 취하여 왔다고 기대하기는 곤란하다. 다시 말하자면 종교가 발전하는 과정의 동일하고 표준적인 형태를 발견하기는 어렵다는 것이다. 그러므로 종교적 생활의 어떤 절대적인 원시 형태를 발견하기는 아마도 어려울 것이다. 개인의 생활에 있어서는 언제든 종교적으로 될 수는 있다. 그러나 그가 신봉하는 종교는 아주 새롭게 창조된 종교라고 보기는 곤란하다. 이들은 이미 있던 종교적 형태를 채택한다. 종교의 창시자라고 볼 수 있는 모세, 붓다, 예수, 무함마드와 같은 사람들도 빈손으로 종교를 창시한 것은 아니다. 이들은 이미 있었던 종교를 새로운 각도에서 개조한 사람들이다. 어떤 종교를 막론하고 종교는 그 종교 이전에 있던 다른 종교들로부터 파생하여 나온 것을 알 수 있다. 가장 원시적인 종교라고 할지라도, 오랫동안 그들에게 전달된 전통과 습관을 받아들인 것을 알 수가 있다.

이처럼 종교의 기원을 탐색하는 데는 여러 가지 난관이 있음에도 불구하고, 그 기원을 고찰하려는 이유는 어디 있는가? 물론 이 기원에 대한 고찰이 종교의 본질을 규명해 준다고 보기는 어렵다고 이미 언급한 바 있다. 종교를 검토할 때에 그 열매를 가지고 볼 것이지 그 뿌리를 가지고 판단할 것은 아니다. 종교의 기원을 고찰하여 봄으로써 우리는 원시종교의 공통된 요소를 알 수 있게 될 것이며, 종교의 초기적 형식을 배울 수 있게 된다. 물론 이런 원시종교의 공통요소가 종교의 기원이라고 보기는 어렵고, 또한 우리에게 알려진 종교들이 모두 이러한 요소를 갖춘 적이 있었다고 말하기도 어렵다. 그런데도 초창기 종교들의 단순한 형태에 있어서는 유사한 점들이 많이 있다고 말할 수 있다.

또한 종교의 기원에 대한 지식을 가지고 발달된 종교를 비교해 볼 때, 우리는 여러 형태로 나타난 인간의 삶의 종교적 성격을 배울 수 있다. 그뿐만 아니라 종교의 기원에 대한 지식은 우리가 때때로 다른 분야에서 발견할 수 있는 종교 개념을 이해하는 데 도움이 될 것이며, 이런 개념을 좀 더 공정하게 평가하게 만들 것이다. 나아가, 오늘날 우리가 사는 주위에서 가끔 볼 수 있는 새로운 종교 현상이나 또한 종교 운동에 대해서도 좀 더 나은 평가를 할 수 있을 것이다.

이제부터는 종교의 기원에 대한 여러 가지 학설을 검토하여 보기로 하자.

2. 종교 기원의 제설(諸說)

1) 공포감

원시인들의 생활 가운데 뚜렷이 나타나는 특징은 공포감이다. 바람이 몹시 불거나 천둥 번개가 칠 때, 캄캄한 어둠이 드리울 때, 그들의 생활은 공포로 가득 차 있음을 알 수 있다. 이 공포는 미지의 세계로부터 오는 공포에 기인한다고 볼 수 있다. 원시인에게 자연 만물은 생활을 위협하는 무서운 적으로 여겨졌다. 이렇게 불안하고 의지할 데 없는 원시인들의 생각에서 자연스럽게 어떤 형식의 주문을 외어 마력을 얻고 그 힘으로 자기 생명을 위협하는 세력을 정복하거나 혹은 무마시킬 수 있다는 신앙을 가지게 되었다. 아마도 자기보존의 본능이 그로 하여금 이러한 확신을 갖게 하였을지도 모른다. 여하간 원시인은 살기 위해 신앙을 가졌으며, 종교를 형성하게 했다고 보는 것이 이 학설의 요지이다.

인간 생활에서 공포는 흔히 볼 수 있는 현상이다. 그러나 문명인보다 원시인에게 이런 공포감이 더 많이 있다고 보는 것은 더 생각해야 할 문제이다. 문명인이 과학적 지식으로 주위 세계의 여러 가지 현상으로부터 오는 공포를 많이 완화시켰다고 볼 수는 있지만, 문명인들에게는 원시인이 생각하지도 못하던 새로운 공포가 생겼다는 것도 우리가 잘 아는 사실이다. 공포는 종교적 경험 이외에 또 다른 삶의 경험을 수반한다. 인간의 삶은 자연적 공포로 가득 차 있다. 사고, 경쟁자, 짐승 등과 같은 것에 대한 공포가 있지만 이런 것들은 종교와는 아무 상관이 없었다.

심리학적으로 생각해 보면 원시인들이 가졌던 공포와 두려움이 종교라는 적극적 결과를 가져왔다고 믿기에는 곤란한 점이 있다. 사람이 두려워한다는 사실에서 자발적인 두려움의 극복이라는 결과를 곧바로 얻을 수는 없다. 심리학적으로 공포는 사실상 위협하는 위험의 도수를 더욱 강화한다. 공포는 종교를 가져오게 하는 인간적 상황의 한 모습이라고 볼 수는 있으나, 공포가 곧 종교를 이끌어 왔다고 보기는 어렵다.

2) 소원 성취로서의 종교

심리학적 용어의 대중화로 인해 종교의 기원이 '소원 성취'에 있다고 보는 관점을 자주 듣곤 한다. 이 학설에 의하면 인생은 자기의 욕구를 만족시키기를 바라고 있으나 항상 방해를 받고 있다. 인간의 모든 조건은 자기 소망을 실현하려고 하는 데 불리하다. 신체적 조건과 제한, 사회적 관습 등은 인간의 자연적 충동을 억제한다. 그러나 인간의 욕구는 막을 수 없다. 그래서 인간은 환상적이고 유리한 세계를 가짜로 상상하여 이 세계에서는 자기를 도울 힘이 있다고 믿게 된 것이 종교의 시작이라고 이 학설은 주장한다.

사람들이 자기를 저버릴 때 천국의 신(神)이 자기를 위로하며, 다른 사람이 자기를 이해하지 못할 때 신(神)은 자기를 알아주고, 지상에서 인간의 고통 대신에 앞으로 오는 나라에서의 행복을 약속하게 되는 것은 다 이 때문이라고 본다. 때로는 사회에서 금지되고 억압된 충동을 종교적 의식을 통하여 표현하도록 하여 준다. 이처럼 종교를 통하여 인간은 그의 기본적 욕구를 만족시키려고 하는데 환상을 통하여 행복감을 느끼게 된다고 보는 것이 이 학설의 요지이다.

이 학설의 특수한 형태로 나타난 것이 지그문트 프로이트(Sigmund Freud)의 종교 기원론이다. 그는 종교는 오이디푸스(Oedipus) 감정으로부터 기인한 것이라고 주장하였다. 아들은 아버지를 시기하고 또한 무서워하는데, 그 이유는 아버지가 어머니를 성적(性的)으로 차지하였기 때문이라고 한다. 그러나 이와 동시에 아들은 아버지를 숭배하고 사랑한다. 아버지를 미워하니까 아들은 일종의 죄책감을 느끼게 되지만 아들은 아버지를 사랑하거나 미워하거나 두 가지 중의 하나를 택하지 않을 수 없으므로, 그 결과 감정적 충돌이 나타나게 된다는 것이다.

프로이트는 말하기를, 종교는 원시 시대 인간들이 처했던 상황에서 시작되었다. 즉 최초의 아들들이 반란을 일으켜 아버지를 죽이고, 아버지의 아내와 첩을 소유하려 하였으나, 그들은 살인 후 마음에 죄책감을 느껴 그들 본래의 생각을 포기했을 뿐만 아니라, 종교적 의식을 통하여 자기들이 저지른 비행(非行)을 뉘우치게 되었다고 한다. 그러므로 프로이트에 의하면, 종교는 원시 시대에 최초의 아들들이 지은 죄를 상징적으로 용서받는 것이다. 이 비행의 희생자인 아버지를 기념하여, 그의 지위를 신(神)의 지위로 올렸으며(곧 힘차고 억세지만, 사랑 많고 공의로운 분으로 만들었으며), 종교적 예배의 원형적 형태는 바로 이 심리적 죄책감으로부터 생겨난 것으로 프로이트는 보았다. 프로이트 학설이 주장하듯이, 오래전에 아들들이 저지른 죄를 인류가 잠재의식 속에 기억하고 있다고 하는 것은 믿기 어려운 설명이다. 또한 많은 심리학자들은 프로이트가 종교를 오이디푸스와 성적 고착성(性的固着性)에 의해 해석하는 것은 지나친 과장이라고 비판한다.

일반적으로 생각해 볼 때 이 욕구 충족으로서 종교를 고찰하는 태도는 타당성이 전혀 없다고 단언할 수는 없다. 그러나 이와 같은 현상은 종교에서만 찾아볼 수 있는 것은 아니다. 종교 이외의 인간 활동 가운데에도 소원 성취의 표현은 얼마든지 발견할 수 있다. 특히 인간이 이상적 생활을 그리며 소망을 가지고, 꿈을 꾸며, 야심을 품는 현상은 모든 인간 생활에서 일어난다. 그러나 이런 현상 속에서 우리가 찾지 못하는 점은 종교에 있는 강압적, 강제적 요소일 것이다. 물론 어떤 사람은 종교에서 위안을 모색하지만, 종교는 인간에게 항상 요구로 나타나는 사실을 무시하지 못한다. 종교인은 어떤 특수한 행동을 실천해야 하며 어떤 특수한 태도를 보여야 되는데, 이것은 사회에서 오는 강압 때문이 아니고 그가 믿는 종교의 실재가 요구하는 내적 강압으로부터 온다.

이와 같은 강압이나 강제는 종교에서 여러 가지 형태로 나타난다. 그 소극적 표현으로는 종교인이 가지는 체념적 태도이다. 곧 자기가 당면하는 모든 인간적 상황은 신(神)의 섭리에 따른 것이므로 이 점을 깨닫고 인생과 세계를 묵묵히 받아들이고 복종하는 태도를 갖게 된다. 그러나 이런 현상은 더욱 적극적인 모양으로도 나타난다. 즉 사람이 예배를 드릴 때 경외(敬畏)의 감정을 가지고 자기보다 더 큰 세력 앞에 무릎을 꿇게 되는 그런 강압성도 있다.

또한 어떤 때는 이 강압성으로 인하여 예언자나 개혁자나 순교자가 사회적으로 불리한 처지에서도 굴하지 않는 용기를 갖게 됨을 볼 수 있다. 겉으로 나타나는 조건을 무시하며 직접적인 안위를 버리는 것이야말로 종교의 본질 중

하나이다. 그러므로 일신(一身)의 안위와 자기 소원의 성취라는 점과는 정반대되는 것이 오히려 종교의 본질이 될 수 있다는 사실로 볼 때 이 학설을 전적으로 신뢰하기는 어렵다.

3) 성직자 계급의 창안(創案)

어떤 학자들은 종교는 성직자 계급이 자신들의 지위와 세력을 보존하고 세력을 확장하기 위하여 만들어 놓았다고 생각한다. 17세기 영국의 정치 철학자인 토머스 홉스(Thomas Hobbes)는 종교는 권력에 미친 성직자들의 장난이라고 말하였다. 마르크스주의자들도 성직자 계급은 자신들의 이익을 위하여 종교를 만들었고, 오늘날 그들은 경제적 착취계급이 되었다고 주장한다.

물론 역사적으로 보면, 이들이 말하는 것과 같이 성직자 계급이 권력을 쥐고 있던 때도 많이 있었다는 것을 알 수 있다. 힌두교에는 브라만 계급이, 서양에서는 인구의 5분의 1이나 되는 성직자들이 사회의 지배계급이었으며, 중세에 천주교 성직자는 유럽을 지배했으며, 개신교에서는 국가교회를 형성하여 국가의 지배권을 장악하였다. 그러나 이 학설이 타당성을 결여한 것은 다음과 같은 중요한 사실을 무시하기 때문이다. 즉 종교는 성직자 계급에만 국한된 것이 아니고, 또 일반인의 종교 생활의 넓이와 깊이 및 사람들 사이에 미친 종교적 실천의 영향 등을 도외시했다는 것이다. 나아가 종교에 있어서 평신도의 독립적 활동을 무시했다는 것이다. 사실 세계 종교들의 창시자들은 성직자 계급이 아니라 평신도로 활동했다. 붓다나 예수나 조로아스터 같은 자들은 성직자가 아니었다. 또한 종교에서 중요한 영감(靈感)을 주고 사람들의 마음을 지배한 예언자들은 성직자가 아니었고 평신도였다.

4) 최고신(最高神) 학설

원시종교는 지고(至高)한 신(神)을 신앙함으로써 시작된 것이라고 보는 학설은 빌헬름 슈미트(Wilhelm Schmidt)의 『종교의 기원과 성장』(The Origin and Growth of Religion)이라는 책에 나와 있다. 그는 이와 같은 최고 신이 대기(大氣) 안에 거주한다고 보았으며, 그 형태는 물체적이 아니라 정신적인 것으로 생각하였다. 그는 이 최고 신, 혹은 신들의 속성을 영원한 존재, 자애, 공의 또는 도덕법의 창시자로 믿었다. 그리고 원시종교가 점차로 발전하면서 이 최고신으로부터 열등한 신이 생겨났고, 마귀, 선조혼(先祖魂) 등이 발전되었다고 이 학설은 보고 있다. 슈미트에 의하면, 아프리카나 아시아의 원시인들은 '위에 사는 자', '선하고 높은 자', '가장 강한 자'와 같은 표현으로 최고 신을 표시하고 있는데, 이것이 바로 종교의 기원적 형식이라는 것이다.

그러나 이 학설은 더 많은 증거가 나오기까지는 결정적인 학설이라고 보기는 어려울 것이다. 이와 같은 현상은 원시인에게나 문화인에게나 세계에 대한 질서정연한 설명을 요구한다는 사실을 알려주는 것으로 볼 수 있다. 원시인에게는 세계관이라는 것이 아직 발달하지 않았기 때문에 이와 같은 통일된 신관(神觀)이 원시인에게 있었으리라고 추측하기는 어렵다. 그뿐만 아니라 이 학설이 모든 종교의 기원으로 만족한 견해라고 보기는 어렵다.

5) 마술이 최초의 종교 형식이라고 보는 설

종교가 최고 신으로부터 시작하였다고 보는 대신 종교의 원시 상태를 고려하면서 가장 근저(根底)가 되는 곳으로부터 시작하여 점차적인 진화의 형태를 살피는 것도 학자들이 취하는 방법이다. 이런 방법을 다음과 같이 예로 들어보려고 한다.

노스(John B. Noss) 교수는 마술을 다음과 같이 정의하였다. "마술은 일정한 언어를 통하여, 또한 일정한 행동을 통하여 우리 요구대로 자연의 세력을 지배 혹은 변화시키려는 노력이다."[4] 이러한 지배를 실현하기 위하여 세 가지 주요 방법을 소개하면 샤머니즘(shamanism), 페티쉬즘(fetishism), 통속마술(popular magic) 등이다.

(1) 샤머니즘은 샤먼(shaman) 또는 무당과 같은 병을 고치는 치유자의 역할을 하는 직업적 종교인으로부터 나온 말이다. 이들은 자신들에게 신이 내렸다고 믿고 있으며, 보통 사람이 알지 못하는 비밀에 대한 지식을 소유했다고 생각한다. 이 현상은 널리 발견되는 보편적 현상이다.

(2) 페티쉬즘은 원래 서방 아프리카의 원시인들이 작은 상(像)이나 물건들을 사용한 데서부터 시작되었다. 원시인들은 몸에 지니고 다닐 수 있는 작은 물건에 초자연적 능력이 들어있다고 믿었는데, 이 물건을 '페티쉬'(Fetish)라고 부른다. 예를 들어, 바닷가에서 주운 이상하게 생긴 조개껍데기를 가지고 다니다가 행운을 경험했다면, 그 조개껍데기에는 초자연적 능력이 있다고 보고 이것을 항상 몸에 차고 다니는데, 바로 이것을 페티쉬라고 부른다는 것이다.

(3) 통속마술은 비직업적으로 일반인이 마술적 능력을 행사하는 것을 의미한다. 저주(curse), 주문(spell), 마력(charm) 등을 통하여 자신의 요구를 관철시키는 일은 우리 주위에서 흔히 볼 수 있는 일이다. 유사한 것은 유사한 결과를 초래한다는 원리에서 원시인들은 북을 치며 천둥 치는 것을 흉내 내어 비가

---

4 John B. Noss, *Man's Religions* (New York : Macmillan, 1949), 13.

내리기를 바라며, 생식의 상징을 사용함으로 가정의 번영이나 가축의 번식을 실현하고자 한다. 구약성서에 나오는 삼손이 힘의 장사가 된 이유는 그의 머리카락 때문이었다고 믿었다. 이것은 그의 머리카락에 마술적 능력이 있었다고 하는 것을 표시하는 것이 다. 프레이저 같은 학자는 마술로부터 종교가 발생했다고 보아서, 마술을 종교 이전의 것이요, 모든 종교가 발생한 기원적 요소라고 보았다. 그의 학설에 의하면, 마술이 인간의 요구대로 응하여 주지 못하였을 때 인간은 종교적 기원과 기도로써 이를 바꾸어 놓았다고 본 것이다. 그러나 기도의 응답이 마술의 응답보다 더욱 더 확실성이 있느냐 하면, 꼭 그렇다고 확언하기는 곤란하다. 어떤 군인이 전쟁에서 총알을 맞고도 살아왔는데 그 이유는 성경을 자기 주머니에 넣고 다녔었는데 마침 총알이 이 성경에 맞아 자기는 살아왔다고 하는 사람도 있다. 이런 사람은 성경이 마술적 능력을 지닌 것으로 생각하는 것이라고 볼 수 있다. 원시 시대에는 종교와 마술 사이에 구별이 명확하지 않았으나, 그 직능에 있어서는 질적 차이가 있다. 학자들은 오히려 마술을 과학의 전신(前身)이라고 보는 사람이 많은 만큼 마술을 종교의 기원으로 보기는 어려울 것이다.

6) 토템 신앙(totemism)

종교의 기원에 대한 또 다른 유력한 학설은 토템 신앙이다. 토템(totem)이라는 것은 원시인과 친밀한 관계가 있다고 생각되는 식물 혹은 동물을 말한다. 이 관계는 어떤 때는 혈연관계를 의미하고 어떤 때는 한 종족의 조상을 의미한다. 토템 신앙에 대한 이론은 여러 가지가 있다. 히브리 종교 연구의 권위자인 로버트슨 스미스(Robertson Smith)는 원시인의 제사는 토템 신앙으로부터 발생하였다고 주장한다. 토템 동물이나 식물을 먹음으로써 예배자는 토템 신(神)과 교통하여 신과 같은 힘과 성격을 소유하게 된다고 믿었다. 19세기의 프랑스 종교사회학자인 뒤르켐(Durkheim)은 토템이 사회단체의 상징이라고 보았다. 그리고 토템 신앙을 최초의 종교형태라고 보았고, 이를 따르는 사회와 단체를 숭배하는 것이 종교의 근본적인 기초라고 생각하였다. 토템 신앙은 북아메리카 원주민들에게서 기원하였다고 보기도 하고, 오스트레일리아의 종족과 이집트의 동물숭배, 히브리 종교 등에서도 볼 수 있다.

어떤 학자는 단군신화와 고조선의 개국을 기록한 역사서인 『단군고기(檀君古記)』를 토템 신앙에 의해 해석했는데, 이는 매우 흥미로운 일이다. 즉 단군신화에서 환웅과 웅녀가 결혼하여 단군을 낳았다고 하는데, 여기서 웅녀란 곰을 토템으로 여기는 고마족의 여성을 대표한다는 것이다. 그리고 이 고마족은 토템인 곰과 밀접한 관계가 있음을 보여준다. 이는 원시사회의 종교적 형태를 드러낸다. 그렇기 때문에 고조선의 정치 형태는 신정사회(神政社會)로 정치와 종교를 분리하지 않았다는 것을 알 수 있다.

토템 신앙을 종교의 원시적 형태로 보는 학설은 종교의 사회성을 강조한다는 점에서 유리한 학설이 되지만 종교의 개인적 요소를 등한시한 점이 약점이라고 볼 수 있다. 종교는 사회성을 띠고, 사회적 양식으로 표현되고, 사회적이며 집합적인 형식을 요구하지만 종교 신앙의 대상이 곧 사회라고 볼 수는 없다. 사회가 곧 신(神)이라고 생각하고, 사회를 예배한다는 것은 무의미하게 된다.

7) 물활론적 기원(animistic origin)

원시인들은 물활론적 세계관을 가졌다. 그들 주위에 널려 있는 모든 사물은 자기 생명과 같이 다 살아 움직이는 것으로 본 것이다. 이처럼 모든 사물을 의인화(擬人化)시키는 데서 종교의 기원을 찾으려고 하는 학설이 있다. 19세기 영국 철학자인 스펜서(Herbert Spencer)는 모든 종교는 조상의 정령(精靈)을 숭배함으로써 발생했다고 생각하였다. 그러나 이 학설이 갖는 난점(難點)은 조상숭배라는 의식은 모든 원시인들의 삶에서 보편적인 것이 아니다는 점에 있다. 또한 조상의 정령은 산 사람의 복과 행운에 의존되어 있는 것이지 독립적 세력과 존재를 가진 신(神)으로까지 생각되지는 않았다는 것이다.

이상의 제 학설을 간단히 검토하여 볼 때 결론적으로 말할 수 있는 것은 종교의 기원이라는 것은 단일한 조건과 이론으로 설명하기가 곤란하다는 점이다. 종교에 관한 심리학적인 설명은 어느 정도까지의 신빙성은 있다고 하더라도 심리학적 고찰 이외의 다른 요소들도 살펴보아야 한다. 원시종교에서 종교의 기원을 찾는 일도 시간과 성장의 측면을 고려하지 않는다는 약점이 있다. 종교의 원형이 어땠다고 하는 사실과 오늘날 그 발전된 형식이 어땠다는 사실은 동일하게 취급할 수 없다. 우리는 원시인들의 심적 태도와 주위 환경에 대한 그들의 반응이 어떠했던가 하는 것은 추측할 수 있지만, 이것으로써 종교의 본질을 온전히 규정하기는 어렵다. 마술적 행위가 언제 그치고, 종교적 형태가 언제 시작되었는가 하는 것도 분명하게 밝힐 수는 없다.

그러나 종교 기원에 관한 이론을 검토함으로써 우리는 종교를 낳게 하는 여러 가지 요소들을 파악할 수 있으며, 또한 종교가 바라고 얻으려는 점이 무엇인가를 짐작할 수 있다. 원시종교에서 사람들이 '자기 이상의 능력'을 추구하려는 태도는 우리가 간과할 수 없는 점이다. 그런 능력을 동물에서 찾든지 식물 혹은 자연 현상에서 찾든지 간에 인간에게는 자기 이상의 능력에 대한 갈망이 있었다는 사실은 원시종교로부터 문명 종교에 이르기까지 뚜렷하게 드러나는 현상이다. 이 능력은 신비로 나타나고 혹은 초자연적인 것으로 임하며, 비상한 것, 즉 보통 이상의 것으로 나타난다. 이처럼 자기 이상의 능력에 대한 갈구는 인간이 이 세상에 태어나서 부딪치는 환경과 처지에서 자신의 생존에 대한 자각으로부터 나온다고 볼 수 있다. 곧 종교의 시작은 인간의 자기인식에서 기인한다고도 볼 수 있다. 인간이 자기의 삶을 영위하여 나가려고 할 때 부딪치는 곤경과 어려움 속에서 자기의 능력으로는 삶을 움직여 나갈 수가 없다는 것을 알고, 이러한 상황에서 어떤 태도를 보일지 고민하는 바로 그곳에서 종교의 문이 열린다는 것이다. 이런 상황에서 인간이 자기 이상의 능력을 찾아 그 능력에 의하여 자기 운명을 개척하려고 할 때 그는 종교를 갖게 된다.

그러므로 종교는 기본적으로 인간의 필요에서 나온다고 볼 수 있다. 즉 존재자가 존재를 위하여 갖는 필요조건인 것이다. 그러기에 종교는 보편성을 띤 것으로 볼 수 있다. 이 필요를 충족시키기 위하여 인간은 상상력을 발휘하고 지능을 사용하여 여러 가지 모양으로 종교의 내용을 발전시킨 것이다. 인간은 자기의 능력이 제한되어 있고 삶의 위협을 느끼므로 공포도 생기지만, 공포 그 자체가 종교는 아니다. 오히려 이 공포를 어떻게 극복하느냐 하는 것이 종교이다. 인간의 욕구라는 것은 삶의 기본적 형태라고 볼 수 있다.

그러나 종교는 욕구의 만족에만 그 중점을 둔 것은 아니다. 유치한 종교형태는 사실 인간 욕구의 만족을 추구하지만, 종교에는 또한 욕구의 절제와 극기, 욕구의 전적 소멸을 의도하는 측면도 있다. 소아(小我)의 만족보다도 대아(大

我)와의 조화, 대아에 대한 복종은 역사적으로 종교의 중요한 역할을 했다. 원시종교의 모든 신념과 의식은 마술, 토템, 마나,[5] 터부[6] 등으로 나타나지만 이러한 현상은 모두 인간 이상의 능력을 요구하는 표현으로 볼 수 있다.

연구 및 토의 문제

1. 종교의 기원을 알아봄으로 결국 우리는 무엇을 얻을 수 있는가?
2. '발생학적 오류'라는 것은 무엇인가? 그 예를 들어보라.
3. '마술과 과학', '마술과 종교'의 상호 관계를 말하여 보라.
4. 세계의 다양한 문화 형태에서 볼 수 있는 '토템'을 열거하여 보라.

---

5   "마나"(mana)는 멜라네시아(Melanesia) 원주민들이 사용하는 말로써 어떤 자연물이 초인격적 힘을 가지고 있다는 뜻이다.
6   "터부"(taboo)는 '점 찍혔다'라는 뜻으로 곧 종교적 목적을 위하여 점이 찍혔다는 의미로써, 그 대상을 가까이하지 않고 두려워하며 멀리 두며, 접촉이 금지된 것으로 생각한다.

제3장

종교 현상의 특수성

우리는 앞에서 종교의 기원에 대한 학설을 검토함으로써 종교의 본질적 성격을 규명해보고자 했다. 그러나 종교의 최초 양상은 우리의 지식으로는 규정짓기 곤란함을 알게 되었다. 또한 종교가 원시 형태로부터 더 발전된 형태로 변천하여 나가는 그 과정은 다양하여 일률적으로 단언하기가 곤란하다는 것도 알 수 있다. 우리가 종교 기원의 논의를 통해 말할 수 있는 것은 원시종교에는 일반적이라고 볼 수 있는 종교적 개념과 실천의 원시적 형식이 들어있다는 사실 때문이다. 또한 이러한 원시적 형식으로부터 초창기 종교의 대부분이 발생했을 것으로 생각한다.

만일 종교의 시초가 공통된다는 측면에서 종교의 통일성을 제대로 설명할 수 없다고 한다면, 이 통일성을 이해하는 다른 방도가 있을까? 이 질문에 답하기 위하여 본 장에서는 인간의 다른 경험과 구별되는 종교 현상의 외부적 특징을 살펴보기로 하겠다. 물론 종교도 많이 있고 교파 또한 무수하여 각기 다른 특수성을 가지고 있는 것도 사실이다.

그러나 종교를 인간 경험이라는 전체성 안에 두고 다른 경험과 비교하여 본다면 종교 경험에는 다른 경험과 판이한 특징이 들어있다는 점을 알게 된다. 그렇다면 우리의 사고와 행동 가운데서 '종교적'이라고 부를 수 있는 것은 무엇이고, 이 특징을 통하여 모든 종교들을 한 종교로 부를 수 있게 만드는 것이 무엇인가 하는 것을 살펴보고자 한다.

1. 거룩한 것

어느 종교를 불문하고 종교는 '거룩하다'(sacred, holy)라고 생각되는 요소를 내포한다. 종교인은 '거룩하다'라고 하는 특수한 성질을 특별하게 취급한다. 또한 이것은 '거룩하지 않다', '속되다', '보통이다'라는 것들과 엄격하게 구별된다. '거룩하다' 혹은 '신령하다'라고 하는 성질은 종교 생활에 있어서 중요한 영역을 차지하고 있어서, 보통 사람들에게 경외의 감정을 가지게 하여 존경, 숭배하도록 하는 한편 그것들에 접근하지 못하게까지 한다. 히브리 민족의 경우 예루살렘 성전 안에 깊이 자리한 '지성소'는 히브리 전 민족의 존경을 받고 있음에도 불구하고 이곳은 대제사장 이외에는 아무도 접근하지 못하는 곳으로 여겨졌다. 이처럼 '거룩한 것'은 적극적으로는 만인이 경의를 집중하여 표하는 대상이지만 소극적으로는 금기시되는 대상을 의미한다. 히브리 사람들이 역사적으로 신뢰와 충성을 바치며 변하지 않고 섬기던 신의 이름은 '야훼'(Yahweh)였는데, 히브리 사람들은 그 이름조차 함부로 부르지 못했다.

그러므로 '거룩하다'라는 성질은 종교에 따라 그 대상이 다르지만 각 종교에서 공통으로 찾아볼 수 있는 요소라고 볼 수 있다. 바위, 산, 나무, 집, 강, 동물 같은 것들도 거룩한 것으로 여긴다. 그래서 인도의 갠지스강은 거룩한 강이요, 인도 사람들은 소와 원숭이를 거룩한 짐승으로 생각하여 죽이지도 먹지도 않는다. 그뿐만 아니라 사람이나 사람의 경험도 때로는 거룩하다는 칭호를 얻게 되는데, 힌두교의 '거룩한 사람'이나 기독교의 '성자'(saints)들을 예로 들 수 있다.

옛날부터 산은 사람들의 생각에 신이 거하는 곳으로 여겨졌다. 우리나라의 대표적 영산(靈山) 태백산은 인간과 하늘의 접촉지로서 신이 거주하는 곳이라고 생각되었으며, 백두산도 신산(神山)으로 여겨졌다. 구약성서에 나오는 시내산도 히브리 사람들이 믿는 신 야훼가 거주하는 곳으로 생각하였으며. 그리스 다신교의 경우 올림퍼스산은 원래 신들이 거하는 집이라는 뜻을 지녔다고 한다. '거룩한 곳'은 단지 산에 국한되지 않는다. 언덕이나 샘이나 수목이 울창한 곳이나 암석도 거룩한 곳으로 취급해 왔다. 이러한 거룩한 곳에는 보통 사람에게는 접근할 수 없는 금단의 장소로 지정되었으며, 흔히 이런 장소에는 산사나 예배처가 들어서 있다. 자연뿐 아니라 사람들이 세워놓은 도시에도 거룩한 도시가 있다. 히브리 사람들은 예루살렘을 가리켜 '거룩한 도시'로 불렀으며. 이슬람교도들은 메카(Mecca)를 '거룩한 도시'로 삼아 순례를 한다.

또 어떤 특수한 물건에 대하여서도 '거룩하다'라는 성격을 부여한 것을 볼 수 있다. 원시종교에서는 페티쉬나 몸에 차고 다니는 어떤 물건을 거룩한 것으로 생각한다. 오늘날 미국에서 토끼의 털을 가지고 다닌다든지 어린애의 구두를 자동차에 달고 다닌다든지 동물의 발톱을 차고 다닌다든지 혹은 십자가를 목에 걸고 다닌다든지 하는 풍습이 있다. 이런 풍습은 원시종교에서 거룩한 물건을 몸에 지니고 다니던 풍습에서 비롯된 것으로 볼 수 있다. 천주교에서 '거룩한 초', '거룩한 물'(성수), '묵주'(rosary), 십자가 등은 모두 거룩한 물건, 즉 성물로 취급된다. 기독교의 성만찬에 사용하는 빵과 포도주 역시 거룩한 것으로 여겨진다.

유대 사람들은 모세의 십계명을 새긴 석비(石碑)를 넣었다는 '법궤'를 가장 거룩한 것으로 간주했다. 이 법궤는 히브리 사람들이 전쟁 때에 이곳저곳으로 짊어지고 다니다가 나중에는 예루살렘 성전에 모셔졌다. 히브리 사람들은 이 법궤를 소중히 여기고 최대의 경의를 표했다. 오직 정결의 예를 치른 소수의 사람만이 이 법궤를 다루도록 허용되었다. 광야에서는 특별한 천막으로 이 법궤를 보호하였다. 그런데 웃사라는 사람이 이 법궤를 예루살렘으로 옮길 때 함부로 이 법궤에 손을 대었기 때문에 그 자리에서 즉사한 일이 있다. 또 법궤를 한때 블레셋 군에게 빼앗긴 일이 있다(사무엘상 4-5). 성경 이야기를 보면, 이 법궤를 그들의 신전에 갖다 놓았을 때 그들이 숭배하는 신상(神像)들이 다 무너지고 말았다. 블레셋 사람들이 이 법궤를 소유하고 있는 동안 온 백성이 종기로 고생을 당했다. 반면에 법궤는 사람들에게 복을 주기도 한다는 것을 성경에서 찾아볼 수 있다. 웃사가 죽어서 법궤를 예루살렘으로 옮기는 일을 잠시 멈추고 있을 때 어떤 사람이 자기 집에 이 궤를 모셔 왔는데 그 사람은 복을 받았다. 이처럼 거룩한 것은 인간들에게 복과 화를 가져오는 것으로 알려져 있다.

각 종교에는 '거룩한 책'(sacred scriptures)이 있다. 불교에는 『대장경』이 있고, 힌두교에는 『베다』가 있고, 시크교에는 『그란트』가 있고, 유대교에는 『타나크』(히브리 성서)가 있고, 기독교에는 『성서』가 있는데, 이 책들은 모두 거룩한 책으로 취급된다. 그뿐 아니라, 종교에는 특수한 사람들을 가리켜 '거룩한 사람'이라고 인정한다. 즉 랍비, 목사, 신부, 사제, 이맘, 스님, 율법의 수여자,

예언자, 구세주, 아바타(avatar, 즉 힌두교의 신의 화신[化身]), 무당 등을 예로 들 수 있다. 또한 모세, 무함마드, 예수, 붓다, 라마크리슈나(Ramakrishna) 등도 거룩한 사람으로 숭배한다.

이와 같이 형태는 여러 모양으로 나타났지만 거룩한 것은 종교의 기본적 특징이라고 볼 수가 있다. 사실로 종교는 거룩한 것을 속된 것, 보통의 것과 구별하며, 이 거룩한 것을 수호하려는 삶의 태도라고도 볼 수 있다. "무엇을" 또는 "왜" 거룩한 것으로 여기는가 하는 것에 대한 답은 각 종교에 따라 다를 것이며, 이런 답의 중요성을 이해하기 위하여는 그 종교의 역사와 교리를 이해하기 전까지는 알기 어려울 것이다.

2. 초자연적인 것

특수한 장소, 물건, 기록, 인물이 왜 거룩하다고 볼 수 있는가? 이 문제에 대답하기 위하여 여러 가지 이유를 들어 설명할 수가 있겠지만, 가장 중요하고 기본적인 이유는 이런 것들이 '초자연적인 것'과 밀접한 관계를 지니고 있기 때문이다. 종교의 창시자, 성전(聖殿), 특정 물건이 거룩한 이유는 그것들이 그 속에 절대자, 신, 운명의 결정자, 인간 이상의 정령(精靈) 등의 힘을 내포하고 있기 때문이다. 이들은 다른 어떤 존재보다도 이 힘을 더 많이 소유하며, 그 힘은 인간들에게 접근시킬 수 있는 특수한 관문이라고 생각하기 때문이다. 여기에서 '초자연적'(the supernatural)이라는 용어는 넓은 의미로 사용한 것으로, '자연 이상의 것', '인간 이상의 능력'을 의미한다.[7] 종교는 그 종교가 생기고 자라나는 시대와 문화에 따라서 이 초자연적인 힘의 내용을 다양하게 내포하고 표현한다. 그러나 이처럼 다른 내용을 가졌다 하더라도 인간이 부딪쳐야 할 궁극적 힘을 개인이나 혹은 집단에 연결시키는 노력은 공통된 것임을 알 수 있다.

원시종교에 있어서 이 '힘'은 흔히 사람들의 주위를 둘러싸고 있는 자연세력과 동일시되었다. 어떤 때는 이런 힘이 비인격적인 성격으로 나타나기도 하고, 또한 물활론적 세계관을 가진 원시인은 그 힘을 정령으로 생각하기도 했다. 그러나 이 정령이라는 것도 명확한 개념과 내용을 가지고 나타나지는 않았다.

좀 더 발달한 종교에서는 이 최고의 실재에 대한 성격이 좀 더 명확하게 드러난다. 그리스, 로마, 바빌론, 이집트 종교에서는 이러한 세력을 인격화하여 해, 달, 별, 하늘, 바다, 바람 따위를 신이라고 불렀다. 인도에서도 마찬가지의 경향을 찾아볼 수 있다. 그리스와 인도의 여러 신들은 인간적 성격을 지니고 있었다. 즉 신들은 인간의 정서, 욕구, 사상을 지니고 개체성도 지니고 있었다. 그러나 자연세력으로서의 여러 신들은 활동에 있어서는 무자비하고 기계적이었다고 볼 수 있다. 어떤 때는 인간의 꿈과 환상 속에 나타나기도 하지만, 또 어떤 때는 자연 현상에 일어나는 사건을 인간이 해석하는 일도 많았다. 하지만 이집트와 로마의 여러 신은 인간적 성격을 가졌다기보다 오히려 비인격적 능력으로 취급되었다.

그 후에 발달한 종교는 대체로 두 가지로 나누어 생각할 수 있다. 먼저, 동양

---

7 현대에는 종교사상 중에 '초자연적'이라는 것에 반대하고, 자연주의적 종교를 수립하려는 이도 많이 있다. 그러므로 이 '초자연적'이라는 말을 광의로 해석하여 '초인간적'이란 것도 포함된 것을 미리 말하여 둔다. 이런 점에서 'supernatural' 하다는 것보다 'transcendent'(초험적, 超驗的)이란 말이 더 나을지 모르겠다.

종교인 불교, 후기 힌두교, 도교, 유교와 같은 종교에서는 궁극적 실재를 비인격적으로 생각했다. 이런 실재는 자연의 본질, 절대자의 무차별적 통일, 우주적 도덕 질서 등과 같은 이름으로 불린다. 이러한 점에서 동양종교는 철학적 색채가 농후하여 때로는 종교와 철학을 구분하기가 곤란할 정도이다. 다음으로, 서양종교, 혹은 지중해 연안의 종교들로 서양이 채택한 조로아스터교, 이슬람교, 유대교, 기독교 등이 있는데, 이들 종교들은 명확한 인격적인 신관을 발전시켰다. 곧 이러한 종교들에서 신은 인격적인 신이요 동시에 궁극적 실재이다. 곧 인격적 신이라는 말은 분별하는 지식과 지능을 가지고 우주의 운동과 변화를 통솔하는 존재라는 뜻이다. 곧 그의 의지는 우주의 지고한 동력이 되며, 인간에게 그와 바른 관계를 맺어야 할 것을 요구한다.

3. 계시

어느 종교에서나 일반적으로 포함되어 있지만 서양종교에서 현저하게 나타나는 특징 중 하나는 '계시'라는 개념이다. 이 단어는 초자연적인 것과 인간 사이에 맺어지는 특수한 관계 양식이라고 볼 수 있다. 다른 말로 표현하면, 계시는 초자연적인 자가 선택을 받은 개인과 집단에 자기 의사를 전달한다는 뜻이 들어있다. 계시는 구체적으로는 초자연적 근원으로부터 왔다고 믿는 일정한 교리나 종교적 경험의 기록을 가리킨다. 특수한 계시를 지지하는 종교를 '계시종교'(revealed religion)라고 부르는데, 이 계시종교는 신이 계시한 일정한 진리 체계를 가지고 있다고 믿는다. 이와 반대로, 이러한 계시된 진리를 가지고 있다고 주장하지 않는 종교를 '자연종교'(natural religion)라고 부른다. 자연종교는 종교의 진리가 신의 계시가 아니라 인간의 종교 경험 혹은 영감에서 비롯된 것이라고 주장한다.

그런데 이 계시의 내용에는 신의 속성에 대한 진술, 초자연적인 존재와 인간이 맺고 있는 관계, 신이 명령하는 윤리강령(倫理綱領) 등과 같은 것들이 포함된다. 계시종교가 가지는 특징은 초자연적 실재가 인격적이라고 주장한다는 점에 있다. 이 사실은 유대교와 기독교와 이슬람교에서 찾아볼 수 있다. 계시의 본질이 신의 자기 의사 전달의 신중하고도 확실한 행동을 의미한다면, 여기서 신의 인격적 의지를 전제로 하는 만큼 계시종교는 인격적 신을 믿지 않을 수 없다. 또한 계시종교는 초자연적 존재와 연결하는 통로와 그 연결의 결과가 확실히 존재한다고 주장한다. 즉 계시종교는 경전의 신성함을 적극 주장한다는 것이다. 계시종교는 이러한 계시 된 진리를 자연종교에서 말하는 영감보다도 더욱 중히 여긴다. 이슬람교의 『꾸란』이라든지, 유대교의 『토라』(율법), 또는 기독교의 『성서』는 힌두교도들이 『베다』를 존중하는 것보다도 훨씬 더 존중된다. 이처럼 계시종교는 경전에 나타나는 진리에 따라 살려고 하며 이 경전의 진리야말로 확고 불변하며 오류가 없다고 주장한다. 그러나 힌두교에서는 『베다』를 존중하기는 하지만 그들의 종교적 견해가 이 『베다』에 절대적으로 의존되어 있지는 않다. 오히려 힌두교도는 『베다』보다 나중에 출현한 『바가바드 기타』에 관심을 더 기울이고, 초자연적 존재와 교통하는 '거룩한 자'를 우러러본다. 그러나 유대교, 그리스도교, 이슬람교는 궁극적 계시가 이미 과거에 인간들에게 주어졌다고 여기고 있고, 이들의 경전에 진리가 충분히 포함된 것으로 본다.

또한 계시는 한때 끝난 것이 아니고 계속적으로 주어지는 것이라고 믿는 종교인들도 많이 있다. 기독교 역사에서도 이런 종류의 종파를 찾아볼 수 있는데, 중세기의 재세례파(Anabaptist)[8]들이나 내면의 빛을 고대하는 퀘이커 (Quaker),[9] 크리스천 싸이언티스트(Christian Scientist)[10]들이나 모르몬교 (Mormon)[11]를 들 수가 있다. 로마 가톨릭교회에서도 성경은 계시된 진리를 지녔다고 믿고, 4세기 동안에 형성된 신조를 존중히 여기지만, 성경과 신조를 해석하는 데는 교회만이 할 수 있다고 주장한다. 또 트렌트 공의회(1545-1563) 이후로 가톨릭교회는 교회의 전통도 성경과 마찬가지의 권위를 가진 것이라고 주장한다. 그러므로 가톨릭교회는 계시된 진리보다도 오히려 계시되는 교회를 믿고 있다고 볼 수 있다.

이상에서 말한 것과 같이 계시를 협의로 생각하지 말고 광의로 해석한다면, 어느 종교에서나 볼 수 있는 바와 같이 인간이 초자연적 존재와 접촉한다는 것을 의미한다. 그러므로 이와 같이 초자연적 존재와의 접촉의 가능성이야말로 종교의 본질을 이루는 한 요소가 된다고 볼 수가 있다. 종교는 단지 거룩하다고 말할 수 있는 실재에 인간 이상의 차원이 있다고 하는 것만 주장하는 것이 아니라, 한 걸음 더 나가서 이 실재와 인간이 일정한 모양으로 접촉한다는 것을 또한 강조한다. 이런 의미에서 모든 종교는 계시적이라고 볼 수 있

---

8 이들은 유아세례를 반대하고, 자기가 구원받았다는 확신이 있을 때 비로소 세례를 받았다. 이들로부터 오늘날 침례교가 발생한 것이다.

9 퀘이커는 원래 조지 폭스(George Fox, 1624-1691)라는 사람으로 말미암아 창시된 '종교친우회'(Society of Religious Friends)라는 기독교 종파를 가리킨 말이다. 이들은 내면의 빛의 인도, 모든 제도로부터의 해방, 침묵의 예배 및 영성, 단순한 생활, 평화운동, 양심적 병역거부 운동 등을 믿으며, 세계에 평화주의자로 알려져 있다.

10 미국 보스턴에서 에디 베이커 메리(Eddy Baker Mary)가 창설한 종교. 이들은 병이 실재가 아니라 오직 환상에 지나지 않는다고 믿고 의학 치료를 받지 않는다.

11 조셉(Joseph) 스미스란 사람이 새로운 계시를 받아 시작된 종교로, 그를 따르는 사람들이 미국 서쪽으로 진출하여 유타주의 솔트 레이크 시티(Salt Lake City)를 모르몬교의 중심지로 개척했다. 한국어 공식적인 명칭은 '예수 그리스도 후기성도 교회'이다.

다. 종교치고 인간이 신과 연결짓는 습관, 의식, 상징, 교리, 실행 따위를 가지지 않은 것이 하나도 없기 때문이다. 또한 각 종교는 이와 같은 신과의 접촉에서 자기의 방법이 가장 훌륭하다고 주장하고, 계시된 진리를 가장 많이 소유한다고 생각한다.

4. 종교의식(儀式)

'초자연적 존재' 또는 '초험적 존재'가 어떤 인물, 장소, 사물, 관습, 기록 등에 임재할 때에 사람들은 이를 '거룩하다'라고 말한다는 것을 이미 설명하였다. 이 '거룩하다'라는 인식은 인간이 영감을 받거나 혹은 '초자연적 존재'가 자기를 계시함으로써 형성된다. 이같이 종교가 거룩한 것과 속된 것을 구별하는 것을 그 특징으로 삼을 때 종교의 의식이나 종교 행사를 잘 이해할 수가 있을 것이다. 종교 행사는 인간이 초자연적 존재와 효과적이고 유리한 접촉을 가지려는 규칙이요 기술이라고 볼 수 있다. 이러한 규정이 어떤 모양으로 형성되었는가 하는 문제는 중요하지 않다. 계시종교에서는 이런 규정도 신이 직접 지시하여 준 것이라고 믿으며, 다른 종교에서는 이 규정이 거룩한 자로 인해서 제정된 것이라고 본다. 어떤 해석을 하든지 이 규정은 일단 제정된 후에는 본질적으로 동일한 기능을 한다. 종교는 그 배경이 되는 문화적 상태에서 가장 효과적인 형태로 나타나며 이때 초자연적 존재와 인간 사이의 접촉을 가능케한다. 이 규정이 한번 조직화되고 제도화될 때 그것들은 종교적 의식, 기관, 생활 방도와 같은 일정한 형태로 나타난다.

우리는 이제 신(神)과의 접촉이 조직화된 양상 두 가지를 고려해 보려고 한다. 그것은 예배와 종교적 교제이다.

1) 예배

영어의 "워쉽"(worship)이란 말은 앵글로색슨어인 "워쓰쉽"(worthship)이란 옛말에서 나온 것이다. 이 말의 원뜻은 사람이 귀족이나 임금 앞에 나갈 때 지니는 존경심을 말한다. 즉 이 말은 사회적으로 열등한 사람이 윗사람에 대한 존경심을 의미하는 동시에 이 존경을 외부 행동으로 나타내 보이는 것을 의미한다. 가령 모자를 벗고 절을 하며 경어를 쓰는 것과 같은 것을 의미한다. 그러므로 예배는 사람이 초자연적 존재의 임재를 느낄 때 가지는 존경과 겸허를 말한다.

원시종교에도 이와 같은 존경과 두려움이 있으나 종교와 문화가 발달함에 따라 예배의 형식은 좀 더 명확해지고, 또 세심한 주의를 기울여서 면밀하게 만들어졌다. 그 결과 우리는 종교에서 '의식'(ritual)이라는 것을 찾아볼 수 있게 되었는데, 이 의식이란 다름 아니라 초자연적 존재에 접근하기 위해 종교가 가지는 형체요 틀이라고 볼 수 있다. 예배의 목적을 온전히 달성하기 위하여 예배 형식이 발달하였으며, 또 예배를 집행하는 전문가들이 생기게 되어 예배의 효과를 거두고 예배의 아름다움을 조성하게 된 것이다. 예배에는 역사적으로 여러 가지 상징이 뒤따르게 되었는데, 이 상징들을 통하여 종교의식의 의미와 아름다움이 더욱 강화되었다. 그리하여 예배는 그림, 상(像), 종, 촛불, 향, 여러 가지 동작, 찬란한 복장, 음악, 행진 등의 요소가 첨부되어 더 엄숙하고 아름답게 발전하였다.

경전도 예배의 한 자리를 차지하게 되었다. 즉 예배 시 성서 낭독으로 예배자는 초자연적 존재의 의사를 묵상하게 된다. 예배에는 또한 예배드리는 장소가 있어야 한다. 이 장소를 위해 예배드리는 분위기를 자아낼 수 있도록 건물을 짓고 그 내부를 꾸미게 된다. 그러므로 전 세계를 통하여 교회당과 각종 사원은 특수한 건물로써 그 웅장함과 미로 사람들의 눈을 끌고 있다.

예배의 가장 중심되는 요소 아마도 성례(聖禮, sacrament)일 것이다. 물론 모든 종교적 행동과 의식은 성례적 성격을 가졌다고 볼 수가 있다. 그러나 무릇 종교들은 가장 중심되고 본질적인 종교의 의미를 드러내는 성례를 가지고 있다. 이러한 성례는 종교의 신앙체계에 있어서 가장 근본적인 의미를 표시하며, 또한 그 종교의 창시자의 말씀과 행동에 직접 인간을 연결하여 줄 수 있다고 믿게 만든다. 예를 들면, 천주교에서 신자가 성찬식에 참여할 때에 직접적이고 실제적으로 그리스도의 살을 먹고 피를 마시는 경험을 하게 된다고 믿는다. 천주교에 비하여 개신교는 이와 같은 종교적 의식을 상징적으로 생각하는 한편, 예배에 있어서 천주교와 같은 현실감을 덜 갖게 되는 경향이 있다.

예배에 있어서 또 다른 요소는 기도이다. 어떤 학자는 기도를 예배에 있어서 가장 중요한 것으로 보아 종교는 곧 기도라고 생각하기도 한다. 어떤 종교이건 기도의 형식을 갖추지 않은 종교는 없다. 한국의 개신교는 성경 중심의 종교요, 기도의 종교로 널리 알려져 있다. 아마도 전 세계 교회들 중에 한국교회와 같이 새벽기도회가 많은 곳은 찾아보기 어려울 것이다. 기도는 예배자가 인간 이상의 존재자와 대화하는 것을 의미한다. 동양종교에서 황홀경에 들어가서 명상하는 것도 일종의 기도라고 볼 수 있는데, 이들의 목적은 궁극적 실재와 직접적인 접촉을 하고자 하는 데 있다. 당연히 이것도 기도의 한 형식으로 볼 수 있다. 그러므로 예배의 대상과 직접적인 접촉을 도모한다는 견지에서

기도는 모든 예배에 포함되어 있다. 또 종교의식은 사회성을 띠게 되고 의식을 통하여 종교적 단체로 융합되기 때문에 종교의식은 종교 단체를 형성한다.

2) 종교적 교제

종교인의 단체, 즉 신자들의 교제는 종교의 중요한 특징이다. 종교 생활은 필연적으로 단체를 형성하게 된다. 종교인들 중에는 고독한 종교 생활을 주장하는 사람도 많다. 예언자나 성자는 고독한 사람들이었고, 인도의 '거룩한 사람'은 은둔자이자 탈속자이다. 그러나 이러한 사람들은 종교에서 오히려 일반적인 예를 벗어나는 사람들이다. 예언자나 성자는 원래 제도화한 종교와 전통으로부터 나온 사람들이다. 붓다는 고독한 깨달음의 길을 가르쳤지만, 그가 죽기 전에 비구와 비구니의 성직자 집단이 형성되었고, 그의 축복을 받았다. 그러므로 종교는 일정한 의식과 조직을 갖추게 되었는데, 곧 선택받은 백성, 교회, 종족, 거룩한 공회 등이 생기게 되었다. 사람은 원래 사회적 본능을 가졌기 때문에 종교인들도 함께 뭉치고 서로 동지가 된다. 이처럼 종교의 목표를 달성하기 위해서는 개인이 고립적으로 예배하는 것보다 조직과 단체를 만들어서 예배하는 것이 더 효과가 있다.

5. 구원의 길

마지막으로, 종교의 외부적 특징은 종교가 구원의 길을 가르쳐 준다는 것이다. 구원에 대한 문제를 여기에서 자세히 설명하려고 하지는 않겠지만, 다만 모든 종교는 각 시대에 구원의 길을 제시한다는 점을 설명하고자 한다. 대체로 종교가 우리에게 가르치는 것은 인간이 본래 어떠한 곤경에 빠져 있으며 자기 능력의 제한을 받고 있다는 사실이다. 인간은 여러 가지 욕구를 가지고 있지만 제한된 능력 때문에, 또는 역경과 비참한 처지 때문에 이런 욕구를 다 만족시킬 수가 없다. 인간은 질병, 불행, 위험, 기근, 노화, 사망 가운데서 허덕이며 살고 있다. 붓다는 생로병사(生老病死)의 고(苦)를 해결하기 위하여 집을 떠나 깨달음을 체험하고 불교를 창시했다. 여하간 모든 종교는 인간의 한계와 고통으로부터의 해방과 구원의 필요성을 인정한다.

그러나 인간에게 왜 구원이 요구되며, 어떤 종류의 구원이 필요한가에 대한 설명은 동일하지 않다. 물론 이런 구원의 필요성과 구원의 가능성은 모든 종교가 다 말한다. 중동 지역에서 시작된 종교인 유대교, 기독교, 이슬람교는 자기들이 지시하는 구원의 길이 유일한 참된 길이라고 주장한다. 반면에 힌두교는 구원의 길의 다양성을 인정한다. 그러나 종교가 존재하기 위하여는 어떤 모양의 구원이든지 제시해야 한다는 점은 분명한 사실이다. 종교의 기본적 목적은 사람이 구원을 받아야 된다는 점을 역설하고 또 이 구원을 얻는 길을 제시하여 주는 데 있다.

이와 관련하여 나온 종교의 독특한 개념은 죄의 개념이다. 죄라는 것은 복잡한 내용을 가진 개념이지만, 일반적으로 구원을 방해하고 파괴하는 것을 의미한다고 볼 수 있다. 이것은 인간이 초자연적 존재와 정당한 관계를 맺지 못하였다는 것을 가리킨다. 종교에 따라 죄의 개념은 여러 가지 내용을 가지고 있다. 즉 종교적 의식과 규약을 위반하는 것으로부터 도덕적으로 불미스러운 행동, 또는 자만과 같은 정신적인 죄, 인간의 고통, 인간의 유한성과 같은 형이상학적 죄에 이르기까지, 죄는 다양한 의미를 가지고 있다. 어쨌든 궁극적 실재의 성격에 맞지 않고, 신의 의지에 반항하는 행동과 태도를 가리켜 죄라고 부를 수 있으며, 이 죄야말로 사람이 궁극적 구원을 얻는 데 장애가 되는 것으로 이해할 수 있다.

결론적으로 말한다면, 종교가 의도하는 바는 인간이 어떤 종류의 구원이든지 이 세상이나 내세에서 또는 두 세계에서 그 구원을 받을 수 있게 하는 것이다. 거룩하다는 것은 구원을 찾는 영역을 의미한다. 그 이유는 구원이 초자연적 존재와의 정당한 관계를 지지하는 데서 비롯되기 때문이다. 의식을 통하여, 친교를 통하여 종교는 인간이 섬기고 예배드려야 할 그런 힘과 맺는 관계를 시작하고 지지하고 심화시키는 방법을 제시한다. 그리고 종교는 이 길을 밟고 따르는 사람은 누구나 자기의 죄와 그 결과로부터 구원받을 수 있다는 희망을 준다. 또 이처럼 구원의 가능성을 말한다는 점에서 종교는 참으로 종교적으로 된다고 말할 수 있다.

연구 및 토의 문제

1. 한국의 전통 종교에서 '거룩하다'라고 부르는 것이 있으면 지적해 보라.
2. 종교 신앙의 대상을 인격적인 것과 비인격적인 것으로 나눈다면, 이 두 가지 종류의 신관(神觀)은 우리의 생활에 어떤 영향을 미칠 수 있는가?
3. 계시종교와 자연종교를 예를 들어 구별하여 보라.
4. 계시종교는 왜 인격적 신을 믿는가?
5. 사람은 왜 구원이 필요한가?

제4장

종교의 정의

종교에 관심을 가진 학자치고 종교의 정의를 내리지 않는 자는 드물 것이다. 그러나 모든 사람이 만족할 만한 정의를 찾는 것은 거의 불가능하다. 종교의 정의를 내리기가 곤란한 점은 종교의 수가 많고 종교적 양상이 다양하기 때문이거니와 종교의 정의를 내리는 사람이 어떤 종교 체계를 가졌는가에 따라 그 정의가 달라지기 때문이다. 또 종교의 정의를 내리는 사람은 종교를 믿든지 안 믿든지 간에 어떤 일정한 태도를 가지고 있으며, 특히 믿는 자는 자기가 신봉하는 일정한 교리와 의식에 따라 선입견(先入見)을 품게 되기 때문이다. 어떤 사람이 종교 현상의 한 국면만 보고 정의를 내린다면 다른 사람은 다른 국면을 강조하는 정의를 내리게 된다. 어떤 정의는 종교의 개인적 신앙을 강조하고 어떤 정의는 종교의 사회성을 중대시한다. 어떤 학자는 종교의 원시적 형태를 강조하여 오스트레일리아와 아프리카 원주민 가운데서 종교의 본질을 발견할 수 있다고 주장한다. 이와 반대로 어떤 학자는 발달한 종교를 보고 종교를 정의하려고 한다.

제임스 류바(James Leuba)가 지은『종교의 심리학적 연구』(A Psychological Study of Religion)에는 적어도 50여 개의 종교 정의를 열거하고 있으며, 버질리우스 퍼름(Vergilius Ferm)의『종교철학 입문』(First Chapters in Religious Philosophy)에서도 종교의 정의에 대하여 자세히 고찰하고 있다. 이처럼 수많은 정의를 일일이 검토할 겨를이 없으므로 그중 일부를 소개하여 종교의 본질을 파악하여 보고자 한다. 우리가 여기서 다루는 정의는 주로 서술적 정의 (descriptive definition)로써 종교 현상을 묘사한 것들이다. 종교가 어떻게 되어야 할 것이라는 규범적 정의(normative definition)는 여기서 다루지 않는다.

1. 반종교적 정의

종교를 정의하는 사람들 가운데는 정의하는 개념에 관하여 말하기보다 정의하는 자의 개인적 태도를 말하려는 사람이 있다. 즉 종교를 반대하는 사람들은 종교를 긍정하고 그 적극적인 가치와 기본적 본질을 말하기보다 종교가 우리 생활에 유해무익하다는 점을 보여주는 적대적(敵對的) 정의를 제시한다. 이러한 종류의 정의는 종교의 본질을 드러낸다기보다는 정의하는 사람의 편견과 선입견을 보여주는 것이라고 말할 수 있다.

종교를 반대하는 사람들은 흔히 종교가 '환상'에 지나지 않는다고 주장한다. 2천여 년 전에 루크레티우스(Lucretius)는 그의 유명한 저서인『자연의 본질』 (De Rerum Natura)에서 "종교는 신(神)들을 두려워하며, 이는 모든 악의 원인이 된다"라고 주장하며 종교를 반대했다. 현대에도 솔로몬 라이낙(Solomon Reinach)과 같은 사람은 말하기를 "종교는 우리의 능력을 자유롭게 행사하지 못하도록 방해하는 일련의 양심의 가책을 가리킨다"라고 했다. 또한 어떤 자들은 종교란 자기의 몸을 보호하려고 할 때 나오는 병리학적 표현이라고 보았다. 루이스 브라운(Lewis Browne)은 그의 저서『이 미쁜 세계』(This Believing World)에서 다음과 같이 주장했다.

> 신앙이라는 말은 인간의 마음속에 있는 필수적이고 동시에 불멸적인 환상을 말하는 것이다. 비록 인간이 이 땅 위의 벌레와 같이 보이더라도 그는 우주의 군주로 임한다. 종교라는 말은 인간이 이와 같은 환상을 실현하기 위한 일종의 특수한 기교를 의미한다.

마르크스주의자들은 종교는 원시 시대에서는 직업적 종교 계급이 대중을 억눌러서 세력을 획득하기 위한 수단이요, 그 후에는 자본주의 체제에서 종교 계급이 하류계급의 불만과 불평을 진정시키기 위하여 천국의 보상을 약속하여 주는 것이라고 주장한다. 물론 이와 같은 견해에도 타당성이 없다고 보지는 않는다. 사실상 역사를 통하여 보면 종교인 중에 지배세력을 장악하려는 사람도 있었다. 이렇게 종교 사의 페이지를 더럽힌 사람들도 많이 있다. 그러나 이런 예는 종교 전체를 설명하는 것이라고 보기 어렵다. 종교 생활과 그 필요성은 폭이 넓으며, 인간 생활 속에 깊이 뿌리박혀 있기 때문에 이런 선입관은 말로 다 설명할 수 없다.

이와 같은 정의들은 종교를 반대하기 위한 선입견적인, 또한 정서적인 표방은 될지언정 종교에 대한 진정한 정의는 될 수 없으며 종교에 대한 진지한 이해와도 거리가 멀다. 종교가 환상이라고 한다면, 종교인은 진실성이 없는 세계에서 장난감을 가지고 놀 듯이 삶을 살게 될 것이다. 그러나 사실은 그와 정반대가 아닌가? 종교인처럼 진실성과 성실성을 가지고 사는 사람도 드물 것이다. 그들은 생(生)과 사(死)라는 중대한 인생 문제를 해결하려는 진지한 태도를 가지고 사는 것이지, 있어도 그만 없어도 그만이라는 식으로 대충대충 생활하는 것은 아니다. 만일 종교가 환상에 불과하다면 허다한 종교인들이 신앙을 위하여 죽음을 무릅쓰고 살았으며, 현재에도 그렇게 살고 있다는 사실을 이해할 수 없을 것이다.

2. 서술적 정의

종교를 반대하기 위하여가 아니라, 종교의 중심되는 의미와 본질적 성격을 살려 진지하게 종교의 정의를 내리는 사람도 많이 있다. 물론 이러한 정의도 정의를 내리는 자의 독특한 관점을 벗어날 수 없다. 그러나 이것은 고의로 왜곡하거나 혹은 의식적으로 선입관을 가지려고 하는 것이 아니라, 종교의 본질을 파악해 보려고 하는 데 의도가 있다. 이런 의도를 가지고 종교의 정의를 내리는 자의 경험과 학식에 의해 정의를 내린다는 점을 알아야 할 것이다.

1) 신념으로서의 종교

종교학자들 간에는 종교를 '궁극적 존재(ultimate reality)에 대한 인간의 신앙'이라고 정의하는 자가 있다. 이와 같은 정의를 통하여 우리는 종교에 있어서 신념과 신조의 중요성을 알게 된다. 원시종교에서는 명확하게 진술된 신조가 거의 없으며, 의식이라는 것이 신조보다 역사적으로 선행(先行)한다 하더라도 종교의 지적(知的) 체계 형성은 대단히 중요한 부분을 차지한다. 원시종교에서도 일정한 세계관이 존재하고, 이러한 세계에서 인간은 어떻게 행동해야 할 것인가를 가르치고 있는 것을 볼 수 있다.

종교가 원시 형태를 벗어나서 발달한 형태에 이를 때 매우 상세한 교리와 신조를 갖추게 된다. 이 발달한 종교에서는 원시 형태 속에 잠재하던 종교개념을 확대하고 조직하고 발전시킨다. 이와 같은 발전은 흔히 종교적 천재의 소산이라고 볼 수 있는데, 그것은 낡은 주제를 받아들여서 그것에다 새로운 형식을 부여하기 때문이다. 때로는 새로운 정치적, 경제적, 사회적 경험으로부터 종교의 정의가 발달하기도 한다.

그러므로 종교학자들 가운데는 종교가 근본적으로 신념과 개념으로 구성된 것으로 보는 이가 있다. 이와 같은 종교의 정의 몇 가지를 소개하면 다음과 같다.

"이 세계의 존재는 신비로써, 우리의 해석을 요구한다는 사실은 모든 종교가 다 인정한다."(허버트 스펜서)

"종교는 살아 있는 신에 대한 신앙이다. 즉 우주를 통치하고 인간과 도덕적 관계를 유지하시는 신의 마음과 의지를 믿는 것이다."(제임스 마티뉴)

"인간으로 하여금 여러 가지 이름과 모양으로 무한자를 알 수 있게 하는 능력 혹은 성향(性向)이 곧 종교이다."(막스 뮐러)

"종교는 … 우주에 대한 인간의 궁극적 태도로써, 사물에 대한 인간의 전적 의식(意識)의 의미를 설명해 준다."(에드워드 케이어드)

이처럼 종교에 있어서 신앙 또는 신념을 강조하는 점은 중요하지만 이것이 종교 전반을 가리킨다고 볼 수는 없다. 만일 종교를 개념적인 신조로서만 본다면, 원시종교는 종교라고 보기가 어렵게 될 것이다.

종교 생활 가운데는 신념 이외에도 심미적, 정서적 요소가 존재한다는 것을 무시하지 못한다. 또한 종교에서 도덕적 태도와 종교적 생활을 위하여 헌신적인 생활을 하는 것도 빼놓을 수가 없다. 이외에도 역사적 발전을 가져오는 종교의 사회적 또는 조직적 측면도 있다는 것을 알 수 있다. 종교가 진리를 추구한다는 점을 부인할 수 없다 하더라도, 풍부하고 완전한 삶은 지적 신념에만 국한되지는 않는다.

2) 정서로서의 종교

종교를 지적 산물로 보는 학자들과는 반대로 종교가 근본적으로 정서적 태도라고 보는 학자들도 있다. 곧 종교는 궁극적인 실재에 대하여 인간이 어떤 정서를 가졌는가 하는 것을 말하는 것이라고 보는 견해이다.

19세기 독일 신학자인 프리드리히 슐라이어마허(Friedrich Schleiermacher)는 이런 견해의 대표적인 구상을 제시했다. 그는 종교를 "절대 의존의 감정"이라고 정의하였다. 그는 종교적 의존감정은 다른 의존감정과 질적으로 구별된다고 주장했다. 즉 다른 의존감정은 상대적이지만 종교적 의존감정은 절대적이라는 것이다. 그 후에 나온 학자들은 슐라이어마허의 영향을 받아 종교에서 지적인 요소를 무시하고, '종교 경험'이라는 것을 강조하게 되었다. 이런 견지에서 내린 종교 정의의 몇 가지를 열거하여 보기로 하자.

"종교는 분명히 마음의 상태이다. … 즉 종교는 우리 자신과 우주 전체 사이에 조화를 이룰 수 있다는 확신에 대한 정서(emotion)라고 하는 것이 가장 적절한 표현이 된다."(존 맥타가트)

"종교는 자연의 질서와 요청된 초자연적 존재 사이에 형성된 관계로부터 일어나는 인간 정서의 집합이다."(대니얼 톰슨)

"형이상학에서 기초를 찾으면서, 종교 경험의 확실성을 무시하려는 신학이 있다면 이는 오직 육체에 의지하고 '살아계신 신의 이름'을 무시하는 것과 같을 것이다."(빌헬름 헤르만)

현대 종교학에 큰 영향을 준 중요한 책 중에 루돌프 오토(Rudolf Otto)가 쓴 『거룩의 개념』(The Idea of the Holy)이라는 책이 있다. 이 책은 종교를 정서적 견지에서 해석하였으므로 이 책의 저자인 오토의 정의를 고찰하기로 한다. 오토는 종교를 본질적으로 무한타자(無限他者, the infinite other)와의 접촉에서 생기는 경외와 신비의 감정이라고 생각하였다. 즉 종교는 인간을 에워싸는 신비로운 영적 임재(靈的 臨在) 앞에서 갖는 감정을 말한다는 것이다. 이 감정에 관하여 오토는 다음과 같이 말했다. "이 감정은 때로는 평온한 호수 같이 밀려오고. … 때로는 돌연히 격발하기도 한다. … 이는 또한 영적 임재 앞에서 보도자가 갖게 되는 정숙하고 떨리며 말 없는 겸손으로 나타난다."[12]

이 정의에는 개념을 중시하는 첫째 종류의 정의에서 찾아볼 수 없는 정서적 요소가 드러나 있다. 실로 종교 경험 가운데는 이와 같은 정서적 요소가 있으므로 비로소 움직이는 힘이 된다. 기성 종교 가운데서도 이와 같은 정서적

---

12   Rudolf Otto, *The Idea of the Holy* (London : Oxford University Press, 1928), 12-13.

인 요소를 등한히 하는 종교는 운동력이 없고 냉랭한 결과를 가져온다. 종교인이 뭉치고 열심을 갖고 헌신적 생활을 가능하게 하는 것은 바로 정서적 요소라고 볼 수 있다.

그러나 정서만으로 종교를 해석하려고 하는 태도에는 지식으로 종교를 이해하려는 것과 같은 결함이 있다. 정서는 항상 '어떤 것'에 대한 반응으로 생겨난다. 그러나 이렇게 반응하기 위하여 우리는 이것이 무엇인가를 먼저 알아야 된다. 사랑과 공포, 기쁨과 즐거움은 여러 가지 자극으로 인해 생겨날 수 있다. 그러므로 종교적 감정이라고 부를 수 있는 것은 오직 종교적 대상이나 관념에 대하여 생기는 감정이라야 한다. 감정적이라고 하여 다 종교적인 것은 아니다. 우리는 종교적 상징, 신관, 신앙 동료 간의 친교와 같은 것에 대한 정서적 반응을 종교적이라고 부를 수 있는데, 여기서도 이런 대상의 지적 기초와 내용을 전제로 한다. 그러므로 지적 개념이나 교리는 감정과 정서와 함께 종교 정의에서 제거할 수 없는 것들이다. 종교가 가져다주는 깊은 정서는 종교가 취급하고 있는 개념으로 말미암아 생기는 것인데, 이는 곧 신관(神觀), 영혼 불멸, 인간의 운명, 사랑, 인간의 행복과 같은 인간의 궁극적 관심사를 의미한다.

3) 의지적 행위로서의 종교

지식과 감정을 종합하여 놓을 때 인간은 어떤 행동을 취하게 되고, 행동을 낳게 하는 태도와 목적을 형성하게 된다. 그러므로 학자들 가운데는 기본적인 문제에 대하여 인간이 어떻게 행동하는가 하는 것으로써 종교를 규명하려는 사람도 있다. 사람이 종교적이 된다고 할 때 그의 전인격과 존재는 어떤 종류의 종교적 행위를 한다는 것을 의미한다. 행위적 인간이 어떤 특수한 방향에서 활동적인 경우에 그를 종교적이라고 보는 것이다. 종교는 항상 활동으로 가득차 있다. 이는 단지 우리의 손과 발을 움직인다는 뜻으로 말하는 것은 아니다. 그의 전인격이 어떤 틀 안에 들어있어서 그의 행동과 의지의 표현이 일정해진다는 것을 의미한다. 종교인은 신의 능력을 빌어 새로운 형의 인간이 되려는 결심과 결단이 생기는 것이다. 또한 그는 자기 신앙의 표준에 따라 다른 사람을 대할 때 보통 사람이 취하는 태도와는 다른 태도를 보인다. 그는 기도와 명상을 통하여 자기의 생활이 신의 지도와 협조 밑에서 영위되어가기를 구하려고 한다. 특히 원시종교에 있어서 종교는 초인간적 세력과 합류하려는 강한 의욕으로 나타나게 된다. 하여간 종교가 움직이는 곳에서는 인간 생활 전체를 뒤흔들어 놓아 창조적이 되려는 노력을 발견할 수 있으며, 이런 노력은 자기 수련을 가져오며 또한 놀랄 만한 정도의 세력을 가지고 인간을 움직이고 있다는 것을 볼 수 있다. 그러므로 때로는 이 종교적 행동은 광신적이라고 할 만큼 열정과 강도를 가지고 나타남을 볼 수 있다.

독일 철학자 임마누엘 칸트(Immanuel Kant)는 말하기를 종교는 "우리의 모든 의무를 신의 명령으로 받아들이는 것"이라고 주장했다. 윌리엄 제임스(William James)도 말하기를 "열성적으로 지지하는 기질"이라고 하였다. 대니얼 브린튼(Daniel Brinton)은 종교의 기본적 개념은 "신은 곧 의지"라고 말했다. 즉 종교의 주요 태도는 인간의 의지를 신의 의지에 부합시키는 것이라고 본 것이다. 이런 견해를 가진 사람들의 정의를 더 소개하면 다음과 같다.

> "종교는 곤경에 빠진 인간이 자신의 존재와 운명이 달려 있다고 생각하는 신비의 능력과 교통하는 것을 말한다. 즉 의식적이며 고의적인 관계를 갖는 것을 의미한다."(오귀스트 사바티에)

"정당한 의미에서 종교는 완전한 통찰력을 가진 지능이라고 볼 수 있는 인간 이상의 존재와 인간 영혼이 의식적인 접촉이 있을 때 시작된다."(R.J. 캠벨)

종교는 이같이 신앙자의 태도와 노력을 포함한다. 그러므로 종교는 단순히 어떤 인생관과 세계관을 지지하는 것으로 끝나는 것이 아니고 그에 따라 생활하는 것을 표현한다. 실로 종교인은 도덕 생활의 고상함과 순결함으로 잘 알려져 있으며 고등종교는 높은 수준의 윤리를 수반한다. 위대한 종교인이 도덕 생활의 가치를 고양하고, 또 종교에서 도덕을 빼놓을 수가 없다고 하더라도 우리가 주의할 점은 도덕이 곧 종교는 아니라는 것이다. 종교는 도덕 이상의 것임을 잊어서는 안 된다. 그러므로 종교를 도덕적인 입장에서만 보는 것은 종교 전체에 대한 이해가 부족하다고 지적할 수 있다. 학자들이 유교를 종교로 보기보다 윤리 체계라고 생각하는 이유도 유교의 진수를 윤리 문제에서만 찾기 때문이다.

4) 사회적 가치로서의 종교

종교를 가치(value) 개념으로 생각하는 사람은 해롤드 훼프딩(Harold Hoef-fding)이다. 그는 종교를 "가치의 보존"으로 정의하였다. '가치'라는 것은 우리가 얻으면 보람 있는 것일 뿐만 아니라 보존하며 증진해야 할 것을 의미한다. 이런 입장에서 내린 정의를 소개하면 아래와 같다.

"종교의 중심은 사회적 동물인 인간의 생명에 만족을 가져다줄 수 있는 가치를 파악하는 것이다."(유스터스 헤이든)

"종교는 최고 가치의 보존이요, 최고 사회의 가치에 대한 의식이다. 사회 경험을 떠나서 종교적 정서를 유지하려고 하는 자는 그만큼 비종교적이다. … 반면에 시대적 사회운동에 참여하는 자는 그만큼 진정한 의미에서 종교적이라고 볼 수 있다."(E.S. 에임스)

　"종교란 삶 전체를 광범위하고 보편적으로 다루는 무엇이다. 종교는 사회적으로 인정된 가치를 보존하려고 하는 노력이다. 이 사실에서 종교는 보편성과 영속성을 갖는 듯하다."(W.K. 라이트)

　종교는 신앙인들이 동일한 신념과 목표를 가지고 함께 뭉친다는 점에서 사회적 요소를 지닐 수밖에 없다. 또한 종교의 가치는 개인적인 것보다도 사회적일 때에 더 증대될 수 있다. 그러므로 세계의 주요 종교는 각기 단체와 조직을 구성하고 있으며, 예배 역시 혼자보다는 집단으로 드릴 때 효과를 더 많이 거둘 수 있다. 이렇게 예배는 집단적인 회중을 가지게 되며, 기도를 드릴 때나 찬송을 할 때 개인 혼자보다도 회중이 함께 모여 행할 때 더 큰 힘과 가치를 가져오게 된다.

　더 나아가, 종교의 특징 중 하나로 '친교'를 이미 언급한 바 있는데, 이는 한 사람이 다른 사람과 갖는 관계가 종교에 있어서 중요한 요소가 된다는 것을 의미한다. 히브리 예언자인 아모스도 "하나님은 희생제물이 아니라 정의를 요구하신다"고 외친 것을 보더라도 종교에 있어서 사회적 가치의 중요성을 알 수 있다. 또 예수의 교훈을 보더라도 두 가지 계명 중 하나는 위로 하나님을 섬기는 것이고, 다른 하나는 "네 이웃을 네 몸과 같이 사랑하라"라는 것이다.

　이와 같이 종교의 사회성을 강조하는 학자들이 있는 반면에 종교에 있어서 개인적 경험을 강조하는 학자들도 있다. 예를 들면, 과정철학자인 화이트헤드(Whitehead)는 "종교는 개인이 자신의 고독을 어떻게 처리하느냐에 관한 것"

이라고 주장했다. 종교심리학자 윌리엄 제임스도 "종교는 개인이 고독 속에서 신이라고 생각되는 존재와 맺은 관계에서 갖게 되는 감정, 행동, 경험이다"라고 주장했다. 이처럼 종교에는 남과 나눌 수 없는 개인적, 독립적 경험이 있다는 점도 우리는 간과할 수 없다.

이렇게 볼 때, 종교는 개인적인 것인 동시에 또한 사회적인 것으로 보아야 마땅하다. 인간에게 있어서 종교 경험은 개인적인 고립과 고독에서 발생할 수도 있지만 또한 사회적인 친교에서도 발생할 수 있다. 이는 마치 우리의 인간 생활이 유일무이한 '나', 개인의 생활이지마는 '나'의 생활이란 사회를 떠나서 존재할 수 없는 것과 마찬가지일 것이다. 그러므로 종교에는 개인적 생활과 사회적 생활이 함께 병존한다고 볼 수 있다. 이 두 가지 요소 가운데 어느 하나라도 결여된 정의는 좋은 정의라고는 보기 어려울 것이다.

어떤 사람은 종교의 사회성을 강조하여 종교를 국가 혹은 사회적인 공공단체와 동등시하는데 이것은 올바른 생각이라고 보기 어렵다. 국가나 사회단체는 실패와 잘못이 많이 있다. 우리는 결코 이런 것을 '신'이라고 볼 수 없을 것이다. 국가나 사회를 신으로 여기는 것은 결국 이런 사회를 구성한 개인을 섬기는 것이나 마찬가지가 된다. 만일 우리가 어떤 사회를 존중하고 그 사회에 대하여 경건한 태도를 갖는다면 그 사회가 신적(神的) 의지라는 고차원적인 원천으로부터 오는 가치를 나눠 갖고 있기 때문일 것이다. 이 말은 사회가 종교적 가치를 가질 수 있는 것은 사회 그 자체 때문이 아니라, 그 사회가 사회보다 더 높은 가치를 그 사회의 구조와 생활에 포함하려고 하기 때문이라는 뜻이다. 즉 가치 자체에 대하여 우리는 종교적인 태도를 갖게 되는 것이 아니라, 그 가치의 출처에 대하여 경건성을 표시하게 된다는 것이다. 그리고 종교인은 이 가치의 출처를 인간성에서 찾으려고 하는 것이 아니라, 인간보다도 더 고귀한 존재나 세력에서 찾으려고 한다.

3. 종합적 정의

이상에서 논의한 바와 같은 일방적인 또는 단편적인 종교 정의보다도 더 종합적이고 포괄적인 정의는 없는 것일까? 물론 이러한 종교 정의를 찾기는 쉽지 않으며, 또 만족할 만한 종교 정의라는 것은 없을지도 모른다. 여하간 종합적인 정의를 내리기 위해서는 종교의 지적인 내용의 중요성을 인정해야 하고, 종교적 태도의 정서적 요소를 포함하여야 할 것이다. 또 종교는 힘과 선을 얻으려는 의지라는 것을 기억하여야 할 것이고, 종교의 개인적인 요소와 사회적 가치를 인정해야 할 것이다. 반드시 이런 모든 요소를 내포한 종교 정의를 도출해야 한다고 주장하는 것은 그리 중요한 문제가 아니다. 더 중요한 문제는 이러한 요소를 종교에서 인정하는 일이다. 이러한 종합적인 관점을 가지고 내린 정의 몇 개를 소개한다면 아래와 같다.

"종교에 있어서 지고한 원리는 인간과 우주의 가장 깊은 실재 사이에 있는 최대의 조화로운 접촉이다."(유진 라이먼)

"종교는 사람이 최상의 힘이라고 생각하고, 최대의 복이 그로부터 온다고 믿는 대상에 대한 인간의 전적 반응이다."(워런 네비우스)

"종교란 집단이 공유하는 사상과 행위의 체계로서 개인에게 지향구조와 헌신의 대상을 제공하는 모든 것을 가리키는 것이다."(에리히 프롬)

이상에서 열거한 대표적인 종교 정의를 통해 볼 때 종교는 감정이라든지 지식이라든지 의지라든지 어떤 한 가지 측면만 강조하여 정의를 내릴 때는 불완전한 정의가 된다는 점을 알 수 있다. 비교적 만족스러운 정의라고 할 수 있는 것은 이런 여러 가지 요소를 다 포함한 정의라고 할 수 있다. 그 이유는 종교가 인간 경험에 있어서 포괄적인 현상이라고 볼 수 있기 때문이다. 사실 종교를 연구해 보면 종교에는 이런 모든 요소가 혼합되어 있다는 것을 알 수 있으며, 또 이런 모든 요소가 조화있게 균형을 잡을 때만 그 종교의 건전성이 유지된다는 것이다.

종교는 인간과 세계에 대한 일정한 개념을 갖추고 있어야만 인생의 새로운 방향과 위치를 규정할 수 있게 된다. 그러므로 이런 작업을 수행하기 위해 종교에는 지적 체계가 형성될 수밖에 없다. 또 이 지적 체계를 수립하기 위하여 종교는 철학이나 과학의 힘을 빌리지 않을 수 없으며, 문화의 제 단계에 있어서 그 문화의 지적 생활을 포섭하지 않을 수 없다. 종교의 지적 신념은 시대에 따라, 또 문화의 발전에 따라 변화된다. 그러므로 시대와 문화에 따라 새로운 지적 체계로 종교의 진리를 해석하여야 한다. 2,000여 년 전에 형성된 종교의 신념은 그 시대에는 적절하였지만, 현대에 와서도 사람들에게 꼭 맞는다고 볼 수는 없다. 비록 종교의 근본 교리는 불변하더라도 시대에 따라 그 해석하는 모양은 달리할 수가 있다. 즉 시대적 정신에 의하여 종교의 교리를 설명해야만 사람들에게 이해가 될 수 있다는 것이다. 그러므로 특정 종교의 근본 원리는 불변하나 그 '신학'은 시대에 따라 문화에 따라 변화될 수 있다.

종교는 단순히 우주에 대한 지적 이해만으로 그치는 것이 아니라, 우주의 궁극적 실재에 대한 종교의 태도도 중요하다. 즉 이런 실재를 알 뿐만 아니라, 이 실재를 대할 때 어떻게 "느끼며" 어떻게 "사귀는가" 하는 것도 종교의 주요한 부분을 차지한다. 이런 실재를 대면할 때 우리 자신은 미천함을 느끼며, 두렵고 떨리는 상태에 들어가고 또 이 실재를 어떻게 기쁘게 할 수 있을까 생각하게 된다. 그러므로 종교에는 제사가 있고 희생물이 있고, 아름다운 표현과 노래로 그 실재를 찬양하고, 그 실재가 현존하신다고 생각하는 예배당이나 사찰 또는 사원을 지어 아름답고 엄숙하게 단장하게 된다.

이러한 지식과 느낌을 지닌 인간이 다른 인간들과는 어떤 관계를 갖는 것인가 하는 문제는 종교에 있어서 의지의 문제요 도덕의 문제이다. 즉 종교적 관점을 가진 사람은 자기라고 하는 작은 세계의 성곽을 뚫고 나가서 온 인류를 포섭할 수 있는 의지를 기르게 된다. 그러기에 각 종교의 성인은 자기를 위하여 사는 것이 아니라 인류를 위하여 자기의 생명을 바칠 수 있는 용기를 갖추게 되며 부귀영화를 버리고 사회적 악을 볼 때 가슴이 아프고 민망히 여기는 자비의 마음으로 선을 위하여 싸우는 개혁자가 된다.

그 외에도 종교에는 개인적 요소가 있는 동시에 뭉치려고 하는 경향도 있다. 그래서 종교에는 조직체가 생기고 교회가 생기고 교단이나 종단이 생기는 것을 알 수 있다. 종교는 이처럼 인간 경험 전반에 걸쳐 작용하는 것으로써 어느 한쪽으로만 치우치게 된다면 불완전한 기능밖에 하지 못할 것이다. 따라서 그 종교는 생명력을 잃고 말 것이다. 우리가 목격하는 종교, 우리가 속한 종교가 여러 가지 요소를 다 포함하지 못하였다면, 그 종교에는 부족한 것이 있다고 볼 수밖에 없다는 것이다. 그러나 인간은 불완전한 존재이기 때문에 현존하는 종교 역시 불완전하며 조화를 갖추지 못한 것도 또한 있을 수 있다.

1. 종교의 정의가 많은 이유를 설명하라.

2. 종교가 사회성을 띤다는 사실을 설명하라.

3. 종교가 '가치의 보존'을 의미한다면 종교는 보수주의로 끝나고 마는가?

4. 종교에 있어서 개인적 경험과 사회적 경험과의 연관성을 설명하라.

5. 종교가 지, 정, 의를 모두 포함한다는 사실을 설명하라.

제5장

종교와 다른 학문과의 관계

사람은 이 세계에 살고 있다. 그러나 우리는 보고 듣는 것이 다르기 때문에 각각 자기의 세계를 구성하고 산다. 같은 한 사람을 놓고 보더라도 우리는 여러 가지 모양으로 이 세계를 보고 있다. 우리는 과학적으로, 철학적으로, 예술적으로, 도덕적으로, 그리고 종교적으로 이 세계에 접근한다. 이처럼 사람의 여러 가지 문화 활동은 동일한 세계에 대한 접근방법이 다름으로써 구별되는 것이라고 볼 수 있다. 대상에 대한 범위, 목표를 다루는 방법, 대상에 관한 관심과 취미 등으로 말미암아 우리는 각각 과학, 철학, 예술, 도덕 또는 종교를 추구한다. 그러면 종교라는 것이 무엇인가 하는 것을 알기 위하여 다른 문화 활동과 종교가 어떻게 구별되는가 하는 것을 살펴보는 것은 의미 있는 작업이다. 종교는 포괄적인 것이라는 점은 이미 거듭 지적하였다. 종교에는 과학, 철학, 예술, 도덕 등이 다 포함되어 있다는 것이다. 그러나 종교가 아닌 과학이 존재하고,

철학이 존재하고, 예술과 도덕이 별도로 존재하는 이유는 종교와 다른 학문들 사이에 차이가 있다는 점을 보여준다. 또 종교를 다른 학문과 비교하여 봄으로써 우리는 더욱 명확하게 종교적 방법을 이해할 수 있을 것이다.

19세기에 사회학을 별개의 과학으로 분립시키는 데 공이 큰 사회학자 콩트(A. Comte)는 그의 유명한 삼시대설(三時代說)에서 인류의 학문은 신학에서부터 시작하여 철학으로 발전되었고, 그다음 철학에서 과학으로 발전되어 나갔으며, 그가 살던 19세기는 실증시대(實證時代) 곧 과학시대이므로 신학과 형이상학은 효력을 상실한 것 같은 인상을 주었다. 그러나 이런 학설은 독단적인 학설로서 결국 콩트 자신도 이 학설을 거부하였다고 볼 수 있다. 그가 말년에 가서는 종교의 필요성을 느끼고 '인간성의 종교'(religion of humanity)라는 것을 창시하여 종교가로 자처하였기 때문이다. 이처럼 종교는 과학시대에도 병행하여 존재하는 것임을 부인할 수 없다. 그렇다면 종교적 방법이란 무엇인가? 먼저 우리는 종교와 과학을 비교하여 보기로 하자.

1. 종교와 과학

종교는 인간이 사는 우주의 궁극적 실재와 접촉을 하는데 여기서 실재에 대한 지식을 얻어야 한다는 점에서 과학을 무시할 수 없다. 종교는 일정한 세계관과 인생관을 가지고 인간이 세계에서 어떻게 살 것인가 하는 것을 말하기 때문에, 과학이 제시하는 세계관과 인생관을 받아들이지 않을 수 없다. 그러나 불행히도 현대에 와서는 표면상 과학과 종교가 충돌하여 대립하고 있는 듯한 느낌을 준다. 예를 든다면, 갈릴레오(Galileo), 코페르니쿠스(Copernicus) 때부터 시작하여 19세기에는 다윈(Darwin)과 같은 사람들의 학설로 인해 과학과 종교는 대립적인 관계에 처한 적도 있었다는 것을 우리는 잘 알고 있다. 그러나 이와 같은 충돌은 과학이나 종교에 대한 이해의 부족으로 인해 발생했다는 점을 지적할 수 있다. 19세기에 진화론 때문에 일어난 과학과 종교의 충돌이라는 것은 사실상 과학과 종교의 충돌이라기보다는 19세기 과학과 2천여 년 전의 과학과의 충돌이라고 보는 것이 더욱 정당한 해석이라고 볼 수 있다. 즉 2천여 년 전에 형성된 세계관(이것을 종교의 경전에 택하였기 때문에)과 19세기의 세계관 사이에 발생한 차이점으로 인해 과학과 종교의 충돌이 일어났던 것이라고 볼 수가 있다. 만일 이렇게 보는 것이 옳다고 한다면 과학은 과학대로 종교는 종교대로 각각 독특한 방법과 목적을 가지고 있다는 점이 분명하다. 그리고 종교적 방법과 과학적 방법은 피차에 서로 도움이 될지언정 대립이 되고 충돌이 될 필요는 없을 것이다.

과학과 종교의 목표는 무엇인가? 과학은 일반적으로 말하면 자연을 알려고 하며 지배하려고 하는데 그 목표가 있다. 그리하여 과학은 순수과학(이론)과 응용과학(기술)으로 나뉘는 것이다. 이론과학에 관하여 아인슈타인(Einstein)도 "과학은 개념 작용의 과정으로서 존재의 경험적 개조를 위한 노력"이라고 말하였다.[13] 이런 노력은 지식의 획득을 그 목적으로 한다. 그리고 응용과학이란 이 지식을 통하여 인간의 편리와 행복을 위하여 자연을 지배하는 데 그 목표가 있다고 보겠다.

종교는 전적으로 실천성을 지닌 것으로서, 종교인은 자신의 이기적(利己的) 욕망을 억제하고 초개인적(超個人的)인 가치에 대해 생각과 감정과 열망

---

13 Albert Einstein, "Science & Religion", Daniel J. and Harold M. Schulweis eds. *Approaches to the Philosophy of Religion* (New Jersey : Prentice Hall Inc., 1955), 68.

을 기울인다. 과학은 오직 현상(現象)만을 주장하고 어떻게 되어야 하겠다는 '당위'(當爲, oughtness)에 대하여 언급하기를 꺼리지만, 종교는 인간의 사상과 행동에 관한 평가를 다룬다.

과학과 종교는 관심과 결과에 있어서 서로 다른 점이 있다. 과학이 관심을 가지는 대상은 양적인 것, 측정할 수 있는 것이다. 과학은 측정할 수 없는 것에 대해서 관심을 두지 않는다. 과학은 실험하고 예측(豫測)하는 데 있어서 측정이 필요한 것이다. 그러나 종교는 질적인 것, 느낀 것, 감상된 것에 대해 관심을 둔다. 이는 가치에 관계되는 만큼 종교는 옳고 그른 것, 선(善)하고 악(惡)한 것 값어치 있는 것과 값어치 없는 것, 미(美)와 추(醜)와 같은 구별에 대해 관심을 둔다.

그러므로 과학과 종교는 사물을 다루는 데 있어서 서로 다른 자세를 취한다. 과학은 우리의 감관(感官)을 통해 들어오는 감각의 재료를 통해서 우리가 경험하는 세계를 알고 있다. 종교도 감각적 지식을 무시하지는 않더라도 가치(價値), 선(善), 진리에 대한 직관(直觀), 신념들도 우리가 사는 세계에 관하여 말하여 준다는 것을 믿고 있다. 과학은 철저하게 비인격적이요, 물리학적으로 사실적인 것을 나타내 보이려고 하고, 개체는 어떤 원리의 한 예로서 취급한다. 과학은 개인적 호(好), 불호(不好), 선입관 등을 제거하고 객관성을 얻으려고 노력한다. 과학은 사물의 생성(生成)과 변화를 일정한 법칙에 의해 설명하려고 한다. 아인슈타인은 이런 태도를 다음과 같이 말하였다. "과학의 목표는 시간과 공간에 있는 대상과 사건의 상호 관계를 결정하는 일반법칙을 설정함에 있다."[14]

---

14 위의 책, 10.

그러나 종교는 그와 반대로 철저하게 인격적 성격을 갖추고 있다. 종교는 각 개인의 감정과 특성에 깊이 주의를 기울여 개인으로서의 인간에 관심을 둔다. 즉 종교는 사람이 다른 사람이나 다른 사물과 구별되는 인격과 내재적 특성에 관심을 둔다. 종교는 이것을 영혼이라는 개념으로 표현한다. 종교의 세계관은 어떻게 한 사건이 존재하게 되었는가 하는 이유와 과정보다 우주의 궁극적 목적과 계획에 대하여 더 많은 흥미를 갖는다.

과학자라고 해서 종교적 신앙을 배격할 수는 없다. 도리어 과학은 진리를 위하여 열정을 가진 사람들의 손으로 이루어진 것이다. 그러므로 아인슈타인의 말을 다시 빌려보면, "깊은 신앙이 없이 진정한 과학자가 존재한다는 것은 생각할 수도 없다"라는 것이다. 즉 진정한 과학자는 종교의 도움을 받은 사람이며, 과학과 종교는 서로 반대되는 것이 아니라 서로 도움이 될 수 있다.

2. 종교와 철학

과학이 어떤 제한된 분야에 대하여 분석적인 지식을 얻으려고 하는데 반해 철학은 여러 대상과 사건 사이의 관계를 전체적이고 종합적으로 취급하려고 한다. 종교와 철학은 모두 우주의 전체성에 대하여 관심을 두고 있다. 그런 만큼 이 둘은 역사를 통하여 항상 밀접한 사이로 발전되어 왔다. 사실 어떤 의미에서 보면, 철학은 종교로부터 파생되었다고도 볼 수 있다. 즉 철학은 종교로부터 자연과 인간에 대한 직관(直觀)과 시적(詩的) 해석을 받아서 사유(思推)의 조직적 체계를 세워놓은 것이다. 아직도 인도 문화에 있어서는 철학과 종교 사이에 확실한 구별을 짓기가 어렵다. 인도 사상에 있어서 철학의 궁극적 목표는 '구원'인데, 이것은 또한 종교의 목표이다. 이처럼 철학과 종교의 연관성은 동양에서도 찾아볼 수 있다.

서양에서도 철학과 종교는 그 출발지는 달랐지만 중세기에 이르러서는 철학이 곧 종교였다. 즉 중세기의 철학자는 모두 기독교 신학자들이었다. 근세철학의 조상이라는 데카르트(Descartes) 이후로부터 철학과 종교는 독립적인 길을 걷고 있다고 볼 수 있다. 하지만 오늘날 철학적 문제와 종교적 문제의 교차 연구가 빈번하게 일어나고 있다. 그러므로 철학적 수련이 얕을 때에는 철학이 종교에 무관심한 것 같고 또 때로는 철학이 반(反)종교적인 것 같지만, 결국 철학적 사고의 궁극적 목표는 종교라고 볼 수 있다.

이처럼 철학과 종교가 사물의 전체성에 관심을 기울인다고 하지만 철학과 종교는 그 기능에 있어서 상이한 점이 있다는 점을 간과할 수 없다. 종교는 개인과 사회가 어떻게 우주와 관계하는가 하는 전체성에 대한 확신을 얻으려고 하지만 철학은 우주에 대한 조직적이고 일반적인 사상 형태를 제시하려고 한다. 그러므로 종교가 바라는 것은 '구원'인 반면, 철학이 요구하는 것은 '이해'와 '사상'이라고 말할 수 있다. 철학자는 이해와 사상에만 머물러 있지 않고, 구원의 길로 한 걸음 더 나아갈지도 모른다. 사실상 인도 사상에서는 '깨달음'이 곧 구원의 길이다. 그러나 철학자가 이처럼 구원의 길로 나갈 때는 철학자로서의 임무는 뒤에 두고 종교인으로서의 결단과 생활로 나가는 것이라고 봐야 한다.

철학자의 태도와 방법은 종교인보다는 추상적인 과학자의 태도와 동일하다. 철학자는 개념을 검토하고 비교하여 모순이 없는 관념의 체계를 세우려고 한다. 그러므로 윌리엄 제임스는 "철학은 명확하게, 또 앞뒤가 맞게 생각하려고 하는 비상하고도 고집스러운 노력이다"라고 말했다. 철학자도 과학자와 같이 신뢰할 만한 소재가 생길 때까지 그의 판단과 결론을 내리려고 하지 않으며, 그의 심적 상태는 행동적인 것보다는 명상적이며, 그의 기질은 정서적인 것보다는 냉정하고 사색적이다.

이에 반하여 종교인의 기질은 매우 다르다. 그는 행동에 중요성을 둔다. 그의 마음은 어떤 가치에 몸을 바친 결단적이고 신념으로 가득한 형태를 갖추는 것이다. 종교인은 자신의 신념을 남과 나누려고 하며, 동료 종교인들과 모임을 만들고, 신앙공동체를 세우고 전 세계를 구원하려는 이상을 품고 있다. 종교인의 기질(氣質)에는 정서적인 면이 들어있어서 움직이는 힘이 크다.

철학은 어디까지나 앎의 테두리에서 헤맨다. '앎'의 테두리는 내적 감관과 논리로부터 오는 신선함과 새로움이 있는 동시에 절대적 진리에는 못 미치는 아쉬움도 있다. 종교는 앎이 아니고 삶이다. 종교는 궁극적 실재에 대한 절대적 신앙에 의해 삶을 사는 것을 의미한다. 이 삶에는 평화와 안정이 있고, 고통과 비애 속에서도 흔들리지 않는 환희와 감사가 있다. 이 삶에는 주저와 의혹을 초월하는 결단과 용기가 있다. 철학과 종교는 상호 간에 도움이 될 수 있다. 철학은 종교가 소중히 여기는 가치를 분석하고 평가함으로써 종교인이 분별력을 가지고 신앙하게 하여 종교적 광신주의(狂信主義)나 미신으로 떨어지지 않게 한다. 종교의 신조가 공정한 비판을 거치고도 진리성을 주장할 수가 있는가 하는 점을 철학은 알려 줄 수가 있다. 반면에 종교는 철학자들로 하여금 그가 철학하기 전에 먼저 인간이며, 인간으로 살아야 될 것을 깨닫게 한다. 철학한다는 것은 인격적 생활을 떠나는 것이 아니다. 결국 이런 인격적인 삶으로 인도하여야 한다는 점을 종교가 알려준다.

3. 종교와 도덕

종교는 실천적 성격을 가지고 있어서 매일매일의 생활에 관여하고 있는 만큼 종교에서 도덕을 빼놓을 수가 없다. 종교 경전을 보더라도 윤리적 교훈이 대부분을 차지하고 있다. 위대한 종교인들도 높은 도덕적 가치를 보여준다. 역사적으로 보더라도 종교는 도덕적 가치를 부여해 주었을 뿐만 아니라 사회에 도덕적 질서를 유지하는 데 큰 역할을 하였다. 동서양에서 도덕적 명령의 근거는 종교에 둔 것을 볼 수 있다. 기독교에서 도덕적 법칙은 신(神)이 제정하여 놓은 질서로 보았고, 도덕적 동기는 신(神)의 명령으로 생각한다.

동양 윤리에 있어서도 도덕은 천명(天命)에 의존해 있다. 이와 같은 사상의 전형적인 모습을 구약성서의 모세가 받은 율법에서 찾아볼 수 있다. 모세의 십계명 속에 나타나는 윤리적 표준은 곧 모세를 통하여 내린 신(神)의 명령으로 나타난다. 그러므로 어떤 사람들은 종교와 도덕을 동일하게 생각한다. 종교 신앙은 선한 사람이 되는 데 목적이 있다고 주장하는 사람도 많이 있다. 사회관습을 잘 지키고 일반인이 인정하는 도덕률을 따르는 것을 제외하고는 종교에서 더 이상 찾을 것이 없다고 생각하는 사람들도 있다.

그러나 윤리 자체는 종교적 의미를 갖지 않더라도 성립될 수 있다. 윤리는 인간 자신이 타인과의 관계에서 갖는 의무와 권리 등을 다루고 있기 때문이다. 종교적 신앙이 없는 사회에도 도덕은 있을 수 있다. 윤리는 인간 행동의 정당성에만 초점을 두고 있지만, 종교는 이 정당성이 우주적 실재와 어떤 관련성이 있는가를 생각한다. "남에게 대접받기 원하는 것처럼 먼저 남을 대접하라"(마태복음 7:12)라는 예수가 선포한 황금률은 우리 인간이 다 신의 아들이 되며, 인류는 형제가 된다는 종교적 신앙에서 그 힘을 얻게 된다. 또 종교에서는 인간이 선을 행하고 옳은 사람이 되어야 할 이유를 찾으며, 또 우주에 도덕적 질서가 있고 이 질서와 조화하는 것이 바른길이라고 믿는다. 이처럼 종교에는 두 가지 측면이 있다. 하나는 궁극적 실재에 대한 신앙이고, 다른 하나는 이 신앙의 윤리적 표현이다. 그러나 종교에서는 신앙이 근본적인 것은 두말할 여지가 없다. 종교에는 윤리적 경지를 뛰어넘는 개인의 결단과 헌신이 있다. 이 종교적 내용은 윤리적 개념으로는 다 설명할 수 없다. 종교가 윤리와 구별된다는 것을 분명하게 설명한 사람은 덴마크 철학자 키르케고르(Kierkegaard)이다. 그는 『무서움과 떨림』이라는 책에서 아브라함이 자기 아들 이삭을 데리고 제사를 지내기 위해 모리아산을 올라가는 상황을 의미 깊게 설명하였다. 아브라함은 자기 아들 이삭을 희생제물로 바치라는 신의 명령을 받고 절대적으로 복종하는 마음으로 모리아산을 향한다.

그러나 윤리적 관점에서 볼 때 자기 아들을 희생의 제물로 바치기 위해서 그는 먼저 그 아들을 미워해야 했다. 그러나 이삭은 아브라함이 늙어서 얻은 아들로서 자기 생명처럼 사랑하는 그런 아들이었다. 윤리적으로 보면 아브라함이 사랑하는 아들 이삭을 죽이지 않고 살리는 것이 그의 도덕적 의무일 것이다. 아브라함이 신의 명령에 복종하는 것은 그의 도덕적 의무를 넘어선다는 입장에서만 이해할 수 있다. 곧 종교적 신앙은 윤리적 내용을 넘어서는 요소가 있다는 것을 알 수 있다. 이런 의미에서 우리는 종교를 윤리와 동일시하는 태도에 동의할 수 없다.

하지만 윤리와 종교는 밀접한 관계가 있을 뿐 아니라 피차에 도움이 될 수도 있다는 점을 부언하고자 한다. 종교는 예리한 윤리적 지혜의 비판을 통해 종교의 도덕적 생활 수준을 향상할 수 있을 것이다. 흔히 제도화한 종교는 특정 시대와 장소에 용인된 도덕적 가치를 보존하여 나가려고 하는 보수주의적 경향을 띨 때가 많다. 이러할 때 윤리적 사상의 예지력과 통찰력은 종교의 내용을 혁신시킬 수 있다. 종교가 지닌 윤리적 내용은 비종교인의 윤리보다도 더욱 고상한 데가 있어야 한다. 그와 반면에 윤리는 종교를 통하여 새로운 견해와 힘을 얻으므로, 고정화된 규칙과 관습으로부터 해방된다. 종교는 생활에서 거의 불가능하다고 생각하는 윤리적 개념을 실현할 수 있는 용기와 힘을 넣어 줄 수 있다. 종교는 건조한 도덕적 의무를 변혁시키는 사랑과 봉사의 삶으로 이끌어 간다.

4. 종교와 예술

종교는 예술을 표현의 도구로 삼는다. 종교는 시(詩)와 문학을 통하여 종교적 직관(直觀)을 표현하고, 그림과 음악을 통하여 종교적 숭고함을 드러내며, 건축과 조각을 통하여 종교적 깊이를 빚어낸다. 종교적 예배는 모든 아름다운 것으로 단장되어 있다. 종교는 예술의 창작을 촉진 시켰으며, 예술적 형식은 종교적 상징을 표시함에 있어서 적절했다. 그러므로 종교와 예술은 밀접한 관련성을 갖는다. 예술을 흔히 정의(定義)하기를 "정서(情緖)의 언어"라고 한다. 종교적 경험의 깊이를 개념적 방법으로 표시하지 못할 때 예술은 종교의 가장 적절한 표현방식이 된다. 예술은 또한 개체성과 구체성을 갖는다. 실재(實在)를 볼 때 예술가는 남이 어떻게 보든지 상관하지 않고 자기가 보는 대로 표현한다. 개인적 독창성은 예술의 생명이다. 종교도 깊고 신비로운 경험에는 항상 구체성과 개인적 독특성을 중요시하고 있는 것을 보면 종교와 예술이 비슷한 데가 있다. 때로는 종교적 신비가 중에는 예술가가 되는 사람도 있다. 종교인

중에는 시인도 있고 화가도 있고 음악가도 있다. 이처럼 예술적 방법으로 종교 경험의 깊이를 잘 표현하는 사람도 많이 있다.

그러나 종교와 예술 사이에는 차이점이 있다. 예술은 주로 우리의 감각에 호소하고 과학과 철학이 우리의 이성에 호소한다면, 종교는 우리의 '마음'에 호소한다. 예술적 견지는 명상적이지만 종교는 행동적이다. 예술가는 그 생활이 선하거나 거룩한 것에 관심을 기울이기보다는 자기가 선택한 예술 분야에서 어떻게 하면 아름다움을 창조할까 하는 것을 최대의 관심사로 여긴다. 예술가는 이 세계를 구원하는 문제에 대해 특별한 계획이나 관심이 없다. 철저한 개인주의자로서 예술가는 사회적 관습이나 유행하는 사조(思潮)에 얽매이기를 싫어한다.

반면에 종교인은 실제적이고 또한 사회적 관심을 많이 가진 사람이다. 종교는 세계구원을 그 목표로 하며, 개념과 가치의 체계를 다른 사람에게 전달하려고 한다. 더 나아가, 종교인은 사람들로 하여금 실제적 행동으로 그 신념을 옮기기를 요구한다. 종교는 개인과 사회가 나갈 방향을 지시하며 공동체를 형성하며 신학을 정립한다.

5. 종교적 방법의 특징

우리에게 남은 문제는 이 여러 학문 중 어느 것이 더 종교와 가까운가 하는 것이다. 종교는 과학적으로 더 잘 이해될 수 있는가? 예술적으로 더 잘 이해될 수 있는가? 오늘날 우리는 과학시대에 사는 만큼 우리는 어떤 말을 할 때마다 "그 말이 과학적인가" 하고 묻는 것은 자연스러운 물음일 것이다. 과연 우리는 과학적 개념으로 종교를 설명하며 종교를 경험할 수가 있는가? 여기에 21세기에 처한 사람들이 겪는 어려움이 있다고 볼 것이다. 과학시대에 들어오기 전에는 사람들은 "그것은 아름다운가" 하고 물었다. 종교를 이해하기 위해서는 다시금 미적부흥(美的復興)이 일어나야 할 것이다. 종교는 예술과 같이 미적(美的)인 것을 추구한다. 그림, 음악, 시, 사랑, 종교는 모두 미(美)의 영역에 속한다고 볼 수 있다. 예술이 말하는 숭고의 미(美)와 인간 사랑의 정열은 종교의 몰아적(沒我的)인 거룩의 경험과 흡사한 점이 있다. 플라톤은 애지자(愛智者), 즉 철학자를 '신적 광증'(神的狂症, divine madness)을 소유한 자라고 불렀다. 예술가, 음악가, 시인, 사랑하는 자, 종교인에게도 자기 자신을 잊어버리고 미(美)에 도취하는 이 '신적 광증'을 가졌다고 볼 수 있다. 미술가는 실재의 묘사에, 시인은 아름다운 자연과 인간의 신비로움에, 사랑하는 자는 사랑의 대상자에게, 종교인은 신에게 자기의 전부를 바친다. 종교도 만일 아름다운 데가 없다면 그 종교는 맛을 잃고 말 것이다.

그러므로 종교는 과학보다도 예술에 더 가까운 데가 있다. 종교는 예술적이고 심미적(審美的)이다. 종교가 사용하는 언어는 과학적 용어가 아니라 예술적 표현인 것이다. 예수도 과학자가 아니라 예술인에 가까웠다. 그는 예술적 언어를 사용했다. "천국은 마치~"라고 말한 예수는 극적인 표현을 사용하였고 이야기를 하였으며 그림을 그렸다. 즉 예수의 사상의 매개와 표현 방법은 극적이었고 시적이었고 상징적이었으며 인상적이었다. 이것이 곧 종교의 자연스러운 언어인 것이다. 즉 예수의 언어는 과학적이 아니라 예술적이었다.

종교의 언어는 논리적이 아니다. 종교의 언어는 삶의 언어이다. 종교의 언어는 추상적, 일반적인 표현을 멀리하고, 가장 구체적이고 실제적이며 개인적인 표현을 사용한다. 우리가 우주의 신비를 표시하려고 할 때 우리에게 주어진 이성의 범주로는 거의 불가능하다. 한정된 이성이 무한정한 실재를 표현하기는 곤란하다. 유한한 인간이 무한한 신을 말하려고 할 때 우리는 제한성을 느끼게 된다. 그러므로 종교는 이러한 신비로운 영역을 말할 때 상징적인 방법을 사용한다. 종교는 우리가 이해하는 개념으로써 궁극적인 실재를 그리는 수밖에 없다. 그러므로 종교는 유비적 방법(analogical method)과 상징적 방법(symbolic method)을 사용하며, 비유와 유사성을 들어 말한다. 철학자 플라톤도 이성으로 파악하지 못하는 영역의 것을 말할 때는 항상 신화적 방법을 사용하였다. 현대철학과 신학에서 신화(神話)의 문제는 논란의 대상이다. 어떤 사람은 시와 신화를 동일시하면서 신화는 예술적 가치를 가졌다고 말했다. 철학자 카씨어러(Cassirer)는 신화가 보려고 하는 것은 세계의 객관적 성격이 아니라 윤곽적 성격이라고 말했다. 또 그는 과학에서 취급하는 자연은 일반법칙으로 인해 결정된 사물의 존재라고 정의하면서 이런 과학적 자연은 신화에는 존재하지 않는다고 주장했다. 그리고 신과의 세계는 극적 세계이며, 행동의 세계이며, 세력과 상충(相衝)하는 힘의 세계라고 보았다. 그리하여 신화의 진정한 기초는 사유(思惟)가 아니고 감정이라고 주장하였다.

현대 신학자 폴 틸리히(Paul Tillich)도 신화는 상징적 의미를 가진 것으로 보았다. 그는 신화와 종교 신앙은 상징적 형식으로 이성의 깊이를 표현한다고 말했다. 신화의 내용은 과학을 초월하는 요소를 표시하는데, 이 요소는 궁극적 관심을 표현하는 무한자의 요소라고 그는 본다. 그는 말하기를 이성의 '깊이'는 본질적으로 이성 가운데 나타나지만 실존의 조건 밑에서는 이성 안에 잠재하여 있다. 이런 제한 때문에 실존적 이성은 사상과 동시에 신화 및 종교 신앙의 형식으로 표현되는 것이라고 지적하면서 신화적 방법은 종교에서 불가피한 것으로 여긴다. 그 이유는 종교 그 자체가 이성의 영역을 넘어선 곳을 탐구하기 때문이다.

이처럼 종교의 방법은 과학적 방법이 아니라 신화적 방법이며, 이는 곧 상징적 방법으로써 실재를 사실대로 묘사하지 않고 윤곽적으로 묘사하는 예술과 비슷한 점이 있다는 것을 알 수가 있다. 종교적 방법이 예술적이요 상징적이라고 할 때에 개인적이고 주관적이 된다. 그러므로 종교적 방법에는 객관적 진리가 없는 것처럼 생각하는 사람이 있을지도 모른다. 그러나 예술은 단지 아름다운 것만 보이려고 하지 않고 우리에게 진리를 알려 주고자 한다. 예술가의 창작한 아름다움은 진정한 영감의 열매에서 오는 것임을 잊어서는 안 된다. 즉, 예술가들은 영원히 참된 것을 보고 바로 이것을 예술을 통해 보고한다. 종교도 역시 아름다운 인간의 정신에 대해 관심을 기울이고 있으며 영구한 진리를 통해 말한다.

만일 우리가 사랑을 과학적으로 고찰한다면 사랑이라고 하는 경험에 관계된 모든 물리학적, 심리학적 요소를 찾게 될 것이다. 그러나 사랑을 예술적으로 생각한다면 우리는 엘리자베스 베렛(Elizabeth Barret)이 그의 남편 로버트 브라우닝(Robert Browning)과 나누었던 사랑과 같은 구체적이고 개인적인 사실을 생각하게 될 것이다. 전자에서는 사랑이 무엇인가 하는 것을 후자에서와 같이 보다 역동적으로 이해하기가 어려울 것이다. 종교는 과학보다도 예술에 더 친밀성을 느낀다. 종교를 과학적으로 이해하려고 할 때 우리는 종교의 참 의미를 맛볼 수 없게 된다. 예수를 과학적으로 본다면, 그는 나사렛이라고 하는 시골 목수의 아들로 태어났고 30세에 12제자들과 같이 종교개혁자로 활동하다가 빌라도에게 사형선고를 받아 십자가에 못 박혀 최후를 장식했다고 기록할 수 있을 것이다. 그러나 이런 전기(傳記)만 가지고서는 예수가 내 죄를 사하시는 구세주라고 하는 종교적 의미를 찾을 수 없을 것이다.

윌리엄 제임스에게 영성(靈性)을 정의해 달라고 누가 물었을 때 그는 주저하면서 영성은 정의할 수는 없지만, 영성적 인격자로 필립스 브룩스(Phillips Brooks)를 지적할 수 있다고 대답하였다. 종교는 예술처럼 개성적이며 구체적이다. 이는 추상적 법칙을 말함이 아니다. 종교는 구체적인 삶을 취급하기 때문이다. 종교적 방법은 예술적 방법과 같이 상징적이며 회화적(繪畵的)이기 때문에 종교에서는 신화를 중요시한다. 종교를 과학적 관점이 아니라 아름다움을 위주로 하는 예술적 입장에서 해석하고 이해한다면 우리는 종교의 본질을 더 깊고 올바르게 이해할 수 있을 것이다.

연구 및 토의 문제

1. 종교, 과학, 철학, 예술, 도덕이 취급하는 대상은 동일한 것인가?
2. 과학과 종교가 서로 도움이 될 수 있는 점을 말하여 보라.
3. 비도덕적인 요소를 가진 종교를 지적하고 비판하라.
4. 종교적 예술작품을 아는 대로 열거하여 보라.
5. 신화(神話)를 과학시대에 어떻게 이해할 것인가?

제6장

인간이란 무엇인가?
─인간의 자기 정립을 위하여

독일의 철학자 쇼펜하우어가 하루는 무엇인가 깊이 생각하면서 길을 걷다
가, 앞에서 사람이 오는 것을 못 보고 그만 그와 부딪쳤다. 그는 화가 나서 말
했다. "도대체 당신은 무엇이기에 앞을 보지도 않고 길을 걷고 있는 것이오?"
쇼펜하우어가 대답했다. "내가 무엇인지 나도 알고 싶소."

인간이란 무엇인가? 나는 누구인가? 이런 질문에 대하여 우리는 일정한 대
답을 내릴 수 없다. 나무나 돌의 본질은 말할 수 있으나, 사람의 본질은 쉽게
말할 수 없다. 사람이란 고정된 속성을 가지고 있는 것이 아니라, 그 본질을 스
스로 만들면서 사는 존재, 항상 변화하는 존재이기 때문이다. 어떤 사람에
게 "그가 누구냐?"라고 물었을 때, 우리는 "그는 그가 스스로 만들어가기에 달
렸다."라고 대답할 수밖에 없다. 사람이란 언제나 자기를 완성해가는 존재이

기 때문이다.

인간이 자신을 만들어가는 과정에서 세 가지 차원을 생각할 수 있다. 첫째는 자기를 '인간 이하'(subhuman) 곧 짐승과 같은 존재로 만드는 차원이고, 둘째는 '인간'(human)으로 만드는 차원이고, 셋째는 '인간 이상'(superhuman)으로 만드는 차원이다. 이 말을 쉽게 풀이하면, 사람은 짐승같이 살 수도 있고, 사람답게 살 수도 있고, 하나님같이 살 수도 있다는 뜻이다. 어느 차원을 택하든지 그것은 개인의 선택에 따라서 결정된다.

1. 인간 이하의 차원

오늘날 우리 시대를 보면, 인간 이하의 차원을 동경하여 짐승처럼 사는 것이 옳다고 생각하는 사람이 의외로 많다. 현대 예술의 특징 가운데 '원시주의'(primitivism)라는 것이 있는데, 이것은 원시생활로 돌아가자는 운동이다. 이러한 생각은 단순히 예술 형태의 운동으로만 나타나는 것이 아니라, 사람도 원시적인 형태로 또는 동물적인 형태로 살자는 운동으로 나타나기도 한다. 이렇게 될 적에 인간은 동물과의 차이가 사라지고, 사람을 동물의 하나로 보는 비인간화의 결과가 나타난다. 이것은 인간의 가치 기준을 생물학적인 데서 찾는 것이며, 사람에게 '좋다'라는 것은 생리학적인 충동과 욕구를 만족시키는 데 있다고 보는 것이다. 인간의 본바탕에는 동물성이 깔려있기 때문에 본능적으로, 감성적으로, 충동적으로 사는 것이 좋은 것이라는 생각이다.

2. 인간의 차원

다음으로, 사람을 이성적으로, 사회적으로 보는 견지이다. 사람은 '호모 사피엔스'이다. 사람은 본능을 넘어서 지능을 중요하게 여기는 존재이다. '호모 사피엔스'는 단순히 이성적 판단만 하는 존재가 아니라, 문화의 창설자가 되어 도덕적 질서를 만들고 유지하며, 사람의 생활을 편리하게 하기 위하여 기술 문명을 발전시키는 존재라는 사실을 의미한다. 우리는 흔히 "나는 사람도 아냐." 또는 "저 사람이 어찌 사람이라고 할 수 있는가, 짐승만도 못하지."라고 말하는 경우가 있다. 이 말의 표현에는, 사람이란 그의 특유한 인간성을 가지고 있음을 암시하며, 개인과 사회의 질서를 유지하는 것이 사람의 도리라는 생각이 암시되어 있다. 여기에는 아리스토텔레스가 말했듯이, 사람이란 이성적 동물이며, 정치적 또는 사회적 동물임을 나타낸다. "어진 것은 사람이다."(仁也者 人也)라는 맹자의 말도 이것을 가리킨다고 볼 수 있다. 이것은 '인간의 차원'을 가리키는 것으로서, 사람은 사람다워야 하며, 인간의 예절을 지키고, 사람의 정서를 조절하며 살라는 말이다.

3. 인간 이상의 차원

마지막으로, 사람은 사람 이상의 단계로 진화, 발전해간다는 차원이다. 이것은 '초인'의 차원이다. '초인'을 신이라고 한다면, 이 차원은 사람이 자기를 초월하여 신과 연관을 짓는다는 것을 말한다. 이것을 다른 말로 나타내면, '우주적', 또는 '우주론적'이라고 할 수 있다.

20세기 초 캐나다의 의사인 버크(Richard M. Burke)는 『우주적 의식』(Cosmic Consciousness)이라는 책을 내서 서구 학계를 놀라게 한 적이 있다. 그는 인간 의식의 진화과정을 세 단계로 나누어 말했는데, 첫째는 '단순의식'(simple-consciousness)의 단계이고, 둘째는 '자의식'(self-consciousness)의 단계이고, 셋째는 '우주적 의식'의 단계이다. 이 세 가지 단계는 지금 내가 말하고 있는 '인간 이하의 차원', '인간의 차원', '인간 이상의 차원'과 비슷하다. 그는 말하길 사람의 의식은 오랜 역사를 거쳐서 세 가지 단계로 진화하는데, 오늘날 우리는 둘째 단계에 와 있지만, 앞으로는 셋째 단계인 '우주적 의식'의 단계로 발전해갈 것이라고 보았다. 그리고 그는 이 우주적 의식을 획득한 사람으로는 예수와 붓다가 있으며, 근세에는 미국의 시인 휘트먼(Walt Whitman)을 꼽았다.

'우주적 의식'을 가진 사람은 우주의 모든 것과 동일하다는 의식을 가진 사람을 가리킨다. 내가 말하는 '인간 이상의 차원'에 있는 사람은, 서양 사상에서 보면 신과 합일한 사람을 가리키며, 동양 사상에서 보면 '천지인'(天地人)의 합일을 가리킨다. '우주적 의식'을 얻는다면, 모든 것을 인간 위주의 관점에서 보지 않고 우주적 관점에서 보게 된다. 이것은 곧 신의 관점에서 본다는 말이기도 하다. 이런 차원은 사람이 신과 합일되었다는 경험에서 생긴 의식의 차원이다. 우리는 이러한 초인간적 차원의 관점을 힌두교, 불교, 그리스도교에서 찾아볼 수 있다.

1) 힌두교

힌두교의 중심 되는 가르침은 "너 자신을 보라."(atma va) 또는 "너 자신을 알라."(atma Viddhi)이다. 자기의 진정한 자아를 발견하고 실현할 때 우리는 '순수의식'을 얻게 된다. 이때 사람의 진정한 자아는 모든 존재의 자아 곧 신 또는 브라만과 동일하다. 이리하여 힌두교에서는 자아실현을 최고의 지식으로 본다. 인도철학의 핵심은 다음 글에서 잘 나타난다. "탓 트밤 아시"(tat tvam asi, 너는 바로 그것이다) 여기에서 '너'는 아트만(atman)을 가리키는데, 이것은 사람 안에 잠재된 순수의식을 뜻한다. 그리고 '그것'(Tat)은 브라만을 가리키는데, 이것은 신의 본질을 이루는 순수의식을 뜻한다. 우리 인간이 경험적 자아의 굴레를 벗고 나서 진정한 자아를 발견하게 될 때, 이 진정한 자아는 동시에 우주적 자아임을 깨닫게 된다는 것이다.

2) 선불교(禪佛敎)

중국의 선사 임제(臨蹄)는 다음과 같은 유명한 말을 남겼다. "우리 몸 속에는 신분의 귀천이 없는 '참된 사람'(無位眞人)이 있다. 항상 너희들 면문(눈, 코, 입, 귀)을 통해 출입한다. 아직도 확실히 깨닫지 못한 사람은 잘 살펴볼지니라."(赤肉團上 有一無位眞人 常從汝等諸人面門出入 未證據者 看看) 여기에서 '무위의 진인'이란 사람을 사람답게 하는 존재 이유가 된다. 이것이 참된 사람인데, 이 진인이 우리 안에 다 있다는 것이다. 진인을 본다는 것은 우리 개인이 곧 진인임을 자각한다는 뜻이다.

선불교에는 견성성불(見性成佛)이란 말이 있다. 사람이 진짜 본성을 깨닫게 될 때 부처가 된다는 것이다. 이 진짜 본성을 불성(佛性)이라고 한다. 다시 말해서 견성이란 말은 인간의 본성이 곧 불성이라는 것을 깨닫게 되는 것을 뜻하는데, 이것이 다름 아닌 '진인을 본다.'라는 말이다. 이 '진인'을 선불교에서

는 여러 가지로 표현한다. '일인'(一人), '본심'(本心), '법신'(法身)이란 말이
그것이다. 또한 '무상(無相)의 자기', '본래의 면목', '진실한 자기', '불성', '법
성'(法性)이란 말도 그것이다.

3) 유교

『중용』(中庸) 제1장에는 "하늘이 명한 것을 성(性)이라 하고, 성에 따르는 것
을 도(道)라 하고, 도를 닦는 것을 교(敎)라 한다"(天命之謂性 率性之謂道
之謂敎)라는 말이 있다. 한국의 독창적인 종교사상가 유영모(柳永摸)는 이 말을,
"하늘 뚫린 줄(命)을 '바탈'(본성)이라 하고, 바탈 타고난 대로 살 것을 길이라 하
고, 디디는(修) 길 사모칠 것을 일러 가르치는 것이다."라고 옮겼다.

공자도 천명(天命)을 알아야 한다고 말했다. 『논어』에서 공자는, "천명을 모
르면 군자라 할 수 없다"(不知命 無以爲君子也)라고 했고, 또 그는 "나는 쉰
살에 천명을 알았다"(吳伍十而知天命)라고 했다. '천명을 안다'라는 말은 '깨
닫는다' 또는 '다시 태어난다'라는 말로써, 곧 진정한 자기를 실현한다는 뜻이
다. 경험적 자아를 뿌리치고 나올 때, 천명이 밝아진다. 유영모의 해석에 따르
면, '몸나'(身我)를 버리고, '얼나'(靈我)를 찾을 때 우리는 '참나'(眞我)를 발
견하게 된다는 것이다.

유영모는 『중용』의 '천명'을 '바탈'이라고 했는데, 이 말은 인간의 본성은 하
나님으로부터 '받아서 할 것'을 의미한다. 유영모는 이렇게 해설한다. "바탈이
라는 것이 있다. 바탈을 이루는 것이다. 하나님으로부터 받은 몸이나 마음이
나 모든 것이 바탈(性)이다. 깊이 들어가면 하나님을 닮은 바탈(天命)이 된다.
불교에서는 견성(見性)이라고 한다. 도교에서는 성성(成性)이라고 한다. 유교

에서는 양성(養性)이라고 한다. 미숙한 바탈을 이루도록 성불존존(成佛存存)함을 말한다."

신유교에 따르면, 인간의 본성은 천도(天道)이기 때문에 선하다. 그러나 이 본성이 기(氣)와 접촉해서 혼탁한 것을 만나면 잘못될 수 있다. 그러므로 수양한다는 것은 본성을 되살리기 위해서다. 본성을 되살릴 때 천성과 인성은 동일한 것이 된다. "인간이 성인이 되는 것은 그 본성을 따르는 데 있고, 그 본성을 배반하는 것은 정(情, 감정)이다"라고 당나라의 유학자 이고(李翶)는 말했다. 본성이란 하늘이 인간에게 내려준 것이므로 천리(天理)인 것이다.

4) 그리스도교

신약성서 마태복음 16:16에 보면, 예수가 "내가 누구냐?"라고 묻자, 베드로는 "당신은 살아 계신 하나님의 아들입니다"라고 고백했다. 이 말은 나사렛 예수에게 한정된 말이 아니라, 모든 사람이 모두 하나님의 아들과 딸이 될 가능성을 가졌음을 암시한다. 다시 말해서, 만일 우리가 자신에게 진정으로 눈을 뜬다면, 우리는 모두 하나님의 아들과 딸이 될 수 있다. 요한복음에도 "그분을 맞아들이고 믿는 사람들에게는 하나님의 자녀가 되는 특권을 주셨다"(1:12)라는 구절이 있다. 예수를 믿는 신앙의 길에 들어선 사람은 자기를 초월할 수 있다는 것이다.

구약성서에 따르면, 사람은 '하나님의 형상'(신의 형상, image of God)대로 창조되었다(창세기 1:27). 이 고백은 사람이 태어날 때부터 존엄한 존재라는 사실을 잘 보여준다. 고대 근동 지역에서는 '신의 형상'은 왕을 가리키는 말이었다. 왕과 같은 절대 권력에 있는 자들만이 존엄한 존재로 숭배되었다. 왕은

즉위식을 거행할 때 자신이 신의 형상으로 창조 받은 존재라고 선포한다. 신으로부터 위임받는 왕의 주권을 만천하에 선포하는 것이다. 하지만 창세기 보도에 따르면, 이제 왕이 아니라 모든 인간이 '신의 형상'대로 창조되었음을 선포한다. 이는 사람 모두가 처음부터 존엄한 존재로 창조되었음을 의미한다. 고대시대에 선포된 혁명적인 인권선언인 것이다. 때문에 신의 형상을 지닌 인간은 모두 스스로 고귀하다는 사실을 깨달은 자들은 인간의 차원을 자각할 뿐 아니라 인간의 차원까지 초월할 가능성을 지니고 있다. 이를 그리스도교에서는 '신화'(神化, theosis)나 '성화'(聖化, sanctification)라는 개념을 가지고 설명한다.

5) 동학사상

1995년 11월 24일 자 『한국일보』에는 시인 김지하와 재일동포 작가 이회성이 대담한 내용이 실려 있다. 대담의 주제는 "인류 보편의 사상"을 찾는 것이었는데, 김지하는 이 대담에서 동학을, "한민족이 힘차게 뻗어나, 통일을 성취하기 위한 생명 사상"으로 보고, "인간이란 무엇인가?"를 물음으로써 동학 연구의 붐을 일으켜야 한다고 강조했다.

동학에서 찾을 수 있는 '인류 보편의 사상'이란 무엇일까? 김지하에 따르면, 동학의 주제는 먼저 "자기가 무엇인가?"를 발견하라는 것이다. 동학은 자기 앞에 이웃도 있고, 풀과 냇물과 산과 같은 자연이나 우주가 있다는 것을 발견하라는 것이다. 이러한 사상은 오늘날 포스트모더니즘의 말투를 빌리면, 우주론적 관점에서 자기를 찾으라는 것이다. 그리고 김지하는 동학의 주문은 '각지불이'(各知不移, 각자가 깨닫고 마음에 새겨 변함이 없는 일)라는 사상을 내포하고 있는데, 곧 이 주문은 '인간이 세상의 모든 것과 연결되어 있다'라는 것을 의미한다고 말했다.

동학에서 주문(呪文)은 "하나님을 극진히 위하는 글이다."(曰至爲天主之字)라는 뜻이다. 수운(水雲) 최제우(崔濟愚, 1824-1864)의 주문은 21글자로 되어 있는데, 먼저 강림(降臨) 주문은 "지기금지원위대강"(至氣今至願爲大降, 하나님의 영기를 지금 제게 크게 내려주시기 바랍니다.)이란 8자로 되어 있고, 본주문은 "시천주조화정 영세불망만사지"(侍天主造化定 永世不忘萬事知, 하나님을 모시면 조화를 체득할 수 있고, 하나님을 길이 잊지 않으면 만사가 저절로 깨달아진다.)라는 13글자로 되어 있다. 이 주문의 주요 개념은 '지기'(至氣)인데, 수운에 따르면, '지'(至)란 최상의 것을 뜻하며, '기'(氣)란 "신기하고 기묘하며 우주에 가득 차 있어서 온갖 사물에 관여하고 지배하나, 형용할 수 있을 듯하면서 말로 나타내기 어렵고, 들릴 듯하면서 보이지 않는다. '기'는 바로 만물을 출생시키는 근본 질료(質料)"이다. 이 개념은 중국철학의 하나인 신유교에서 '주기론'(主氣論)으로 다루어진다. 그러므로 '지기'는 동학의 형이상학적인 궁극의 실재를 뜻한다고 볼 수 있다.

그리고 수운은 본주문에서 '시천주'(侍天主)라는 말을 쓰고 있는데, 이것은 동학의 종교적인 면을 나타낸다고 말할 수 있다. 여기서 '시천주'는 무엇을 뜻하는 것일까? 수운에 따르면, '시'(侍)란 "마음으로는 신령한 영감을 느끼고 몸으로는 지기에 화합하여, 온 세상 사람들이 스스로 깨달아 마음에 오래 간직한다."(侍者內有神靈外有氣化一世之人各知不移者也)라는 뜻이다. '시천주', 곧 '하나님을 모신다'라는 것은, 인간 위에 주재하는 하나님이 우리에게 경외의 마음을 불러일으켜서, 우리가 하나님을 모신다는 신비스러운 경험을 자각하는 상태를 의미한다. 즉 우리는 하나님을 모심으로써 하나님과 하나가 되는 신비스러운 경험을 할 수 있다는 것이다.

이 점에서 '시천주'는 무교(巫教)에서 말하는 '신내림'(接神)의 상태와 비슷하며, '외유기화'(外有氣化)는 우리의 몸으로 천주(하나님)를 모실 때 우리 존재 전체가 변하여 '지상의 신선' 또는 '군자'가 된다는 뜻을 내포한다고 말할 수 있다. 또한 '시천주'라는 말은 입도한 사람이 동학의 영성을 깨우치는 것을 뜻하기도 한다. 따라서 동학은 '지기일원론'(至氣一元論)을 주장한다고 말할 수 있다. 신도, 자연도, 사람의 몸과 마음도 모두 '지기'로 보기 때문이다. 이 이론은 '많음'(多)에서 '하나'(一)로 돌아오는 신비주의, 또는 범재신론(汎在神論, panentheism)에 가깝다.

동학의 주문은 인간이 세계의 모든 것과 연관되어 있음을 말한다. 그리고 각자가 자기 안에서 분할할 수 없는 전 우주를 모신 거룩한 존재임을 깨달음으로써 스스로 타인과의 관계를 맺어나간다는 것이 동학의 가르침이다. 또한 주문에 있는 '각지불이'(各知不移)라는 말은, 하나님을 모실 때 자기 안에 전 우주가 있다는 사실을 깨달아서, 오랫동안 이 사실을 간직하고 있어야 한다는 뜻이다. 그러므로 '시천주'는 천주를 모시고 공경한다는 말이며, '천주'는 '지극히 공평하고 사사로움이 없는 마음을 가져서 '선악을 가리지 않는' 존재이다. 그리고 이 천주를 모신다는 말은 모든 사람이 천주를 내면화하고 천주를 닮는다는 뜻을 담고 있다.

이렇게 보면, '시천주'는, 첫째, 각 개인이 천주의 인격적 존엄성을 가진 존재라는 뜻이 있으며, 둘째, 사람은 시천주의 신앙을 통해서 비로소 인간의 존엄성을 얻게 된다는 뜻을 지니고 있다. 그러므로 사람은 다른 사람을 대할 때 하나님을 대하듯이 대해야 한다(事人如天). 이로써 동학은 사람의 존엄성과 인류 평등사상을 내세움으로써, 양반과 상놈과 같은 사회적 계급과 차별을 타파하려는 사상이라고 말할 수 있다.

수운의 시천주 사상은 동학의 제2대 교주인 해월(海月) 최시형(崔時亨, 1827-1898)에 이르러 '양천주'(養天主, 하나님을 기른다.)의 사상으로 발전하였다. '양천주'라는 말의 뜻은 이렇다. 첫째, 사람은 원래 태어날 때부터 모시고 있는 하나님을 잘 길러내야 한다. 둘째, 사람 이외의 모든 존재도 하나님을 모시고 있다. 해월은 말했다. "새가 지저귀는 소리도 하나님의 소리이며, 베 짜는 소리도 하나님의 소리이다."

최시형의 동학사상은 범천론(汎天論) 또는 범신론(汎神論)으로 발전하였다. 최시형은 시천주 사상을 인간에게 국한하지 않고 새나 짐승과 같은 자연계에까지 확대하여, 인간 이외의 존재도 하늘을 모신 자들이라고 말한다. 이러한 범천론은 만물이 곧 하늘이라는 사상으로서, 해월은 이것을 "물물천 사사천"(物物天 事事天)이라는 말로 표현하였다. 그리고 그는 '양천주'를 온갖 욕망과 탐욕을 물리치고 도덕적 인격을 함양하는 것을 뜻한다고 말했다.

수운 최제우의 '시천주' 사상은 해월 최시형의 '양천주' 사상으로 이어졌고, 의암(義庵) 손병희가 동학을 천도교로 개칭한 뒤에는(1905), '인내천'(人乃天, 사람이 곧 하늘이다) 사상으로 나타나서 천도교의 근본 가르침이 되었다. 이처럼 동학의 중심 사상은 "사람이 곧 하늘이다."라는 사실을 깨달아 아는 데 있으므로, 동학사상 역시 인간 이상의 차원에 선 '우주적 의식'으로서, 사람의 자기 정립을 위한 한국적 종교 사상이라는 사실을 우리는 알게 된다.

1. 인간 형성의 세 가지 차원이란 무엇인가?

2. 인간을 '호모 사피엔스'라고 말할 때 이것은 무엇을 의미하는가?

3. 인간 이상의 차원을 각 종교는 어떻게 설명하는가? 힌두교, 선불교, 유교, 그리스도교, 동학사상을 예로 들어 설명하라.

4. 인간은 '신의 형상'으로 창조되었다는 의미는 무엇인가?

제7장

그리스도교와 유교의 만남

1. 역사적 만남

1) 마테오 리치(Matteo Rich)의 생애와 사역

그리스도교와 유교의 만남은 그리스도교 문화를 가진 서양인이 유교 문화를 창조한 중국 사람을 만남으로써 비로소 시작된 것이다. 오늘날처럼 교통수단이 좋아 신속한 여행을 할 수 있다면 하루 이틀 사이에 지구 이 끝에서 저 끝까지 오고 갈 수 있겠으나, 400여 년 전에는 이런 여행이 어려웠고 시간도 오래 걸리는 일이었기 때문에 이 만남이란 말처럼 쉬운 일은 아니었을 것이다.

7, 8세기 당나라 시절에 페르시아의 시리안 교회(곧 경교)가 중국에 와서 활동함으로써 그리스도교가 처음으로 중국에 소개되었다. 그 후 13세기와 14세

기에는 프란치스코회 선교사들이 왔으나 남긴 기록이 별로 없다. 본격적인 중국 선교는 16세기에 이르러 마테오 리치(Matteo Ricci)라는 이탈리아 신부를 통해 시작되었다. 그리스도교가 아시아로 진출하게 된 매개체는 예수회이다. 이 회는 1534년에 창설되어 미주, 인도, 동아시아로 향하는 선교 활동을 개시하였다. 예수회 창립 회원 중 한 사람인 자비에르(Francis Xavier, 1506-1552)는 일본에 가서 교회를 설립했다. 그 후 그는 중국에 가서 선교할 결심을 하고 중국으로 향하여 중국인과 포르투갈 상인들이 교역하는 상추안(Shangchuan)이란 섬에까지 도달했으나 중국 본토에는 들어가지 못하고 46세의 나이로 죽고 말았다.

마테오 리치는 자비에르가 죽기 두 달 전 이탈리아 마세라타(Macerata)라는 곳에서 출생하였다. 그는 17세 되었을 때 로마에 가서 법학을 공부하였고, 그 후 19세가 되어 예수회에 가입하여 회원이 되었다. 리치는 로마 대학에서 철학과 수학을 공부했는데, 그의 수학 선생은 그 당시 유럽에서 가장 저명한 수학자 클라비우스(Christopher Clavius)였는데, 그는 케플러(Kepler)와 갈릴레오(Galileo)의 친구였다.

대학 재학 중에 리치는 인도 선교사가 되려고 결심하고 1578년에 13명의 예수회 회원과 함께 인도를 향하여 출발했다. 그 일행 중에는 리치의 중국 선교의 동역자인 루기에리(Michela Ruggieri)도 끼어 있었다. 리치 일행은 포르투갈을 떠나 인도까지 약 6개월이 걸려 항해해서 인도 땅 고아(Goa)에 도착했다. 그곳에서 리치는 4년 동안 머물렀고, 4년 후에는 중국 선교사로 임명을 받았다.

1582년 4월 리치는 고아를 떠나 마카오(Macao)에 도착했고, 그곳에 먼저 와 있던 동역자인 루기에리의 환영을 받았다. 마카오에서는 자비에르의 후계

자인 발리그나노(Valignano)가 그 지역 선교 사업을 관장하고 있었다. 마카오에서 중국으로 들어가려는 예수회 신부들은 선교 사업에 성공하기 위해서는 선교 지역의 문화를 알고 이에 적응해야 된다고 생각했기 때문에 중국의 정치, 종교를 배우고 중국말을 습득하였다.

1583년 루기에리가 광동 지방 소경에 있는 지사 왕 판(Wang Pan)의 초청을 받아 중국에 들어갈 때 리치를 데리고 갔다. 이들은 머리와 수염을 깎고 불교 스님들이 입는 회색 옷을 입고 중국에 들어갔다. 이들은 광동 지방에서 13년을 체류하면서 중국어를 배우고 유학을 공부했다. 그리고 이 시기에 중국인 신자의 도움을 빌려 십계명, 주기도문, 교리 같은 것들을 한문으로 번역했고, 1591년에는 리치가 직접 유교의 경전인 『사서』(四書)를 라틴어로 번역하기 시작했다. 그 외에도 이들은 지도와 시계를 만들었고, 수학과 천문학 및 음악을 중국 학자들에게 가르쳤다. 소경의 지사인 왕 판의 청에 따라 리치는 세계 지도를 제작했으며, 그곳에서 재료를 구하여 리치 스스로 시계 하나를 만들어 주었다.

리치의 소원은 수도 북경에 가는 것이었는데, 이 소원이 성취된 것은 1598년이었다. 리치가 북경에 들어갈 때, 그는 불승(불교 스님)의 모습을 벗어 버리고 유학자의 차림을 하고 갔다. 그 이유는 불교보다도 초기 유교가 그리스도교에 더 가깝다고 확신했기 때문이다. 드디어 1601년에 이르러 리치는 중국 황제에게 예물을 바쳤는데, 그 중에 시계가 황제의 맘에 들어 황제는 리치가 북경에 거주하도록 윤허했다. 1601년부터 1610년까지는 리치 업적의 고봉을 이루는 시기였다. 이때 중국 초대 교회의 세 기둥 중 두 사람인 서광계(徐光啓, 1562-1633)와 이지조(李之薄, 1565-1630)가 교인이 되었다. 그리고 그들의 도움으로 리치는 그리스 수학자 유클리드의 『원론』(Elements) 중 첫 6장을 한문으로 번역하여 『기하원본』(機何原本)으로 출간했으며, 또한 리치의 가장 중요한 저서인 『천주실의』(天主實義)를 펴냈다. 리치는 1610년에 죽었으며 북경 교외에 묻혔다.

2) 『천주실의』

리치의 가장 중요한 저서인 『천주실의』(天主實義)는 한문으로 된 최초의 그리스도교 서적으로 주로 유학자들을 위해 집필된 책이다. 유학자를 염두에 두고 쓴 책이기 때문에 리치는 유학의 배경과 사상을 기초로 하여 그리스도교의 교리를 풀어보려 했다. 이 책의 체계는 대화형으로 중국학자(中士)와 서양학자(西士) 사이의 문답으로 구성되었다. 이 『천주실의』는 중국 유학자들에게 널리 읽혔을 뿐 아니라, 중국 유학의 영향을 받은 조선의 유학자들도 조선에 천주교인이 생기기 전부터 읽고 비판하여 논의된 책이다. 이 책은 단지 중국에서뿐 아니라 조선에서도 중요한 역할을 했다.

자비에르가 포르투갈 왕에게 예수회 선교사를 동양에 더 보내 달라고 요청할 때 동양에 올 선교사들은 학구적 소질이 있는 사람이어야 한다는 조건을 붙였다. 실로 루기에르와 리치가 중국에 와서 발견한 사실은 그 당시 중국 사람들은 불승에 대해 존경하는 태도가 매우 낮았으며, 유학자들은 불교를 이교(異敎)로 취급한다는 것이었다. 그리고 초기 유교의 정신은 그리스도교의 기본 정신과 합의하는 점이 많다는 것도 알게 되었다. 그래서 리치는 유학자(儒學者)로 스스로 자처하고 그리스도교의 개념을 유학의 입장에서 소개했다. 그러므로 리치의 학문적 입장은 '친유배불'(親儒排佛)의 태도인데, 이것은 그 당시 중국의 일반적 태도를 반영한 것이다. 리치는 중국의 유학자가 도덕적 수양을 중요시하는 것을 관찰했기 때문에 『천주실의』는 수양의 성격이 무엇인가 하는 것을 설명하는 것을 그 목적으로 삼았다. 곧 유교도가 수양하는 데 도움이 되는 것은 하나님을 믿고 봉사하는 길이라는 점을 알린 것이다. 그러므로 리치의 관심은 어떻게 하는 것이 훌륭한 유교도가 되는 것인가 하는 것에 있었기 때문에 그의 목적은 실로 좋은 '그리스도교적 유교도'를 길러내는 것이었다고 볼 수 있다.

사실상 『천주실의』는 예수회 창설자인 로욜라의 이냐시오(St. Ignatius of Loyola)의 저술인 『영성훈련』(Spiritual Exercises)이란 책의 영향을 받아 이와 비슷한 문체로 쓰인 책이었기 때문에 수양과 수기(修己)를 존중하는 유교도에게는 매우 적절한 것이었다. 유교에 있어서도 리치는 신유교(新儒敎)보다는 선진 유교(先秦儒敎, 원시유교)를 택하였기 때문에 자연히 도교와 불교 및 신유교의 철학 사상에 대해 비판적 태도를 보이게 되었다.

유교의 영향권에 있는 조선에 그리스도교가 시작된 것은 서양의 선교사에 의해서가 아니었다. 조선 사람이 처음으로 세례를 받기 이전에 중국에 드나드는 한국 사절들이 한문으로 출판된 천주교 서적을 갖고 들어왔고, 조선의 유학자들이 이 책을 읽고 처음으로 그리스도교를 접하게 된 것이다. 그중 회심을 경험한 자들이 스스로 신자가 된 후 북경에 있는 선교사를 통해 로마 교황청에 사제를 파송해 달라고 요청한 것이다. 그뿐만 아니라 이 한문으로 된 그리스도교 서적을 읽은 이들 중에는 그리스도교에 대해 비판을 한 이들도 있었다. 이들 중에서 가장 활발히 비판을 가한 사람들은 유몽인, 신후담, 안정복, 이헌경, 홍정하, 이익 등과 같은 자들이었다.

조선에서 처음으로 천주교회를 세운 사람은 이벽(李檗, 1754-1785)인데, 그는 원래 유학자로서 다산 정약용에게 큰 영향을 끼친 사람이다. 조선 사람으로 처음 세례를 받은 사람은 이승훈(李承薰)인데, 그는 1784년 아버지를 따라 중국에 들어갔을 때 세례를 받았다. 이승훈이 세례를 받게 된 것은 이벽의 강력한 권유 때문이었다. 조선에 천주교인이 생기기 전에도 조선의 유학자들은 한문으로 된 그리스도교 서적을 많이 읽었는데, 그 중에도 가장 많이 읽힌 책은 리치의 『천주실의』와 『교우론』(交友論)이었고, 또 리치와 같이 활동했던 스페인 출신 예수회 선교사 판토하(Diego de Pantoya, 1571-1618)가 펴낸 수양서 『칠극』(七克)과 같은 서적들이었다.

2. 만남에서 생기는 두 가지 문제

1) 용어의 문제

그리스도교 교리를 중국에 전달하려고 할 때 가장 중요한 것은 서양말의 뜻을 정확하게 표시할 수 있는 중국말을 찾는 일이다. 만일 유사한 뜻을 지닌 한문의 용어가 없을 때 중국인은 그리스도교의 근본적 교리의 뜻을 충분히 이해하기가 어려울 것이다. 리치는 중국에 와서 중국 고전을 섭렵하는 중 중국사람이 생각하는 신의 개념이 그리스도교의 하나님의 개념과 비슷한 데가 있는 것을 보고 이를 다행으로 생각했다. 이제 몇 가지 중요한 그리스도교의 개념을 중국말로 번역할 때 과연 그 뜻이 비슷한지 그렇지 않은지 하는 것을 살펴보기로 하자.

⑴ 신(神)

고대 중국 고전에는 '제'(帝), 또는 '상제'(上帝)라는 말이 신(神)을 가리키는 말로 쓰였고, 상대(商代)가 지난 후 주대(周代, 1122-221 B.C.)에 와서는 '천'(天)이란 용어로 신을 지칭했다. 그런데 여기서 '상제'라는 말로 그리스도교의 신을 부른다면 유교와 그리스도교가 동일시되어 버릴 가능성이 있다. 또한 '천'이라는 말은 비인격적인 개념이기 때문에 리치는 신을 부르는 데 새로운 용어를 사용하였다. 그것은 곧 '천주'(天主)인데, 이 용어는 세례를 받기 원하는 어떤 중국인이 그리스도의 그림을 보고 '천주'라고 찬양하는 것을 듣고 선택한 용어라고 한다. 그러므로 '천주'는 리치 시대로부터 오늘날까지 중국 가톨릭교회와 한국 가톨릭교회의 신의 명칭으로 사용되고 있다.

천주라는 용어는 중국의 종교적 유산을 계승하기도 하며, 또한 신의 인격성을 표시하기 때문에 더욱 적당한 용어로 사용된 것이다. 리치 자신은 천주와 상제라는 두 낱말을 다 같이 자유롭게 사용했다. 그러나 1704년에 로마 교황 클레멘스 11세(Clement XI)가 '천'과 '상제'라는 말로 신을 부르는 것을 금지한 이후로는 '천주'라는 이름으로만 신을 부르게 되었다. 19세기 중엽 개신교 선교사가 중국에 들어온 후에는 어떤 이는 '상제'라는 말을 쓰고 어떤 이는 '신'(神)이라는 말을 사용하게 되었다.

(2) 천당, 지옥, 귀신

천국을 가리키는 용어는 천당(天堂, tien-t'ang)이다. 원래 이 말은 산스크리트어의 '데발로카'(devaloka, 신들의 집)라는 불교 용어를 한문으로 표현한 것인데, 이 '데발로카'는 땅과 브라만 신 사이에 있는 곳으로 생각되어 왔다. 지옥(地獄)은 산스크리트어에 있는 '나라카'(naraka)라는 말을 중국 불교에서 한역한 말인데, 이것을 그리스도교에서 받아쓰기 시작했다.

(3) 천사(天使)

리치는 천사라는 말보다 오히려 '천신'(天神)이라는 말을 즐겨 사용했다.

(4) 영혼

리치의 신학은 아퀴나스(Thomas Aquinas)로부터 비롯되었는데, 아퀴나스의 신학은 또한 아리스토텔레스의 철학으로부터 나온 것이다. 그러므로 리치는 아리스토텔레스의 영혼론, 즉 영혼은 세 가지 종류가 있다는 것을 받아들인 것이다. 곧 영혼에는 식물성, 동물성, 지성적 영혼 등의 세 가지 종류가 있다고 보았다.

리치는 '혼'(魂)이란 말을 선택했는데, 이 말은 육체를 떠나 존재할 수 있는 인간의 정신을 의미한다. 그리고 식물의 혼은 생혼(生魂)이요, 동물의 혼은 각혼(覺魂)이며, 사람의 혼은 영혼(靈魂)이다. 그런데 여기서 이 영혼이란 용어도 불교적 용어를 받아들인 것인데 '영'(靈)이란 말은 '정신', '밝다', '영리하다', 또는 '지능이 있다'라는 뜻을 가진 말이다.

(5) 성(聖)

'성'이란 말이 명사로 쓰일 때는 완전한 사람이나 이상적인 사람이라는 뜻이 있고, 형용사로 쓰일 때는 임금이 명령하거나 호의를 베풀 때 쓰였다(예를 들면, 성은〔聖恩〕이 망극하옵니다). 그래서 중국 사람에게는 이 성(聖)이란 말은 경외(敬畏)의 감정을 자아내게 한다는 점에서 종교의 내용을 가진다는 것을 부인할 수 없다. 그런데 그리스도교에서 말하는 성인(聖人), 곧 거룩한 사람은 전적으로 종교적 색채를 띠고 있기 때문에 '성인'에 반대되는 개념은 '죄인'이며, '거룩한 것'에 반대되는 것은 '세속적인 것'이다. 유교는 자기 수양에 중점을 두기 때문에 '성'에 반대되는 개념은 '무지'(無知)이다. 따라서 유교적 성은 순수한 종교적 개념이라고 보기보다는 지성적 또는 도덕적 의미가 더욱 더 잘 나타나는 개념으로 볼 수 있다.

그러므로 리치가 『천주실의』에서 그리스도교적 의미의 거룩함인 '성'이란 말을 사용한 것을 중국 사람들이 읽고 그 말의 참뜻을 충분히 이해하지 못했을 것은 자명하다. 그리고 리치는 '성신'(聖神, sheng-shen)이란 말을 택하여 하나님의 제3격을 지칭했는데, 중국의 천주교인들은 이 말을 받아들여 썼다. 후에 중국에 들어온 개신교는 '성신' 대신에 '성령'(聖靈)이란 말을 썼다.

2) 제사(祭祀)의 문제

유교에는 여러 종류의 제사 지내는 법이 있는데, 이런 것이 종교적 행위로 나타나고 있다는 것을 부인할 수 없다. 유교의 제사에는 먼저 해마다 임금이 '하늘'(天)에 올리는 제사가 있고, 또한 공자(孔子)를 위해 지내는 제사가 일 년에 두 번 있고, 지방과 고을을 보호한다고 믿어 온 산신(山神)이나 하신(河神)에게 드리는 제사가 있다. 또한 가족의 의례로서는 조상숭배를 위한 제사도 있다.

유교와 그리스도교와의 만남에 있어서 큰 문제가 된 것은 유교의 의례가 그리스도교 신앙과 양립될 수 있는가 하는 것이었다. 공자나 조상을 신격화하여 그들에게 예배를 드려야 할 것인가? 예배를 드리는 것이 아니라면, 서양에서 하나님께 예배드릴 때 갖추는 형식인 향은 왜 피우며, 또 어째서 동물을 제물로 바치는가? 그리스도교를 받아들인 사람들은 이 제사 지내는 것을 계속해야 하는가, 그렇지 않으면 이런 의례를 금하여야 할 것인가? 만일 이 같은 유교의 의례를 중단한다면 이들은 자기네의 문화적 과거와 가족의 전통 및 조상들로부터 완전히 단절될 것이다. 또한 유생이나 관원으로서 지켜야 할 의무적 의례에 대하여 그리스도교 신자들은 어떤 조처를 할 것인가 하는 것 등이 문제로 대두된 것이다.

리치를 비롯한 예수회 선교사들은 유교를 존중했기 때문에 중국 신도들이 유교의 의례에 참여하는 것을 허용하는 정책을 채택하였다. 그러나 도미니카회(Dominican) 선교사와 프란치스코회(Franciscan) 선교사들은 중국 그리스도교 신도가 제사를 드리는 데 참여하는 것을 반대하였다. 그 이유는 유교의 제례(祭禮)에서 볼 수 있는 향 피우는 일, 제사 음식을 바치는 일, 조상의 명패를 사용하는 일 등은 그리스도교에 어긋나는 의례이며, 유교의 의례에서는 물활론(animism)과 범신론의 색채가 농후하고, 유교는 공자와 조상들을 신격화한다고 보았기 때문이었다.

이 제사 문제에 관한 논쟁은 1637년에 그 절정에 이르렀는데, 이때 로마 교황은 아무런 결정을 내리지 못했다. 1704년에 와서 로마 교황청은 공식적으로 천주교인이 조상이나 공자를 숭배하는 것을 금하도록 했고, 또한 하나님의 이름으로 천(天)이나 상제(上帝)라는 용어를 사용하지 못하도록 명을 내렸다.

그러나 리치의 의견을 따르는 중국의 예수회 선교사들은 물론이고 예수회원의 친구였던 청나라 임금인 강희 황제(康熙皇帝, 1662-1723)까지도 제사 문제에 대해 다음과 같은 해석을 내려 로마 교황청에 호소했다.

① 공자를 신(神)으로 여기는 것이 아니라 선생으로 모신다는 것.
② 죽은 자를 제사하는 것은 이들을 예배하기 위한 것이 아니라 추모식을 거행하는 것이라는 것.
③ 조상의 명패는 효도하기 위한 것 이외에 아무것도 아니라는 것.

④ 천(天)과 상제(上帝)는 물리적인 천을 가리킨 것이 아니고, 천지만물의 주(主)를 가리킨다는 것.

그러나 18세기에 로마 교황청은 다음과 같이 주장하면서 계속 유교의 제사를 반대하였다.

① 고대 중국인은 우상 숭배자들이고 현대 중국인은 무신론자들이다.
② 중국의 고전과 한문으로 출간된 예수회원의 서적은 그리스도교 신앙에 위배되는 교리를 가르치고 있다.
③ 조상숭배는 조상의 혼을 향하여 제사 드리는 것이므로 우상 숭배와 미신이기 때문에 합법적인 것이 되지 못한다.
④ 공자 자신은 공적으로 우상 숭배자였고 사적으로는 무신론자였기 때문에 그리스도교인들은 그를 성인(聖人)으로 받들어서는 안 된다.

이와 같은 논쟁은 마침내 1742년에 와서 끝났다. 그해에 로마 교황의 중국 의례를 정죄하는 칙령인 『각 경우에 따라서』(Ex quo Singulari)가 최종적인 제사 금지령으로 선포되었기 때문이다. 당시 교황 베네딕도 14세는 이 칙령을 통해 모든 종류의 제사를 단죄할 뿐 아니라 이전에 허용했던 여러 내용들도 폐기했다.

유교 제사에 대한 가톨릭교회의 단죄는 1939년 교황 비오 12세까지 200여 년간 지속되었다. 이런 결정은 17세기 무렵 중국에서 들어온 천주교 서적을 유학자들이 읽다 자생적으로 시작된 조선 가톨릭교회에 직접적인 영향을 끼쳤다. 즉 조선에서 이제 막 시작된 가톨릭교회는 유교적 국가인 조선 사회의 제사 문제와 정면으로 부딪히게 되었다. 조선의 초기 천주교인들은 교황청의 칙령에 따라 제사를 우상 숭배로 간주하게 되었고, 이는 제사를 폐지하고 신주를 불태워버린 소위 폐제분주(廢祭焚主) 사건의 발단이 되었다. 그 결과 이후 100여 년간 조선 천주교는 조선 왕조로부터 극심한 박해를 받고 많은 사람들이 순교하게 되었다. 당시 철저한 조선의 유교문화권 안에서 천주교인들이 인륜을 저버린 자들로 낙인찍히는 것을 무릅쓰고 제사를 거부한 까닭은 구체적으로 1790년 조선에 전해진 북경 구베아 주교의 조상제사 금지명령 등 당시 교황청의 방침에 따랐기 때문이다. 이후 약 200여 년간 엄격한 규제 하에 금지됐던 조상제사는 20세기 들어 로마 교황청의 토착화에 대한 재인식과 동양문화에 대한 새로운 이해로 해빙기를 맞게 된다. 교황 비오 11세는 1935년 공자 존경의식을 허용했고, 1936년에는 일본의 신사참배까지 허용하면서 문화적응주의 원칙이 교회의 선교정책임을 드러냈다. 더 나아가 교황 비오 12세는 1939년 『중국 예식에 관한 훈령』을 통해 제사에 관해 상당히 관용적인 정책을 발표했다. 이 훈령에 따라 이후 한국 천주교회는 상례와 제례에 관한 세부지침에 따라 시신이나 무덤, 죽은 이의 사진이나 이름이 적힌 위패('신위'[神位]라는 글자 없이) 앞에서 절을 하고 향을 피우며 음식을 올리는 제사를 조상에 대한 효의 표현으로 허용하게 되었다. 물론 1884년 미국의 근본주의 보수 선교사들에 의해 시작된 한국 개신교회는 전혀 다른 길을 갔다.

결국 마테오 리치가 처음으로 시도한 문화적응주의적 선교방법은 중국이란 거대한 나라를 올바르게 인식하고 시도한 미래지향적인 선교방법이라고 평가될 수 있으며, 당시 교황청의 이에 대한 단죄는 선교지의 문화와 전통에 대한 올바른 인식의 결여로 인해 초래된 교회 역사의 과오 중 하나로 보아야 한다고 교회사가들은 평가한다.

3) 신학적 만남

리치의 『천주실의』는 중국의 불교와 신유학자들의 비판은 물론이거니와 또 다른 서양 천주교 선교사들과 나중에 중국에 온 개신교 선교사들의 비판의 대상이 되었다.

명나라 말기 1640년에 불교학자 서창치(徐昌治)에 의해 편찬된 『성조파사집』(聖朝破邪集)이라는 책에는 40여 명이 쓴 그리스도교 비판 논문이 포함되어 있다. 이 논문들은 당시 중국의 지식인들이 집정자와 백성을 향해 쏟아 낸 호소의 글들로서 유학자와 불교학자들이 천주교의 전래에 비분강개하며 펼친 천주교 교리 및 의식에 대한 반박의 글들이다. 더 나아가 이들은 서구의 과학 기술과 천문학 지식에 관해서도 비판하고 있다. 특히 이 책에 발표된 논문에 나타나는 리치의 『천주실의』에 대한 비판은 세 가지로 분류될 수 있다.

첫째는 과학적 측면에서의 비판이다. 리치의 저술에 나타난 생각은 중국 사람이 과학적으로나 기술적으로 뒤떨어졌다는 것을 암시한 것인데, 이런 태도에 대해 반감을 품고 비판한 것이다. 리치의 반대자들은, 과학·기술적 발달은 좋은 정부, 건전한 교육, 국민의 도덕적 생활 등에 공헌한 바가 없다고 말하였다.

둘째로 정치적 측면에서의 비판이다. 스페인 사람들이 필리핀을 점령한 것과 같이 예수회 회원들은 중국을 정복하기 위해 온 유럽 군대의 전위대라고 보았다.

셋째로 철학과 종교적 측면에서의 비판이다.

① 도교의 대표자가 없다는 것이다. 곧 종교적 도교는 중국 사람들의 생활에 깊이 침투되어 있기 때문에 무시할 수 없다는 것이다.

② 명말(明末)에 와서 유교는 불교와 유사한 점이 많았는데, 그 이유는 신유교(Neo-Confucianism) 때문이었다. 리치의 '친유배불'(親儒排佛)의 원칙은 중국 안에서 불교의 위치를 손상시키는 것으로 여겨졌다. 불교도들은 불교 자체만 변호한 것이 아니고 신유교까지도 변호하였다.

③ 전통적 유학자들은 『천주실의』를 비판했는데, 유교 사상은 완전한 것이므로 천주교의 도움이 필요치 않다고 보았기 때문이다.

리치는 『천주실의』에서 신유교의 사상을 배척하면서, "태극(大極)은 이(理)가 되므로 천지창조의 근원이 될 수 없다"라고 말했다. 유학자들은 바로 이 말을 비판한 것이다. 어떤 유학자는 아래와 같이 매우 과격한 비판을 했다. "리치가 천(天)에 관하여 가르칠 때 리치는 공자(孔子)에 대한 배반자요, 침해자요, 모반자이다. 태극(大極)을 파괴시킴으로, 결국 마귀 리치는 중용(中庸)을 파괴하였다."

리치는 '친유배불'(親儒排佛)의 입장에 서서 유교, 특히 선진 유교(先秦儒敎)가 그리스도교 교리와 비슷한 데가 있다고 믿었고, 불교와 도교를 배척했으며, 또한 당시에 유행하던 신유교도 외면했다. 그 이유는 신유교는 도교와 불교의 사상을 개입시켜 종합해 놓은 사상이기 때문이다.

리치는 『천주실의』에서 도교는 '무'(無) 사상으로, 불교는 '공'(空) 사상으로 모든 것의 근원을 삼는다고 하여 비판하였다. 그 이유는 무와 공 사상은 천주의 사상에 아주 어긋나는 것이라고 믿었기 때문이다. 서양인인 리치는 "무로부터는 아무것도 나오는 것이 없다"라고 하는 고대 희랍 철학의 원리를 받아들였기 때문에, 무와 공은 만유의 근원이 될 수 없다고 단언한 것이다.

또한 신유교가 말하는 태극(大極)을 하나님과 동일시할 수 없다고 리치는 생각했다. 그 이유는 리치가 중국에 와 보니 중국 사람들이 태극을 하나님처럼 숭상하고 예배드리는 것을 보지 못하였기 때문이다. 또한 주자학에서는 태극을 이(理)로 보는데, 이 이론을 리치는 중세 스콜라 철학을 근거로 하여 비판했다. 곧, 스콜라 철학에서는 실체(substance, 리치는 자립자〔自立者〕라고 번역)와 우유성(偶有性, accident, 리치는 의뢰자(依賴者)로 번역)이라는 개념을 구별해서 말하는데 '이'라고 하는 것은 자립자가 아니고 의뢰자이기 때문에 태극이라면 태극은 만물의 근원이 될 수 없다는 점을 지적했다.

그러나 이와 같은 해석은 리치가 신유교를 충분히 이해하지 못하고 비판한 것이라고 후대 학자들은 말한다. 또한 우리는 신유교의 사상을 토대로 하여 유교와 기독교의 만남을 창조적인 차원으로 이끌고 갈 가능성도 있다는 것을 염두에 두어야 할 것이다.『천주실의』를 1985년에 영역한 랭카셔(Douglas Lancashire)와 후큐첸(Hu Kuo-chen)은 영역판 서문에서, 리치는 그 당시 중국철학의 중심이 되는 사상을 올바로 이해하지 못했다고 지적했다. 도교의 무나 불교의 공은 절대적이요 궁극적인 실재를 표시하는 개념이다. 또한 이것은 시작도 끝도 없으며 모양도 없는 것이어서 이 우주와 그 안에 있는 만물의 근원으로 생각되는 것이다. 이런 사상은 기독교에서도 찾아볼 수 있는데, 이른바 '부정신학'(via negative)이 바로 그것이다. 곧 하나님은 이것이나 저것으로 묘사할 수 없기 때문에 이것도 아니고 저것도 아니라는 식으로 하나님을 묘사하는 것이 '부정신학'이다.

주자학의 태극(太極)이나 이(理)와 기(氣)도 궁극적 실재와 이 우주에 존재하는 인간과 사물 사이의 관계를 설명할 수 있으며, 또한 그리스도교 신학의 삼위일체론도 신유교의 개념을 통하여 설명할 수 있다는 것을『천주실의』의 영역자들은 믿고 있었다. 그들은 다음과 같은 해석을 제시했다.

'태극'(太極)은 그것보다 더 이상 근원을 생각할 수 없는 최종의 근원으로서, 직접적으로는 이해할 수 없고 오직 중개자를 통해서만 이해할 수 있다. 이것은 사람과 사물과의 관계를 맺으시는 하나님 아버지라고 하는 그리스도교 교리와 비슷한 데가 있다. '이'(理)는 그 근원을 밝히는 아들로서의 신(神)과 비슷한 데가 있다. 이 중개자를 통하여 인간 이성은 그 근원에 대하여 무언가를 알 수 있다. '기'(氣)는 주자학에 있어서 유물론적인 색채를 띠고 있는데, 만일 이런 색채를 빼버린다면 성령과 비슷한 데가 있는 것을 알 수 있다. 그 이유는 '기'라는 개념 속에서 우리는 이 세상에 창조와 변화를 가져오는 하나님의 능력을 찾아볼 수 있으며, 또한 이 기(氣)를 통하여 세상의 만물이 또다시 그 근원으로 돌아가도록 하는 능력을 찾아볼 수 있기 때문이다.

마지막으로, 리치의 『천주실의』의 장점은 무엇이고, 이 책이 공헌한 바는 무엇인지 살펴보자.

① 이 책은 '복음 이전의 대화'라는 특징이 있다. 그래서 이 책은 계시나 계시를 받아들이는 신앙에 관해서는 별로 언급하지 않는다. 리치의 접근방법은 자연이성(自然理性)의 방법이며, 철학적으로 생각할 능력을 보여주고 있다. 때문에 리치의 이 책은 중국의 지식층에게 강력히 호소하는 바가 있었다.

② 이 책은 수기(修己, self-cultivation)를 핵심으로 삼아 저술되었다. 중국 학자들에게 '수기'는 인생의 가장 중요한 임무였다. 수기를 완수하기 위해 사람들은 천주를 경배해야 한다고 리치는 강조했다.

③ 리치는 중국 고전에서 많은 글을 인용하여 중국 전통과 그리스도교와의 접촉점을 보여주었다. 특히 천(天)과 상제(上帝)가 그리스도교 신관과 융화될 수 있다는 주장은 중국 문화와 그리스도교 간의 대화를 수행하는 데 있어서 리치가 끼친 최대의 공헌이라고 볼 수 있다.

④ 마테오 리치는 문화적응주의, 또는 포괄주의적 입장에서 그리스도교를 전파하고자 했다. 이는 제국주의적 선교가 만연한 당시에 가히 혁명적인 시도였다. 그는 이른바 '보유론'(補儒論)에 입각하여 그들의 신앙을 설명했다. 보유론은 중국의 유교와 서양의 그리스도교가 교리상 서로 충돌하지 않으며, 그리스도교의 가르침이 유교의 부족한 부분을 보완하여 완성해준다는 논리였다. 이 점 역시 리치의 주요한 공헌이다.

교황 요한 바오로 2세는 1982년 10월 25일 리치가 중국 땅에 도착한 지 400주년을 기념하기 위해 이탈리아 마세라타(Macerata) 대학에서 열린 '국제 리치 연구회의' 석상에서 다음과 같은 말로 이 회의를 끝마쳤다.

> 교회의 교부들이 그리스도교와 그리스 문화에 대하여 생각했던 것과 같이 마테오 리치도 그리스도 신앙을 중국 문화를 해치는 것이 아니라 더욱 풍부하게 하며, 또한 완전하게 만든다는 것을 확신하였다. 그런데 그 확신은 정말 올바른 확신이었다(『천주실의』, 영역판, p.52).

3. 맺는말

우리는 마지막으로 마테오 리치를 고찰함으로써 우리가 배울 것이 무엇인가 하는 것을 묻지 않을 수 없다. 한국 기독교의 토착화와 관련하여 몇 가지로 나누어 다음과 같이 정리해 볼 수 있다.

① 1884년 최초의 미국 개신교 선교사가 조선에 들어왔을 때 개신교 선교 정책은 서양의 제국주의를 등에 업고 인종적으로, 정치적으로, 문화적으로, 종교적으로 서양인과 서양의 것이 조선의 것보다 우월하다는 생각을 가지고 이

루어졌는데, 이것은 매우 유감스러운 일이라고 생각한다. 그런 태도를 가지고 그리스도교를 전파한 결과 한국의 그리스도교 신자들은 우리의 고유한 문화 전통과 종교와 철학은 열등한 것으로 묵살해 버렸다. 이것은 크나큰 잘못이다. 실로 한국인으로서 그리스도교를 수용할 때 한국의 전통과 사상을 전적으로 무시하고 그리스도교를 받아들인다는 것은 무리한 일일 뿐 아니라, 진정한 의미에서 그리스도교의 복음을 올바로 받아들일 수도 없게 된다. 그 이유는 바탕이 텅텅 빈 마음에 새로운 종교를 받아들인다는 것은 불가능하기 때문이다.

② 오늘날에 와서도 서양화와 근대화 과정에서 우리의 고유한 전통을 많이 상실하고 있다는 것은 부정할 수 없는 사실이다. 그러나 우리가 과거의 전통으로부터 단절된다면, 우리의 생명은 온전하게 존재할 수 없다는 것을 알아야 한다. 서양화와 근대화라는 과정에서도 우리는 전통문화를 재음미하고 재해석하여 우리가 나아가는 길의 밑받침으로 삼고 배경으로 삼아야 할 것이다. 우리의 전통을 다시 재발굴하는 일은 쉬운 일은 아니지만, 이는 한국인의 인격 완성에도 불가결한 요소가 된다는 것을 알아야 한다.

③ 오늘날에도 우리 생활의 저변에는 유교 사상이 깊이 뿌리박혀 있다. 그러므로 그리스도교와 유교의 대화를 계속 진행하여 좋은 대화의 결실을 얻는 것이야말로 한국 그리스도교인의 임무인 것이다.

1. 마테오 리치는 어떤 인물이었는가?

2. 『천주실의』란 어떤 책인가 설명하라.

3. 그리스도교와 유교의 만남에서 발생한 용어의 문제는 무엇이었나?

4. 그리스도교와 유교의 신학적 만남에 대해 비판점은 무엇이었나?

5. 마테오 리치의 예를 통해 한국 기독교의 토착화와 관련해서 배울 점은
   무엇인가?

제8장

동양사상과 신관(神觀)

1. 서양적 유(有)와 동양적 무(無)

일본 철학자 니시다 기타로(西田幾多郎)는 "형이상학적 입장에서 본 동서 고대 문화 형태"라는 논문에서 서양문화는 존재(being)의 문화로서 시간상으로 실재를 내부로부터 보려고 하는 것이 그 특징이라고 보았다. 그러므로 철학에 있어서도 서양철학은 존재의 철학이요, 동양철학은 무(無)의 철학이라고 말할 수 있다.

실로 그리스 철학을 보더라도 그리스 철학을 꿰뚫는 일관성 있는 질문은 모든 것의 근원 곧 "아르케"(arche)가 무엇인가 하는 것이었다. 여기서 "아르케"는 모든 사물의 근원이 되며 또 모든 사물의 존재 원인이 되며, 모든 사물의 존재를 설명해 줄 수 있는 기초적, 또는 원초적 존재라고 이해되었다. 그리하여 탈레스(Tales)는 이 "아르케"가 물이라고 했고, 아낙시만드로스(Anaximander)는 물과 공기와 땅과 불이라고 했고, 원자론자들은 원자라고 했고, 파르메니데스(Parmenides)는 이것을 존재라고 했다. 그러므로 그리스 철학자들이 찾는 궁극적 실재는 존재이다. 이것이 "아르케"인데, 이러한 존재를 말하려고 하는 그리스 철학자들의 의도는 무엇이나 존재하는 것은 어떤 형상을 입은 것이요 한정되고 결정된 것이기 때문에, 형상을 가지지 않은 것보다는 더 좋은 것으로 생각했다. 때문에 피타고라스(Pythagoras)는 한정된(the limit) 것과 한정되지 않은(the limitless) 것의 원리를 인정하고 그중에 한정된 것은 사물의 형상적 결정으로 보고, 이것이 한정되지 않은 것보다 좋고 또한 완전한 것이라고 보았다.

그 반대로 동양철학의 관심은 유형하고 한정되고 결정된 것, 곧 존재 또는 유(有)를 궁극적 실재로 본 것이 아니라, 오히려 차별이 없고, 한정이 없는 것, 다시 말해서 무(無)를 궁극적 실재라고 보았다. 그 이유는 한정된 것은 완전하지 못하므로, 무한한 가능성을 지닌 "그 무엇"을 더 훌륭한 것으로 보기 때문이다. 곧 이것이 바로 무(無)인 것이다. 그러므로 무는 아무것도 아니라는 것이 아니고, 오히려 실재는 한정되지 않았기 때문에 말할 수가 없다는 뜻이다.

2. 서양철학과 신학

지금까지 우리에게 전해진 신학은 서양 문화권에서 발전한 것이기 때문에 신학은 서양철학의 영향 밑에서 자라 왔다. 신학의 구성은 항상 어떤 종류의 철학적 전제를 통하여 가능하다. 그 이유는 신학이란 우리가 믿는 기본 신조를 철학적으로 생각하고 철학적으로 건설하는 작업이기 때문이다.

서양종교라고 볼 수 있는 유대교, 기독교, 이슬람교 신학의 공통된 구조는 유신론(theism)이라 할 수 있다. 이 유신론에서는 신을 무한자이시며, 자존자 (自存者)이시고, 이 우주를 창조하신 창조주, 인격적이시며 선하시고 사랑을 베푸는 분이시며, 거룩하신 분으로 믿고 있다. 이 유신론에 의하면 신은 존재 이지 비존재(非存在)라고 볼 수 없다. 이 점은 그리스 철학에서 말하는 "아르 케"의 개념이 기독교 신학에 적용된 것을 볼 수 있다. 곧, 기독교의 하나님은 모든 사물의 원초적 근원이 되는 존재이며, 하나님을 통해서 모든 사물의 현상 을 설명할 수 있다고 본다는 것이다. 이러한 점에서 서양의 유신론도 서양문화 와 서양철학의 특징이라고 볼 수 있는 존재 또는 유(有)라는 개념으로 말미암 아 형성되고 발전하였다고 말할 수 있다.

3. 전통 유신론을 넘어선 새로운 신관

그런데 오늘날 서양 신학계에서 일어나는 흥미로운 현상은 일부 신학자들 이 전통적인 유신론을 넘어서서 새로운 신학과 새로운 신관을 모색하고 있다 는 사실이다. 이 새로운 신관은 서양에서 내려오던 신관을 떠나 새로운 각도 에서 하나님을 보려는 노력이기 때문에 탈서양적(脫西洋的)인 특색을 지니고 있다. 탈서양적인 특색이란 하나님을 생각할 때 존재의 개념 또는 유의 개념 을 떠나 무(無)의 개념에, 동양적 사상에 접근하고 있다는 점이다. 이런 부류 의 신학자 중에 대표적인 신학자 한 사람을 든다면, 폴 틸리히를 들 수 있다.

틸리히는 말하기를, 신이란 개념은 우리의 궁극적 깊이와 우리 존재의 창조적 근거와 의미를 가리켜 말하는 것이라고 보고, 자연주의와 초자연주의의 노선을 넘어서 자기초월적 실재론(self-transcendent realism)을 제시하였다. 초자연주의의 입장을 주장하는 전통적 유신론은 신이 자연을 초월한 존재라고 믿는데, 이 입장의 약점은 신의 무한성을 유한성(유한한 인간 이상의 범주에 의한)으로 바꾸어 놓는데 있다고 보았다. 자연주의는 신을 우주와 동일시함으로써 유한한 존재와 그 무한한 근거 사이에 있는, 넘을 수 없는 간격을 부인하고 마는 약점이 있다고 보아 틸리히는 제3의 입장인 "자기초월적" 신관을 소개했다. 여기서 자기초월성은 유한자의 유한성이 무한자의 무한성을 지원하고 있다는 뜻이며, 자기 자신 밖으로 나갔다가 새로운 차원에서 다시 자기 자신으로 돌아온다는 뜻이 있다.

틸리히는 신을 "존재 자체", "존재의 근거" 또는 "존재의 힘"이라고 서술하며, 그 밖에 신에 대한 갖가지 표현들-예를 들면, "하나님은 사랑이시다", "하나님은 아버지시다" 등-은 신에 관한 상징적인 표현이지, 즉자적 의미를 가진 것이 아니라고 주장한다. 다시 말하면, 틸리히는 신은 -아무리 지고한 존재자일지라도- 하나의 존재자가 아니라 "존재 자체"이며 "존재의 근거"이며 "존재의 능력"이라고 주장한다. 하나의 존재자라는 것은 우리 경험의 객관 대상으로 인식되는 시간과 공간 안에 있는 것을 가리킨다. 가령 예를 들면, 우리는 집 앞에 있는 소나무를 본다. 또 종달새 소리를 듣는다. 이처럼 우리의 감각적 경험의 대상이 되는 것은 이 세상에 존재하는 것들이다. 그러나 신을 인식한다는 것은 신은 우리의 감각적 경험 안에 들어오는 어떤 대상이 아니기 때문에 곧 신은 하나의 존재자가 아니라는 것이다. 신은 그러므로 하나의 존재자가 아니고 모든 존재자를 존재케 하는 "존재 자체", "존재의 근거" 또는 "존재의 능력"이라고 말하는 것이다.

이처럼 틸리히는 "신 위의 신"(God above god)이란 표현을 사용하면서, 처음에 쓰인 신(god)은 보통 우리가 유신론에서 말하는 신이며, 이 신 위의 신(God)은 우리 언어와 개념으로는 말할 수 없는 신성(神性)을 의미한다. 그러므로 유신론의 전통적인 신관은 서양철학 개념인 "존재"의 개념에서 생각하는 신관이지만 "신 위의 신"은 이 존재의 개념을 뛰어넘은 신성, 우리에게 알려지지 않은 신성을 가리킨다고 볼 수 있다. 이처럼 "신 위의 신"은 틸리히가 말하는 "존재 자체"이므로 우리가 이에 대하여 이렇다 저렇다 말할 수 없는 것이기 때문에 틸리히의 신관은 탈서양화한 신관이요, 동양의 무(無)를 암시하는 것이라고 볼 수 있다. 물론 틸리히는 동양학자가 아니며, 그의 신관은 동양철학을 연구해서 형성시킨 신관이라고 볼 수는 없다. 하지만 그의 생각이 서양적인 범주를 벗어나 동양철학에 매우 근접하고 있다는 사실은 부인할 수 없다.

그러나 이와 같은 사상이 서양 사상사에 있어서 주류사상은 아니라 하더라도 전혀 없었던 것은 아니다. 5세기에 활동한 아레오파지트의 디오니시우스(Dionysius the Areopagite)도 말하기를, "하나님은 영혼, 마음, 질서, 큰 것, 작은 것들이 아니며, 동(動)과 부동(不動)도 아니며, 힘도 아니며, 선(善)과 힘과 빛도 아니다. 유와 무의 범주도 아니며, 긍정과 부정도 아니다"라고 했다. 이렇게 하나님은 모든 술어, 모든 보편개념을 추월하는 동양적 무와 같은 분으로 생각했다. 또한 14세기의 신비가 에크하르트(Eckhart)가 신(神, God)과 신성(神性, Godhead)을 구별한 것은 틸리히가 "신 위의 신"이란 표현에서 두 가지 신을 구별하는 것과 비슷하다.

신과 신성 사이에는 하늘과 땅만큼 차이가 있다고 그는 말했다. 에크하르트는 생각하기를 신(God)은 우리의 언어 개념으로 표시하는 또는 이해하는 신이지만 그 배후에 있는 신성(Godhead)은 우리 언어로 표현할 수 없는 신의 본체이다. 즉 신은 그리스도교 전통에서 말하는 인격적 신인데, 이 인격적 신은 피조물과의 관계에서 본 신으로서, 존재와 속성을 가지고 있다. 그러나 신성 (신 그 자체, 신의 본질)은 모든 형상의 틀을 뛰어넘는 곳에 있으며, 모든 개념의 옷을 벗어버린 '벌거벗은' 상태에 있기 때문에 그것을 에크하르트는 '이름 없는 무(無)', 또는 '전적 공'(全的 空)이라고 불렀다. 곧 그는 신성을 신의 근저이며, 인격적 신을 뛰어넘는 무(無)라고 보았던 것이다. 이를 에크하르트는 "광야" 또는 "무"(無)라고 말했다. 곧 그는 신성을 신의 근저이며, 인격적 신을 뛰어넘는 무(無)라고 보았던 것이다. 그리하여 에크하르트는 신성을 '광야' 또는 '사막'이라고까지 묘사했던 것이다. 결국에 에크하르트나 틸리히가 말하는 신은 동양적 무(無)와 다를 것이 없다고 결론을 내릴 수 있다.

4. 동양적 무(無)

동양사상에서 말하는 "무"(無)에 대하여 좀 더 이야기하자면, 먼저 인도철학이 궁극적 실재라고 믿는 "브라만"(Brahman)을 검토해 보아야 한다. 인도철학은 브라만을 두 가지 브라만으로 구별하는데, 하나는 니르구나 브라만 (Nirguna Brahman)이고 다른 하나는 사구나 브라만(Saguna Brahman)이다. 사구나 브라만은 속성을 가진 브라만이고, 니르구나 브라만은 속성을 갖지 않는 브라만이다. 『우파니샤드』에 따르면, 이 속성이 없는 브라만은 "소리가 없고, 형상이 없고, 만질 수도 없고, 맛도 없고 냄새도 없는 실재"라고 했다. 그리고 이 니르구나 브라만은 사구나 브라만보다 더 우월하고 더 근본적인 신이라고 보았는데, 바로 이 속성이 없는 브라만을 우리는 "무"(無)라는 말로 표현할 수밖에 없다.

불교 철학에서도 열반(Nirvana)은 존재도 아니고 비존재도 아니라고 말하는데, 이는 곧 우리의 감각적 경험에 들어오는 존재도 아니고, 또는 이것을 부정하는 비존재도 아니며 결국 이 둘을 다 포함한 절대적 무를 가리킨다고 볼 수 있다. 또 중국에 들어온 불교에서는 체(體)와 용(用)이라는 개념을 사용하여 말한다. 즉 공(空, Sunyata)은 체이고, 사물은 용이라고 본다는 것이다. 여기서 공은 절대적이며, 궁극적이며 근원적인 실체로 볼 수 있다.

도교(道敎)의 『도덕경』(道德經)은 중국철학에서 사용되는 무의 근본적 모형을 말해 준다. 『도덕경』 1장을 보면 "도를 도라고 말하면 그것은 늘 그러한 도가 아니다. 이름을 이름 지우면 그것은 늘 그러한 이름이 아니다. 이름이 없는 것은 천지의 처음이요, 이름이 있는 것은 만물의 어머니이다"(道可道 非常道, 名可名 非常名, 無名天地之始, 有名萬物之母)라는 말이 있고, 『도덕경』 40장에도 "천하의 만물은 있음에서 나고 있음은 없음에서 난다"(天下萬物生於有 有生於無)라는 표현이 있다. 모든 존재는 무로부터 나오며 무(無)야말로 궁극적 실재가 된다는 점을 잘 보여주고 있다.

신유교 철학자 주렴계(周廉溪)도 『태극도설』(太極圖說)에서, "무극이면서 태극이다"(無極而太極)라고 말하면서 우주의 궁극적 실재는 태극인데 이 태극은 또한 무극이라고 볼 수 있다고 주장하였다. 이 사상을 신학에 적용한다면, 신은 존재이면서도 동시에 존재가 아닌 무로 볼 수 있다고 말할 수 있다. 사실 틸리히의 신관으로 제시한 "신 위의 신"은 여기서 말하는 바와 같이 존재이면서 또한 비존재라고 생각할 수 있다. 존재와 비존재는 서로 상반되는 개념이다. 이 개념들을 우리의 경험의 장에서 말할 때 '비존재' 곧 '무'는 '상대적 무'라고 볼 수 있고, "신 위의 신" 곧 신성(Godhead)은 '상대적 유'와 '상대적 무'를 모두 포함하는 '절대적 무'라고 볼 수 있다. 이것이 바로 '동양적 무'요, 모든 있는 것들의 근거가 되는 동양사상의 궁극적 실재라고 볼 수 있다.

5. 결론

서양문화가 존재 개념에 의해 형성되었고, 동양문화가 무 개념에 의해 형성되었다고 볼 때, 이 두 문화는 서로 대립되고 모순된다고 생각하기 쉽다. 신관에 있어서도 존재로서의 신은 무로서의 신과 모순되는 것 같다. 그러나 에크하르트는 신과 신성을 구별하면서도 통일성을 인정하고, 틸리히도 "신 위의 신"은 두 가지의 신을 말하는 것이 아니라 우리가 가지는 관점에 따라 동일한 신을 두 가지 신으로 인지하는 것이라고 말한다. 이처럼 동양적 사고와 서양적 사고는 서로 모순되어 배척할 것이 아니라 서로 보완하는 것이라고 보는 것이 올바른 해석이라고 생각한다. 이렇게 보완적인 역할을 하는 유와 무의 대조를 나는 신비경험에 의하여 설명해 보려고 한다.

신비경험은 탈자적(脫自的) 황홀경으로서 그 경험 자체는 말로 형용하기 어렵지만, 그 경험이 끝난 후 그 경험을 해석할 때는 다양한 말로 그 경험을 설명하고자 한다. 이처럼 말로 표현할 수 없으면서도 또한 말을 많이 사용해야 하는 신비경험의 역설을 영국 철학자 스테이스(W. T. Stace)는 "진공과 충만"(vacuum-plenum)의 역설이라 불렀다. 이것이 바로 신비경험의 특징이라고 생각한다. 다시 말하자면, 신비경험은 언어로 표현할 수 없다고 하면서도 적극적으로 표현하고자 하며, 부정적이면서도 긍정적인 데가 있고, 또 무와 유가 겹쳐 있다. 이 역설을 어떤 신비가는 "눈부신 캄캄함"(dazzling obscurity)

이라고 표현했다.

 이제 서양적 사고와 동양적 사고의 차이점이 생긴 동기가 무엇이냐 하는 것을 설명하기 위해 나는 다음과 같은 시도를 해 본다. 원래 황홀한 신비경험은 주객을 초월한 무아상태인데 이것을 긍정적으로 존재와 유(有)의 입장에서 보는 것이 서양식 사고의 특징이 되었고, 반면에 이 상태를 부정적인 무(無)라는 관점에서 볼 때 동양적 무위 사상이 생겼다고 생각한다. 곧 서양사람들은 형상 있는 존재를 선호하고 동양사람들은 한정이 없는 무를 선호하였다고 볼 수 있다. 그러나 긍정적인 면과 부정적인 면은 서로 다른 두 가지 것에 관한 이야기가 아니고, 한 가지 사실을 두 가지 관점에서 보는 것을 의미한다. 따라서 이 두 가지 생각은 피차에 모순된다고 보기보다는 서로 보완적인 것이라고 보는 것이 더 타당한 견해라고 생각한다.

연구 및 토의 문제

1. 동서양 철학의 차이에 대해서 비교 설명하라.
2. 틸리히가 말하는 "신 위의 신"(God above god)이란 무엇인가?
3. 에크하르트의 '신'과 '신성'을 비교 설명하라.
4. 신비경험의 특징에 대해 설명하라.

제2부

종교 경전과 종교 다원주의

이정순

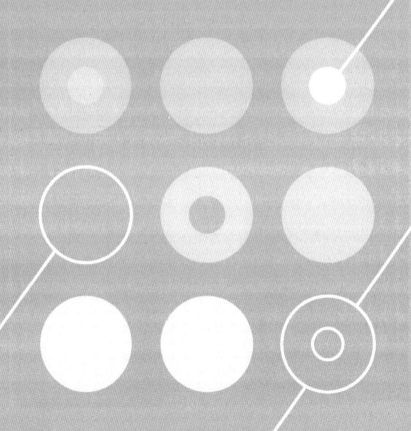

제9장

종교 경전을 이해하는 다양한 방법

한국 개신교인들은 세계에서 가장 성경을 사랑하는 사람들로 널리 알려져 있다. 지금도 교회에 갈 때면 복장을 단정히 하고 성경과 찬송가를 가지고 간다. 심지어 성경, 찬송을 담아서 가지고 다니는 전용 가방도 있을 정도이다. 그만큼 종교 예식에 참여하면서 정성을 다하고 성경을 하나님의 진리의 말씀으로 소중하게 여기는 태도가 잘 드러난다. 요즈음 젊은 세대들은 핸드폰에 깔려 있는 성경, 찬송 어플을 이용하므로 이런 모습이 많이 사라지기도 했지만, 기성세대들은 여전히 교회 갈 때는 성경을 가지고 가서 예배 때 반드시 읽어야 은혜가 된다고 생각한다.

이뿐만이 아니라. 한국교회에는 성경을 암송하고 필사하는 문화도 널리 퍼져 있다. 하나님의 말씀을 암송하는 것으로도 구원의 확신과 복을 받을 수 있다는 것이다. 또 성경의 말씀을 직접 한 글자 한 글자 필사함으로써 하나님의 특별한 은혜를 받을 수 있다고 믿기 때문이다. 교회에서는 성경 암송대회나 필사대회를 열고 연말에 1년 동안 성경을 필사한 사람에게 상을 주고 격려하기까지 한다. 이런 독특한 문화는 세계 어디에서도 쉽게 찾아볼 수 없는 문화이다.

한국 개신교가 가장 영향을 받는 미국 개신교의 문화를 비교해 보면 한국 개신교의 문화가 얼마나 독특한지 쉽게 드러난다. 먼저 미국 개신교인들은 교회에 갈 때 성경, 찬송을 들고 가지 않는다. 성경과 찬송가는 예배당에 비치되어 있으므로, 예배 때 사용하고 다시 놓고 오면 그만이다. 물론 각자 집에 성경 한 권쯤은 가보로 간직하고 있다 하더라도 말이다. 하지만 성경을 암송하거나 필사하는 문화는 다른 나라 그리스도교에서는 찾아보기가 매우 힘들다.

종교 경전을 중요하게 여기는 문화는 여러 종교에서 쉽게 찾아볼 수 있다. 불교에는 금사경(金寫經)이란 전통이 있다. 금사경이란 불교 경전을 금가루로 베껴 쓰는 것을 일컫는데 7세기 당(唐)나라에서 시작되었다. 한국에서는 통일신라부터 유행하여 고려 시대에 이르러 왕실을 중심으로 국가의 번영을 기원하는 의미에서 많이 제작되어 전성기를 이루었다. 고려의 금사경은 당시 가장 독보적인 기술로써 중국, 일본 등지에서 사신을 보내어 배워가거나 제작을 의뢰할 정도로 자랑스러운 우리의 전통예술문화였다.

금사경 작업은 일반 서예처럼 줄줄이 써 내려가는 것이 아니고 아침 일찍 일어나 몸을 깨끗이 하고 부처님 앞에 재배한 후 시작한다. 참선으로 마음을 평온케 해 일체의 잡념을 버린 후 맑은 마음으로 인류 평화를 염원하는 불심을 가지고 붓을 든다고 한다. 금사경은 신앙의 경지, 예술의 경지, 금속공예의 삼위일체가 모일 때 성공할 수 있다고 한다. 수백 자를 썼다 해도 한 자가 틀리면 실격이다. 조선 시대 불교 억압 정책으로 금사경 전통이 거의 사라졌는

데, 최근 한국의 불교 예술가들이 이를 복원했다. 지난 2005년에 두 사람의 불교 신자가 금가루 글씨로 4년 동안 불경 69만 자를 베껴 썼다. 화엄경 60만 자와 금강경, 지장경, 법화경 등 불교 4대 경전이 황금 글자로 되살아난 것이다.

세계의 다양한 종교들을 개념적으로 정의하는 방법들 중에 경전을 중심으로 이해하는 방법이 있다. 경전은 종교를 구성하는 핵심 요소이기 때문이다. 이런 종교들을 '경전 종교'라고 부른다. 물론 경전이 없는 종교들도 많이 있다. 하지만 세계의 많은 종교들은 경전을 중심으로 발전되어 왔다. 유대교와 『타나크』, 그리스도교와 『성경』, 이슬람교와 『꾸란』, 힌두교와 『우파니샤드』 및 『바가바드 기타』, 불교와 『대장경』, 유교와 『사서오경』 등 많은 예를 들 수 있다. 종교를 믿는 사람들은 경전이야말로 자신들이 믿고 있는 신이나 절대자가 직접 전해 준 진리의 말씀을 담고 있다고 믿고 있다. 많은 종교인들이 이 경전들을 신이나 절대자 또는 초월자가 내려주신 말씀으로 이루어져 오류가 전혀 없는 거룩한 책이라고 여긴다. 또 이런 경전들은 시공간을 초월해서 여전히 진리로 작용하며 자신들의 삶을 이끌어 주는 지침서와 같다고 믿고 있다. 하지만 과학이 발달하면서 종교 경전을 이해하고 해석하는 방법도 다양하게 발달하고 있는 것도 우리의 현실이다.

1. 세계의 종교 경전들

세계의 주요 경전에는 어떤 것들이 있는가? 주요 종교들을 중심으로 살펴보자.

1) 유대교

작은 종교이지만 서구 문명의 태동에 큰 영향을 준 유대교는 오랜 기간에 걸쳐 형성된 종교이다. 유대교의 경전은『타나크』라고 부르며 중립적인 용어로 『히브리 성서』라고도 부른다. 그리스도교의 구약성서와 내용상 대부분 일치하지만 배열은 다르다. 유대교의 경전인『타나크』는 대략 기원전 1500-400년대에 이르는 오랜 세월을 거쳐 바빌로니아, 팔레스티나, 이집트 등의 지역에서 낱권들로 기록된 경전들을 모아 놓은 것이다. 유대교의 분류법에 따라 총 24권으로 구성되어 있다. 이를 경전으로 받아들인 그리스도교에서는 오늘날 종파에 따라 다른 분류법을 쓰고 있다.

『타나크』(Tanakh)라는 이름은 이를 구성하는 세 분류의 책 맨 앞글자를 따서 약칭으로 '타나크'가 된 것이다. 유대교 성서는 전통적으로 다음 세 가지 분류법, 즉 율법서(토라, 모세오경, Torah), 예언서(네비임, Neviim), 성문서(케투빔, Ketubim)의 앞 글자들을 모아서 발음한 것이『타나크』가 된 것이다. 90년경 유대교 랍비들의 얌니아 회의에서 최종적으로『타나크』를 정경으로 승인했다.

『탈무드』역시 랍비들이 만든 유대교 경전이다.『탈무드』는 유대인의 정신적 지주 역할을 해 온 책이다. 즉 경전이자 잠언집이요, 하나의 문학이기도 하다. 그래서 전 세계 언어로 번역되어 지혜의 모음집으로 오늘도 널리 애독되고 있다.『탈무드』에는 삶의 지혜는 물론이고 처세술 관련 교훈이나 일화들이 있는가 하면 우화나 동화 같은 이야기도 많다. 또『탈무드』에는 '토라'의 사상과 이념을 이어받아 종교예배, 의식, 도덕, 법률, 신앙, 사회 행동 등 인간 생활 전체를 규제하는 내용이 들어있다. 이러한『탈무드』의 내용은 기원전 500년부터 서기 500년에 걸쳐 약 1000년 동안 구전되어 오던 것을 2,000여 명의 학자들이 10년 동안 편찬한 것이다.

2) 그리스도교

초대 그리스도인들은 얌니아 회의에서 공인된 유대교의 『타나크』를 정경으로 받아들였다. 다른 책들을 만들어서 경전으로 추가하는 것은 생각하지 않았다. 그것은 초대 교회의 분위기가 예수의 재림을 대망한 종말론적 신앙이 지배적이었기 때문이다. 그러다가 예수의 재림이 지연되자 예수 사건의 목격자들이 점차 나이가 들고 사망하면서 초대 교회는 예수의 사건을 문서화 할 필요성을 느꼈으며, 또한 당시에는 바울을 비롯한 여러 신앙의 글들이 교회 곳곳에 영향을 끼치고 있었기에 경전을 추가해서 신약성서를 정경화하기에 이른다.

그러나 처음에는 신약성서의 정경화 작업이 너무 많은 책들로 인해 혼란스러웠지만, 마침내 397년 카르타고에서 개최된 공의회에서 현재 사용하고 있는 신약 27권이 '정경'으로 확정되었다. 초기 그리스도인들은 자신들을 "새 언약/계약 백성"이라고 이해하였고, 따라서 자신들의 새로운 경전을 '새 약속/계약' 곧 '신약'(新約, New Testament)이라고 불렀다. 그러면서 자연히 그들이 유대교에서 가지고 나왔던 타나크(율법서와 예언서와 성문서)는 '옛 약속/계약' 곧 '구약'(舊約, Old Testament)이라고 부르게 된 것이다. 그리고 구약은 유대교에서와 마찬가지로 39권(유대교 분류로는 24권), 신약은 27권으로 경전의 범위를 한정했고, 이 두 권을 합쳐서 『성경전서』(성경/성서)라고 부르기에 이르렀다. 물론 유대교의 경전이었던 타나크 외에 7권의 책(마카베오 상, 하, 지혜서, 집회서, 유딧, 바룩, 토비트)들을 개신교에서는 위경으로 간주하는 반면,

가톨릭교회와 정교회에서는 제2 경전으로 인정한다. 또 같은 정교회 안에서도 전통별로 구약성서 정경의 범위가 다소 차이가 난다.

오늘날 그리스도인들이 사용하고 있는 성경(성서)이라는 단어는 원래 그리스어 '비블로스'와 라틴어 '비블리아'에서 왔는데, 둘 다 '책'이라는 뜻이다. 영어의 '바이블'이라는 말이 여기에서 나왔다. 하지만 이 책은 신의 계시로 이루어진 매우 특별한 책이므로 교부시대부터 '거룩한 문헌'(라틴어 Sacra Scriptura)으로 이름을 지어 사용했으며, 이 영향으로 거룩한 책인 성경(성서)이라고 부르게 되었다. 그래서 영어로도 '홀리 바이블'(The Holy Bible)이라고 표기한다.

3) 이슬람

유대교와 그리스도교 이후에 형성된 이슬람교는 계시된 알라(신, 하나님이라는 뜻) 말씀을 기록한 『꾸란』이란 경전을 가지고 있다. '꾸란'이란 단어는 '~읽다'라는 뜻을 지닌 어근에서 온 것으로서 '읽는, 읽는 것'이란 의미를 가지고 있으며, 신학적인 의미로는 '신의 말씀'을 뜻한다. 『꾸란』은 예언자 무함마드가 23년 동안(610-633) 천사 가브리엘을 통해 계시된 알라(신)의 말씀을 여러 차례 나누어 한 구절씩 또는 여러 구절씩 전달된 내용을 기록한 책으로 알려져 있다. 즉 이 말씀을 주신 이는 알라라고 무슬림들은 믿고 있다. 『꾸란』은 제목으로 분류할 때 114장 6,200절로 이루어졌으며, 각 장을 '수라'(surah)라고 부른다. 각 장마다 이름이 표시되어 있고 그 옆에 아랍어로 숫자가 표기되어 있는데, 이는 학자들에 의해 수락된 연대적 순서를 의미한다. 각 장의 배열은 계시된 연대순으로 된 것이 아니며 첫 장인 파티하 장을 제외한 나머지 장들은 긴 장부터 짧은 장 순으로 되어 있다. 『꾸란』 전반부에는 생활과 행동 규범이, 후반부에는 무함마드가 포교 활동 초기에 받은 신의 계시가 주로 기록되어 있다. 또 『꾸란』에는 천지창조, 아담과 하와의 탄생, 유대교 이야기, 예수 그리스도의 역할 등에 관한 내용도 들어있다.

예언자 무함마드는 자신에게 계시되는 내용들을 정확하게 기록하기 위해 필사를 담당하는 서기들을 두었다고 한다. 또 서기들은 대추야자 잎, 나무껍질, 양 뼈 등을 이용하여 기록을 남겼다고 한다. 또한 동시에 계시된 구절들은 사람들에 의해 암기되었다. 이렇게 꾸란은 기록과 암송의 두 가지 방법으로 보존되었다고 한다. 문서화 이전에 보통 구전의 단계를 거치곤 하는 다른 경전들과는 다르게 이슬람의 꾸란은 구절들을 암기하고 계속 암송하는 방법으로 그 내용을 철저히 후대에 정확히 전달하려고 노력하고 있다. 오늘날에도 '하피즈'(보존자)라고 부르는 전 세계 수백만 명의 무슬림들이 『꾸란』의 글자 하나하나를 처음부터 끝까지 암기하고 있다.

이슬람 학자들은 『꾸란』 114장의 계시연대를 메카와 메디나시대로 구분하였다. 메카 장들은 주로 신과 인간의 관계, 최후의 심판 등 교리상의 주제들과 자연과 역사에서 얻는 여러 가지 교훈으로 이루어져 있다. 반면 메디나 장들은 사회적인 문제를 주로 다루면서 공동체 생활의 규범과 규칙, 경고, 심판, 처벌, 보상, 신의 의지와 신의 역사 등으로 이루어져 있다.

4) 힌두교

힌두교는 인도 역사만큼이나 장구하고 광범위해서 한 가지 특징으로 묘사하기가 힘들다. 다른 종교들과 달리 힌두교에는 종교의 창시자인 교조(教祖)는 없지만 방대한 양의 경전이 있으며, 이 경전들은 인도의 철기 시대("베다

시대: 1500-500 BC")에 성립된 베다를 근간으로 하여 형성되었다. 힌두교 경전은 전통적으로 크게 슈루티("계시된 것")와 스므리티("기억된 것")로 구분한다. 힌두교 전통에 따르면, 슈루티의 각 문헌은 고대의 리쉬(Rishi, "현자")가 우주적인 진리의 소리를 직접 들은("계시") 후 그것을 사람들이 이해할 수 있는 문자로 옮김으로써 최초로 성립된 것이다. 반면에 스므리티는 슈루티를 바탕으로 해서 이차적으로 성립된 것이며, 해당 스므리티 문헌의 저술자 자신의 총체적인 지식("기억")에 근거하여 최초로 성립된 후 스승과 제자의 관계를 통해 전승된 것이다.

힌두교의 가장 중요한 경전은 고대 인도의 종교 지식과 제례 규정을 담고 있는 '베다'(Veda)이다. '베다'라는 말은 고대 인도의 언어인 산스크리트어로 '지혜'를 뜻하며, 여기에는 힌두교의 교리와 신들에게 바치는 찬미가가 수록되어 있다. '베다'는 원래 고대 인도 종교인 바라문교(브라만교)의 경전이었는데, 기원전 11세기경부터 700년 이상 세월이 흐르는 동안 힌두교의 경전으로 바뀌었다. '베다'는 기원전 1500-1200년께 편찬된 경전이다. 베다에는 '리그베다', '사마베다', '야주르베다' 등 다양한 종류의 베다가 있다. 최근에는 민속신앙의 성향이 짙은 '아타르바베다'까지 추가하여 '4대 베다'로 부르기도 한다. 특히 베다의 마지막을 이루고 있는『우파니샤드』(Upanishad)는 가장 유명한 경전이다.『우파니샤드』는 베다의 끝에 있으므로 '베단타'(베다의 결론, 극치)라고도 부른다.『우파니샤드』는 산스크리트어로 '우파(upa)'는 가까이, '니(ni)'는 아래로, '샤드(shad)'는 앉는다는 뜻이다. 곧 '스승의 발밑에 앉아서 전수 받은 가르침'을 뜻한다.『우파니샤드』는 기원전 700년경부터 수 세기를 거치며 형성된 고대 인도의 여러 종교적, 철학적 사색의 기록들을 모은 책으로 인도 종교와 철학사상의 원천으로 알려져 있다.

다음으로 힌두교 경전으로 잘 알려진 『바가바드 기타』(Bhagavad Gita)가 있는데, 『바가바드 기타』는 '거룩한 자의 노래'라는 뜻으로, 기원전 4-5세기경에 성립되었다고 추정되며 베다, 『우파니샤드』와 더불어 힌두교의 3대 경전 중의 하나로 힌두교도들이 가장 많이 읽는 경전으로 알려져 있다. 인도의 성인 마하트마 간디(Gandhi)가 늘 머리맡에 두고 읽었다고 한다.

5) 불교

'경'이라고 불리는 불교의 경전은 너무 많아서 헤아릴 수 없을 정도이다. '84,000개의 법문(가르침)'이라는 표현이 있을 정도인데, 실제로 3,000개 이상의 경전이 존재한다고 한다. 불교의 창시자인 붓다는 책이나 문헌을 쓴 적이 없다. 그가 베푼 가르침은 전혀 문자로 기록되지 않았기 때문에 처음에는 경전이 없었다. 그러다 붓다가 열반에 든 후 제자들이 붓다의 가르침을 전하기 위해 경전을 편찬하기 시작했고, 불교가 발전하면서 경전의 수는 늘어났다.

불교에서는 경전을 모아 놓은 총서를 『대장경』(大藏經)이라고 부른다. 불교의 경전을 의미하는 '경'(經)은 본래 산스크리트어 '수트라(sūtra)'를 한자로 의역한 말로, 원래 실이나 끈을 뜻하였는데, 뒤에 자(尺)로 사용하는 끈, 교훈, 교리, 금언(金言) 등의 뜻으로 사용되었다. 이 단어가 중국에 들어와서 불변의 진리를 뜻하는 경(經)으로 의역되었다. 대장경은 좁은 의미로 볼 때 부처님의 설법을 가리키고, 넓은 의미로는 모든 불교의 가르침을 총칭하는 개념이다. 대장경은 붓다의 가르침을 모은 경(經)장, 교단의 규율을 모아 놓은 율(律)장, 제자들의 철학적 논설을 모아 놓은 논(論)장 등을 망라한 삼장(三藏)뿐 아니라 고승들이 삼장을 이해하기 쉽게 주석을 붙인 저술까지를 포함하여 편찬한 일종의 총서를 말한다. 현존하는 대장경은 크게 팔리어 대장경, 티베트어 대장경, 한역 대장경 등이 있다.

『대장경』 중에서 현재 불교도들에게 널리 읽히고 있는 경전에는 다음과 같은 것들이 있다. 첫째, 『반야심경』(般若心經)인데, 정식 명칭은 『마하반야바라밀다심경』이다. '지혜의 빛에 의해서 열반의 완성된 경지에 이르는 마음의 경전'으로 풀이할 수 있다. 반야심경은 한국의 모든 불교 의식에서 반드시 독송되는 경전이다. 『반야심경』은 고려 『팔만대장경』 중 가장 중요시되는 경전이고, 전 세계의 불교도들이 가장 많이 외우는 경전이다. 둘째, 『금강경』(金剛經)인데, 정식 명칭은 『금강반야경』, 『금강반야바라밀경』이다. 『금강경은 불교의 종파 중 선종에서 독송하는 경전으로, 금강석같이 견고한 지혜의 배를 타고 미혹으로 가득 찬 이 세계에서 깨달음의 세계에 도달하기 위한 가르침이란 뜻이다. 셋째, 『법화경』(法華經)은 『묘법연화경』을 줄여 부르는 이름으로 대승 불교 경전 중 가장 널리 알려진 경전 중 하나이다. 불교의 궁극적 목적은 누구나 깨달아 부처가 되는 데 있으며, 누구나 성불할 수 있다는 불성관이 담겨있다. 넷째, 『화엄경』(華嚴經)의 정식 명칭은 『대방광불화엄경』이다. 『화엄경』은 붓다와 중생이 둘이 아니라 하나라는 것을 기본사상으로 하며 남에게 공덕과 이익을 베풀어 주며 중생을 구제하기 위해 노력하는 이타행(利他行)의 실천을 강조한다. 불교 종파 중 화엄종의 근본 경전이기도 하다.

6) 유교

유교의 경전은 '사서삼경'(四書三經) 또는 '사서오경'(四書伍經)을 일컫는데 이는 유교의 경전 중에 가장 핵심적인 책들이다. 사서는 『논어』(論語), 『맹

자』(孟子),『대학』(大學),『중용』(中庸) 등 네 개의 경전이며, 삼경은『시경』(詩
經),『서경』(書座),『역경』(易經)의 세 경서를 뜻한다. 여기에『춘추』(春秋)'와
『예기』(禮記)'의 경서를 포함한 것이 오경이다. 본래 경(經)이란 말은 날줄로
서 피류의 가장 기본적인 단위인데, 그 후 '사물의 줄거리' 또는 '올바른 도리'
란 의미를 지니게 됐다. 따라서 삼경이나 오경은 모든 진리의 원천이 되는 변
하지 않는 가르침이 담겨있는 것으로 전해진다.

사서(四書)는 중국 송나라 때 정자라는 사람이 오경 중 하나인『예기』에서
대학, 중용을 분리해 논어, 맹자와 함께 엮어서 만들어진 것이다. 사서의 내용
을 자세히 살펴보면, 먼저,『대학』은 공자의 손자 자사가 예기 49편 중에서 42
편을 별책으로 엮어 만든 것이다. 이후 주자가『대학장구』(大學章句)를 만들
어 경 1장, 전 10장으로 구별하여 주석을 덧붙이면서부터 널리 세상에 퍼졌다.
다음으로,『논어』는 유교의 성전(聖典)이라 불리는 공자 언행록이다. 논어는
공자와 그 제자들의 대화를 기록한 책으로, 저자는 명확히 알려져 있지 않으
나, 공자의 제자들과 그 문인들이 공동 편찬한 것으로 추정되고 있다. 한 사람
의 저자가 일관적인 구성을 바탕으로 서술한 것이 아니라, 공자의 생애 전체에
걸친 언행을 모아 놓은 것이기 때문에 여타의 경전들과는 달리 격언이나 금언
을 모아 놓은 듯한 성격을 띤다. 공자가 제자 및 여러 사람들의 질문에 대답하
고 토론한 것이 '논', 제자들에게 전해준 가르침을 '어'라고 부른다.『맹자』는
맹자가 공자의 뜻을 진술해 '맹자' 7편을 추가로 저술한 책이다. 여기서는 공
자가 언급하지 않은 내용도 당시 상황에 맞게 순응시켜 첨부했다. 마지막으로,
『중용』은 공자의 손자인 자사의 저서로 알려져 있다.

오경(伍經)의 내용을 살펴보면 다음과 같다. 먼저,『시경』은 춘추시대의 민
요를 중심으로 한 중국의 가장 오래된 시 모음집이며 공자가 편찬하였다고 전

해지나 미상이란 주장도 있다. 시경의 내용은 매우 광범위해 통치자의 전쟁과 사냥, 귀족계층의 부패상, 백성들의 애정과 일상생활 등 다양한 모습을 담고 있다.『서경』은 중국의 요순 때부터 주나라 때까지 정치와 관련된 문서를 수집해 공자(公子)가 편찬한 책으로 전해진다. 서경의 일부는 후대에 와서 기록된 것으로 밝혀지기도 했지만 이 부분을 제외한 나머지는 중국에서 가장 오래된 역사서로 꼽힌다. 다음은『역경』인데 주역(周易)이란 말로 더 많이 쓰이고 있는 고대 중국의 철학서 중 하나이다. 주역은 후세에 철학, 윤리, 정치에 많은 영향을 끼쳤고 현재까지도 가장 많이 연구하는 경전이다. 다음으로,『예기』는 명칭에서도 알 수 있듯이 예(禮)에 관한 이론과 실제를 기술한 책이다. 마지막으로,『춘추』는 사건의 발생을 연대별과 계절별로 구분하던 고대의 관습에서 유래해 공자가 죽기 직전까지 노(魯)나라의 12 제후가 다스렸던 시기의 주요 사건들을 기록한 책으로 '춘하추동'을 줄인 이름이다.

2. 종교 경전을 대하는 다양한 방법들

각 종교들에서 경전은 중요한 위치를 차지하고 있다. 종교인들은 그 종교가 믿는 절대자의 말씀이 기록된 '거룩한 책'으로 경전을 간주하곤 한다. 대표적으로 그리스도교의 '성경'(聖經, 거룩한 경전)을 영어로 '홀리 바이블'(Holy Bible)이라고 표현하는 데서 잘 드러난다. 원래 '바이블'의 그리스어 원어는 '비블로스'(biblos, 책이라는 뜻)인데 그 앞에다 '홀리'(거룩한)라는 말을 붙인 것이다. 단순한 책이 아니라 신의 계시가 담긴 거룩한 책이라는 의미이다. 이슬람교의 무슬림들은『꾸란』을 일점일획의 오류도 없는 하나님의 말씀으로 간주하여 일생 동안 읽고 암송하면서 신에 대한 믿음과 복종을 표현한다. 무슬림들은 『꾸란』은 영원한 것이며 천상에 있는 원형의 정확한 복사본이라 믿고 있다. 불교도들도 자신들의 경전인 『대장경』을 성전(聖典)이라고 귀히 여긴다. 이렇게 경전 종교에서는 경전이 그 종교의 토대이자 기둥이다.

하지만 이렇게 거룩한 경전인데도 사람들이 이 경전을 대하는 방식에는 많은 차이가 있다. 같은 경전을 놓고서도 서로 이해하는 방식이 다르다는 것이다. 같은 신을 믿고 있고, 같은 신앙고백과 실천을 하는 신앙인들끼리도 경전의 이해만큼은 하나로 일치하지 않는 것이 우리의 현실이다. 수많은 종교인들이 각기 다양한 방식으로 경전을 이해하는 만큼 이것을 일일이 거론하기란 불가능하다. 여기서는 3가지 일반적인 유형으로 나누어서 생각해 보고자 한다.

첫째, 극보수주의적인 이해방식이다. 극보수주의 종교인들은 자신들의 경전이야말로 '절대적인' 또는 '영원한' 진리를 담고 있다고 믿는다. 상대적이고 유한한 인간이 '절대', 또는 '영원'이라는 말을 사용하는 것 자체가 모순인데도, 이들은 이런 용어들을 사용하여 경전을 묘사한다. 그러므로 당연히 경전의 상대화는 있을 수 없다. 자신들의 경전만이 유일한 진리를 담고 있으며, 이외의 종교 경전들은 거짓 진리를 담고 있다고 이들은 믿는다. 경전을 상대화하여, 다른 종교의 경전에도 진리가 들어있다고 믿는 경우가 발생한다면 이는 세상이 타락했거나 죄악 때문이라고 믿는다. 이런 입장을 지닌 종교인들은 경전을 절대시하며 세상 모든 일들을 경전을 중심으로 판단하고자 한다. 또 자신들을 세상에 진리를 선포해야 할 특별한 사명을 지닌 사람들로 이해하며 경전을 기준으로 삼아 세상 사람들을 꾸짖거나 정죄한다.

경전에 대해 극보수주의적 입장을 지닌 사람들의 경전 이해를 지칭하는 낱말 중에 '축자 영감설'(verbal inspiration)이라는 단어가 있다. 경전의 단어 하나하나, 글자 하나하나가 모두 신의 영감으로 기록되었다고 믿는 것이다. 심지어 글자 하나하나를 신이 불러 주셔서 받아 적었다는 식으로까지 믿는다. 그러므로 경전은 그 어떤 오류가 있을 수 없다. 이런 입장에서는 경전 그 자체는 신적인 위상을 가지며, 그 어느 누구도 경전을 해석하거나 비판할 수 없다. 인간은 그저 한 글자, 한 글자 그대로 읽고 문자적으로 실천해야 한다. 신이 직접 주신 진리이므로 시대가 흐르고 문화와 관습이 바뀌어도 문자 그대로 진리를 읽고 지켜야 한다는 것이다. 그러므로 축자 영감설을 신봉하는 사람들은 철저한 문자주의자이자, 배타주의자들이다. 이들은 다른 종교의 경전을 인정하지 않을 뿐 아니라 세상과도 담을 쌓기 때문이다.

둘째, 보수주의는 경전을 신이 주신 진리의 말씀으로 생각한다는 점에서 극단적 보수주의와 입장을 같이한다. 아무리 시대가 지나도 경전을 신의 계시로 이루어진 거룩한 책으로서 인정하면서 경전이 지닌 진리성은 여전히 유효하다고 생각한다. 하지만 이들은 극보수주의에서 주장하는 진리의 절대성은 인정하지 않는다. 경전이 가진 진리의 유효성은 시대, 문화, 언어라는 매개를 초월하는 절대성을 의미하지 않는다는 것이다. 이런 점에서 온건한 보수주의, 다소 융통성이 있는 보수주의라고 부를 수 있을 것이다. 이렇게 보수주의는 진리의 유효성을 인정하면서도 진리가 특정한 시대 인간의 언어라는 매개를 통해 기록되었다는 점을 또한 인정한다. 때문에 특정 시대의 문화적 환경 역시 경전이 형성되는 데 작용했으며, 이런 점들을 고려하여 역사적으로 문화적으로 차이가 나는 현재라는 새로운 환경에서 경전을 읽고 이해해야 한다고 생각한다. 즉 경전이 지닌 종교적 진리는 현대인들에게는 낯설고 소통이 불가한 과거의 언어로 되어 있으므로 이런 점들을 고려하여 현대인과 소통이 되도록 노력해야 한다고 생각한다. 이 입장은 비록 한계는 있지만 세상을 이해하기 위해서 노력하는 모습도 보여준다.

셋째, 진보주의는 종교 경전의 진리성을 인정하면서도 그것이 절대적이거나 영원하다고는 보지 않는다. 경전은 신의 계시를 담은 '거룩한 책'이지만 동시에 '사람의 책'이라는 것이다. 즉 경전은 인간을 위한 책이면서 동시에 인간에 의해 인간 자신의 언어로 기록된 책이다. 진보주의는 경전에 대해 이성적이고 합리주의적인 태도를 견지한다. 이들은 종교 경전은 특정한 시대의 사람들이 그 시대의 언어와 문화와 상황 속에서 경험한 진리를 오랜 세월에 걸쳐 다양한 사람들을 통해 기록된 역사적 문헌으로 이해한다. 시대가 지났어도 이 진리는 시대와 언어와 문화를 초월해서 여전히 유효하다. 즉 지금도 종교 경전을 통해 같은 인간들이 같은 진리를 체험하거나 깨달을 수 있다는 것이다. 하지만 이런 진리가 진리로서 의미를 획득하기 위해서는 변화된 현대의 언어, 문화, 상황과의 관계 속에서 새롭게 해석되어야 한다고 믿는다. 이런 새로운 해석의 방법은 경전을 현대인이 사용하는 언어로 번역하고, 또 다양한 학문적인 방법을 사용하여 종교 경전의 본문을 분석한 후 상황에 맞춰 해석하는 것을 의미한다. 더 나아가, 특정 종교 경전만을 절대시하지 않고 다른 종교 경전들과 비교하거나, 세속 문헌들과의 비교연구를 통해서도 진리의 의미를 밝히고자 한다. 종교 경전은 절대적이거나 영원하지 않기 때문에 더 적극적으로 시대의 언어로 새롭게 번역되고 해석되어야 한다고 주장한다.

3. 종교 경전을 어떻게 해석할 것인가?

종교학은 종교를 통해 인간을 연구하는 학문이다. 특히 종교 경전을 통해 거룩한 존재 또는 절대자를 만난 다양한 인간들의 기록을 통해 그들이 추구했던 삶을 온전히 이해하고자 노력한다. 이런 점에서 종교 경전이 드러내는 진리는 신앙의 자리에 서 있었던 사람들을 배제하고서는 이해될 수 없다. 종교학은 종교 경전을 고대 시대 사람들에 의해 만들어진 헛된 문헌이라든지 진리와 무관한 환상에 의한 창작물이라는 주장에는 동의하지 않는다. 이런 주장들은 현대 과학의 발달에 힘입어 종교를 무시하는 사람들이나 무신론자들이 주장하는 논리이다. 그 대신 종교학은 모든 종교에서 소중히 여기는 경전을 현대라는 시점에서도 여전히 진리를 드러내는 거룩한 책으로 소중히 여긴다. 더나아가 이런 경전을 믿고 따라야 하는 문헌일 뿐만 아니라, 읽고 듣고 해석해야 할 문헌으로 간주한다. 해석할 때 그 경전의 진리가 현재에도 드러나기 때문이다. 여기서 해석학의 문제가 대두된다. 그렇다면 종교 경전은 어떻게 읽고 해석해야 하는가? 문자주의를 넘어설 수 있는 방법은 무엇인가? 크게 세 가지로 나누어서 생각해 볼 수 있다.

1) 역사적, 문헌학적으로 읽기

종교 경전은 거룩한 문헌이라고 부르지만 사실상 특정 시대에 인간의 언어를 통해 기록된 문헌들이다. 신의 거룩한 계시이기 이전에 그 시대 인간들이 구체적인 삶의 정황 가운데 일어난 거룩한 사건을 인간의 언어로 기록한 문헌들이다. 이 문헌들에는 실제 사람들의 꿈과 희망과 갈등, 좌절과 고뇌가 들어 있다. 이런 점들을 먼저 이해하지 못한다면 종교 경전은 죽은 문헌이 되고 말 것이다. 여기서 문자주의의 한계가 드러난다. 즉 경전 속의 이야기들은 특정한 역사적 상황 속에서 등장한 것인데도 그 시대와 전혀 다른 시대에 문자 그대로 그 의미를 받아들이는 것은 종교 경전의 진정한 뜻과 어긋난다는 것이다.

종교 경전은 역사적 배경을 지닌 고대 문헌이다. 즉 종교 경전은 시간과 공간의 제약을 받는 구체적인 역사의 산물이며, 특정 시대의 역사와 문화 및 종교를 반영하고 있는 거룩한 문헌이자 인간의 문헌인 것이다. 때문에 맨 처음 저자들의 의도와 텍스트의 역사적인 의미를 객관적인 학문의 자세로 탐구하는 태도가 중요하다는 것이다.

대부분의 주요 종교들이 가지고 있는 종교 경전은 오랜 기간 동안 주로 문자적으로 읽고 해석해 왔다. 하지만 서구에서 인간의 이성과 인식 능력을 강조하는 근대 계몽주의가 시작되면서 종교 경전 역시 거룩한 문헌이기 이전에 일반 문헌으로 연구해 보려는 움직임이 일어났다. 이런 움직임은 주로 그리스도교 신학계에서 일어났으며, 이를 '역사 비평학'(historical criticism)이라고 부른다. 단순히 경전을 신의 계시로 이루어진 거룩한 문헌, 일반 문헌과는 질적으로 다른 문헌이므로 그 어떠한 비평적 연구도 금기시하던 시대가 이제 광범위하고 자유로운 문헌연구의 시대로 바뀐 것이다.

서구 그리스도교계에서 발전한 역사 비평학은 종교 경전을 역사적 문헌으로 간주하여 일반 문헌과 동일하게 비평적으로 연구한다. 그렇게 될 때 경전의 의미가 좀 더 정확하게 드러나게 된다. 구체적으로 역사 비평학에는 본문비평, 자료비평, 전승비평, 편집비평, 양식비평, 구조주의비평, 사회과학적 비평 등 다양한 방법이 있다. 즉 다양한 사본들을 비교하여 원본이 무엇인지를 파악하려 하고, 경전이 어떤 시대, 어떤 상황에서 형성되었는지 역사적, 문화적, 언어적 배경을 살펴보고, 경전들을 구성하고 있는 다양한 자료들을 분석하여 분류하며, 특정 본문을 언어학적으로 분석하고자 한다. 이 외에도 특정한 자료를 기록한 저자의 의도가 무엇이었는가를 파악하고자 한다. 현대에 들어와서는 사회학, 경제학, 정치학, 인류학, 고고학 등 다양한 인접 학문의 도움을 받아 종교 경전의 의미를 더 분명히 파악하고자 노력한다.

그리스도교를 중심으로 시작된 역사비평학은 불교학자들의 문헌학적 연구에도 많은 영향을 끼쳤다. 수많은 원전들을 발굴 · 교정 · 번역 · 주석하고 다양한 언어로 번역된 불경들을 대조함으로써 모호한 불교 용어의 의미를 생동감 있게 살려내는 작업들은 모두 서구에서 시작된 문헌학적 연구로 인해 가능했던 것이다. 특히 서구나 일본에 비해 산스크리트어나 팔리어 불교 경전 연구의 역사가 짧은 한국 불교의 경우 문헌학적 연구가 강화되어야 한다고 학자들은 지적하고 있는 현실이다. 불경에 대한 이런 문헌학적 연구는 고려 시대에 이미 시작되었다. 송나라판 대장경과 거란본 대장경 등을 대조하면서 정본(正本)을 선택하고 오자와 탈자를 수정하는 치밀한 문헌학적 작업 이후 고려대장경이 완성되었고, 이는 동아시아에서 출간되었던 대장경 중 가장 신뢰할 수 있는 대장경으로 칭송되고 있다. 현대 일부 불교학자들이 붓다의 가르침의 원형에 좀 더 가까운 초기 팔리어 경전을 번역하려는 시도도 종교 경전을 역사적, 문헌학적으로 읽으려는 좋은 예이다.

2) 해석학적으로 읽기

'해석학'(hermeneutics)이란 '해석하다'라는 뜻의 그리스어 단어 '헤르메뉴에인(hermeneuein)에서 유래되었다. 이 단어는 그리스 신화의 헤르메스라는 신에게서 기원하는 것으로, 헤르메스는 신의 언어를 인간의 언어로 '옮겨준다'(전달한다, 설명한다, 해석한다). 전통적으로 해석학은 첫째로 단어, 문장, 구문 등의 정확한 의미와 내용을 파악하는 것, 둘째로는 상징적 형식에 담겨

있는 교훈을 발견하는 것을 의미했다.[15] 해석학은 기호학의 한 분야이면서 동시에 그것을 넘어선다. "해석학은 인간들이 자신들의 삶의 실천들 속에, 그리고 말과 텍스트와 다른 실천들에 의한 해석 속에 새겨놓은 의미를 이해하는 학문이다."[16]

17세기 서구에서 발달한 해석학은 해석의 기술이며, 이것이 일반 문헌뿐 아니라 종교 경전에도 적용되기 시작했다. 여러 가지 정의가 있지만, 해석학은 한 마디로 다른 사람의 말을 바르게 이해하고자 하는 노력이다. 인간의 언어는 다의적(多義的)인 성격을 갖는다. 특히 기록된 언어는 그 의미가 시대와 상황에 따라 변할 수밖에 없다. 여기서 해석학의 중요성이 제기된다. 즉 해석학은 텍스트의 의미, 저자의 의미를 보다 정확히 이해하려는 독자들의 노력이다. 본래 해석학은 고대 그리스 시대부터 문헌 해석학, 법률해석학, 철학적 해석학, 신학적 해석학 등 다양하게 발전되어 왔는데, 근대에 들어와 철학적 해석학의 영향을 받은 신학적 해석학이 크게 발달하면서 결과적으로 그리스도교 경전인 성서 해석의 발전에 영향을 끼쳤다.

일반적으로 어떤 텍스트를 해석할 때 크게 5가지의 요소가 작용한다. 저자, 어떤 사실, 텍스트, 독자, 독자의 상황(context) 등의 5가지 요소가 해석학적으로 서로 맞물려 순환하는 구조가 성립된다는 것이다. 이를 '해석학적 순환'(hermeneutic circle)이라고 부른다. 이를 종교 문헌에 적용해 보면, 먼저 신이나 절대자로 부르는 그 문헌의 저자가 있을 것이고, 이 저자는 도구나 매개를 통해 특정 시점, 특정 상황에서 자신의 말을 전달하고, 이것이 구전 단계를

---

15   J. Bleicher 저, 권순홍 역, 『현대 해석학』(서울 : 한마당, 1990), 18.

16   J. S. Croatto, *Exodus: A Hermeneutics of Freedom* (New York : Orbis Books, 1981), 1.

거친 후 글자로 기록되었으며, 독자가 그 문헌을 읽고 해석한다는 점이다. 이 5가지 요소를 중요하게 고려할 때 종교 경전의 의미, 특정 텍스트의 의미가 보다 정확히 드러나게 될 것이다. 다양한 학문들이 발달하고 서로 영향을 주고받는 현대의 독자들에게 해석학적 읽기는 경전의 의미를 제대로 파악하는 중요한 방법이다. 해석학적 읽기는 앞에서 말한 역사적, 문헌학적으로 경전을 읽음으로써 먼저 경전을 역사적 문헌으로 파악하는 데서 한 걸음 더 나아가, 그 경전을 읽는 독자가 경전의 의미를 실존적으로, 공동체적으로 이해하는 데 큰 도움을 주는 방법이다.

해석학적 읽기는 유교에서도 활발하게 활용되어 왔다. 가령 유교 경전의 중심인『논어』는 수많은 주석서가 있다. 하안의『논어집해』를 "고주"(옛 해석)라 하고 주희의『논어집주』를 "신주"(새로운 해석)라 하여 매우 중요하게 여긴다. 조선의 정약용이 지은『논어고금주』(論語古今注)에서는 고주와 신주에서 보이는 단점을 극복하고 공자의 원래 가르침에 보다 가까운 새로운 해석을 제시하려는 노력을 엿볼 수 있다.

3) 비교종교학적으로 읽기

종교학은 모든 종교들을 동등하게 존중한다. 많은 종교들이 인간들을 통해 태동하고 다양한 방식으로 발전하였지만, 종교를 믿는 사람들은 모두 사람들이기 때문이다. 바로 동일한 사람들의 삶의 모습이 종교를 매개로 그대로 표현되고 있기 때문이다. 현대 사회는 세계화의 영향으로 다원주의라는 새로운 형태의 사회에서 살고 있다. 즉 인종, 문화, 언어, 종교 등이 다양하게 공존하는 사회가 된 것이다. 때문에 특정 종교에 속해 있다 하더라도 다른 종교의 영향을 피할 수 없는 현실이 되고 말았다. 보다 정확히 말하자면, 이제 모든 종교가 서로 영향을 주고받으면서 선의의 경쟁을 통해 공존하고 있는 세상인 것이다. 물론 자신들의 종교만으로 이 세계를 지배해야 한다는 극보수적 종교인들이 있는 것도 사실이다. 하지만 인간 역사에서 이런 주장은 주장일뿐 한 번도 실현된 적이 없으며 지금도 실현 불가능하다. 모든 종교가 서로 공생하며 소멸과 발전을 거듭할 뿐이다. 이런 현실에서 자신의 종교 경전을 다른 종교의 경전과 비교하면서 읽는 것은 중요한 의미를 갖는다. 이른바 비교종교학적으로 경전을 읽을 때 자기 종교의 진리를 좀 더 분명하게 파악할 수 있게 되고, 타 종교의 경전을 통해 그 종교를 조금이라도 이해하게 될 수 있기 때문이다. 현재 주요 종교들의 경전은 전 세계 많은 언어로 번역되어 있다. 관심만 있다면 얼마든지 타 종교의 경전을 구할 수 있는 현실이다. 이럴 때 비교종교학적으로 경전을 읽는 방식은 경전에 대한 관심과 이해력을 높일 수 있는 중요한 방법이다.

신약성서 마태복음 7장 12절에 "그러므로 너희는 무엇이든지, 남에게 대접을 받고자 하는 대로, 너희도 남을 대접하여라. 이것이 율법과 예언서의 본뜻이다"라는 예수의 말씀이 나와 있다. 이 구절을 '황금률'(golden rule)이라고 부른다. 황금처럼 고귀한 가르침이라는 뜻이다. 17세기부터 서구에서 사용되기 시작한 '황금률'이라는 표현은, 3세기의 로마 황제 세베루스 알렉산더가 이 구절을 금으로 써서 거실 벽에 붙인 데에서 유래하였다고 한다. 그만큼 인류의 가장 근본적인 윤리로 존경을 표했다는 것이다. 그런데 예수보다 500여 년 전에 공자는 『논어』〈위령공편〉에서 "내가 하고자 하지 않는 바를 남에게 베풀지 말라"(己所不欲 勿施於人)라고 비슷하게 가르쳤다. 즉 내가 하고 싶지 않은 일을 다른 사람에게 억지로 시키지 말라는 뜻이다. 예수의 가르침은 적극적(positive) 형태의 황금률이고 공자의 가르침은 소극적(negative) 형태의 황금률이다. 두 가르침 모두 의미는 같지만 그것을 실천하는 방식은 다르다. 물론 내가 싫은 것을 상대에게 하지 말라는 공자의 말씀과 내가 대접받고자 하는 대로 상대를 대접하라는 예수의 말씀은 상대방과 나에 대한 기준으로 미세한 차이가 있을 수는 있지만, 두 가지 가르침은 결국 나와 너라는 구분을 없애고, 남에 대한 이해와 배려라는 점에서 공통성을 지닌다고 볼 수 있다.

또 다른 해석도 있다. 두 가지 형태의 황금률은 유교 문명권과 그리스도교 문명권의 도덕 구조를 근원적으로 구분하고 있다고 일부 비교종교학자들은 생각한다. 보편 윤리에 대한 규정이 서로 다르다는 것이다. 즉 예수의 적극적 황금률은 고도의 헌신적, 희생적 삶의 형태를 형성할 수도 있지만, 특정 개인이나 집단만이 이런 삶을 살 수 있다는 엘리트주의나 독선적인 위선을 퍼트릴 수도 있다는 것이다. 남에게 대접 받고 싶은 대로 남을 대접하기 위해서는 누구든 헌신적이고 희생적인 행위가 필요하다. 하지만 현실적인 측면에서 얼마나 많은 사람들이 이런 삶을 살 수 있단 말인가? 즉 이러한 적극적 황금률은 과연 모든 인류를 위한 보편적인 계율이 될 수 있다는 말인가? 오히려 그렇게 할 수 있겠다고 하는 사람이야말로 매우 독선적이고 자기 방식만을 아는 사람일 수 있다는 것이다. 반대로, 최소한의 실천만을 제시한 소극적인 윤리는 좀 더 보편적인 윤리가 될 가능성을 가지고 있다. 다시 말해, 최소한의 모든 보편성은 소극적이어야 한다. 즉 그것은 최소한의 규정에 머물러야 한다는 것이다.

1. 세계 주요 종교들의 경전에는 어떤 것들이 있는가?

2. 종교 경전을 대하는 다양한 방법들을 설명하라.

3. 역사적, 문헌학적으로 읽기란 무엇인가?

4. 해석학적으로 읽기란 무엇인가?

5. 비교종교학적으로 읽기란 무엇인가?

제10장

현대의 다종교 상황과
종교에 대한 서로 다른 관점들

1. 들어가는 말

2020년 10월 14일 한 기독교인이 남양주 수진사라는 불교 사찰에 들어가
고의로 불을 질러 사찰을 불태운 적이 있다. 범인은 경찰 조사에서 방화 이유
를 두고 "신의 계시가 있었다" "할렐루야"라고 진술한 것으로 알려졌다. 현재
우리 사회에서 이런 불행한 일이 종종 극우 보수 기독교인들에 의해서 저질러
지고 있다. 이 사건이 일어난 후 우리나라 최대 불교 종단인 조계종 종교평화
위에서는 "다름을 인정하지 않은 개신교인 방화 피해는 문화재를 보유한 부산
범어사, 여수 향일암 같은 천년고찰은 물론 다수 사찰에서 발생했고 불상 훼손
또한 멈춤 없이 반복되고 있다"라며 "개신교단 지도자와 목회자들은 신자들의

이 같은 반사회적 폭력 행위가 교리에 위배된다는 점을 명확하게 공표해 신자들을 올바로 인도해야 할 책무가 있다"라고 촉구했다. 그러면서 이어 "공공기관에서의 성시화 운동, 개신교인의 사찰 땅 밟기, 군대·경찰·법원에서의 정교분리 위배, 방송언론에 의한 종교 편향 등 이루 헤아릴 수 없는 종교차별과 편향이 21세기 자유와 민주주의를 지향하는 대한민국에서 공공연하게 자행되고 있다"라고 비판하기도 했다.

대한민국은 헌법에 종교의 자유를 보장하고 있는 민주주의 국가이다. 누구든지 종교를 믿거나 믿지 않을 자유가 있다. 이는 자신의 종교가 중한 만큼 다른 사람들의 종교도 중하며, 또 비종교인의 관점과 태도도 중요하다는 것을 의미한다. 하지만 타 종교에 대한 이런 적대적인 행위와 도를 넘은 폭력적인 행위는 어디에서 비롯되는 것일까? 모든 종교의 본질은 자비와 사랑인데 이웃 종교를 무시하고 배척하는 이유는 어디에 있을까? 화해와 용서를 추구하는 종교가 오히려 증오를 조장하고 사회화합을 반대하고 폭력의 근원이 되는 이유는 무엇일까?

대한민국만큼 많은 종교들이 오랫동안 공존해온 국가는 없을 것이다. 이 땅에는 오래전부터 무교, 불교, 도교, 유교, 천주교, 기독교, 각종 민족 종교 등 많은 종교들이 외부에서 전래되거나 자생적으로 발생하여 서로 평화롭게 공존하는 역사를 이어왔다. 이 땅에서는 특정 종교가 국가의 주요 종교나 사회의 우세 종교가 되는 시대는 있었어도 종교 간에 서로 싸우는 이른바 '종교전쟁'은 한 번도 없었다. 잘 알려져 있듯이 유럽에서는 16세기부터 시작하여 17세기에 걸쳐 여러 번 종교전쟁이 일어났다. 즉 개신교 종교개혁(1517)으로 종교전쟁이 촉발되어 크고 작은 여러 종교전쟁이 일어나 많은 사람들이 죽는 비극이 일어났다. 대표적으로 가톨릭교회와 개신교회를 지지하는 국가로 나뉘어 대대적으로 전쟁을 벌였던 30년 전쟁(1618년-1648년)으로 종교전쟁은 절정에 달했으며, 결국 450-800여만 명이 사망했다.

오랜 역사를 지닌 이 땅에서는 이런 비극적인 종교전쟁이 일어난 적이 없었다. 종교 간에 서로 공존하면서 영향을 주고받는 아름다운 역사가 오랫동안 지속되었다. 그러다가 그리스도교가 이 땅에 전래되면서 제사로 대표되는 전통문화와 갈등을 일으켰고, 그 결과 많은 사람들이 순교하는 불행한 일도 있었다. 그 후 선교의 자유가 보장되어 그리스도교가 이 땅에 뿌리내리게 되었다. 하지만 근대 산업사회로 접어들면서 개신교회가 급속도로 성장하면서 타 종교를 배척하고 파괴하는 사건이 일어나기 시작했다. 이는 주로 1884년을 기점으로 근본주의적인 개신교가 이 땅에 전래된 이래로 일어나고 있다고 학자들은 진단한다.

불교 사찰을 방화하고 사찰이 무너지라고 사찰주위를 돌며 땅밟기를 하고 불상을 우상으로 정죄하고 불상 목을 자르고 불상에다가 빨간 색 십자가 표시를 하는 이런 극단적인 종교증오 행위는 종교의 자유를 침해하고 타인의 존엄을 파괴하는 반사회적 범죄 행위에 해당한다. 그런데 이런 행위 배후에는 오직 기독교만이 유일한 종교요 진리라는 인식이 자리잡혀 있다. 이런 논리로 다른 종교는 거짓 종교요 우상으로 증오하고 배척해야 된다는 행동을 불사하게 된다. 이 땅에 공존하는 다른 종교들에서는 이런 인식이나 행동을 찾아보기가 힘들다. 극보수 개신교의 부흥으로 사회적으로 막강한 세를 과시하고 있는 한국 기독교는 다종교들이 공존하는 한국 사회의 현실을 매우 배타적인 관점으로 이해하고 있는데, 오늘날 이런 일이 일어날 때마다 등장하고 있는 용어가 바로 '종교 다원주의'이다. 즉 종교 다원주의는 기독교 외의 타 종교를 배척하는 대표적인 논리로 대다수 한국교회에 자리 잡았다는 것이다. 사실상 종교 다원주의라는 용어는 보수교회의 단골 용어로 사용되고 있는 실정이다. 보수교회 설교자마다 종교 다원주의를 기독교를 파괴하는 우상으로 선포하고 있는 실정이다. 그렇다면 이 용어의 바른 의미는 무엇인가? 대다수 보수교회들이 주장하는 종교 다원주의 개념은 옳은 것인가?

2. 현대의 다종교 상황

본래 '종교 다원주의'(religious pluralism)라는 개념은 다종교적(多宗敎的) 현상, 즉 다양한 종교가 존재하고 있는 상황을 지칭하는 용어이다. 즉 이 용어에는 특정 종교만이 참된 종교이거나 진리를 담고 있다는 가치판단이 전제되어 있지 않다. 하지만 오늘날 보수 개신교에서 이 용어는 매우 부정적으로 사용되고 있다. 특히 다른 종교들을 사이비나 이단으로 비판하는데 이 용어를 종종 사용하곤 한다. 또 다른 종교를 조금이라도 인정하면 종교 다원주의자라고 비판하곤 한다. 상황에 대한 묘사라기보다는 가치판단이 전제되어 있는 부정적인 용어로 사용되고 있다는 말이다.

먼저, 종교 다원주의라고 할 적에 다원주의(pluralism)의 뜻을 분명히 해둘 필요가 있다. 신학자 폴 니터(Paul Knitter)에 따르면 다원주의란 하나의 실재가 다른 여러 실재를 포괄한다는 의미가 아니고 사물의 다양한 존재 방식을 의미한다. 실재는 본질적으로 다형(多型)의 것으로서 복합적인 것을 그 특성으로 한다. 그러기에 다원주의는 여러 종교들의 견해를 정당화하는 수단이 아니다. 종교적 다원주의는 "실재란 있을 수 있는 모든 (종교적) 견해들의 합계(sum) 이상의 것이다'라는 사실의 인식에 근거한다. 따라서 '하나'가 많은 것을 포섭한다는 것은 불가능하며, 그것은 모두의 파멸을 가져오게 된다. 이 사실을 니터는 구약성서의 '바벨탑 이야기'를 통해서 잘 설명한다. 즉 바벨탑 이야기는 신의 단일 체제적인 실재관이 몰고 온 위험에 대한 경고라는 것이다.

하지만 세상에 그리스도교 혼자만 존재했던 때는 단 한 순간도 없었다. 인류 역사가 시작된 이래로 다양한 종교가 탄생, 발전, 소멸하며 서로에게 영향을 주고받았으며, 지금도 그러하다. 그 어떠한 종교도 혼자만 존재했던 시기는 없었다. 세상에 순수한 종교는 존재하지 않는다는 말이다. 오랫동안 서구사회를 지배했던 그리스도교 역시 서구사회의 전통 및 문화와 혼합되어 다양한 형태로 존재해 왔다. 그리스도교가 출현했을 당시도 그러하다. 유대교 내의 갱신 세력인 작은 분파(sect)로 시작된 '예수 운동'은 점차 유대교라는 테두리를 벗어나 헬레니즘 문명권으로 퍼져나갔고, 특히 바울을 비롯한 사도들과 초기 기독교인들에 의해 유대교의 배경과 헬레니즘 문화 및 지중해 유역 신비 종교와 결합하여 세계 종교로 성장하게 된 것이다. 즉 그리스도교는 예수의 삶과 사역을 토대로 하여 새롭고 광대한 컨텍스트에서 살과 피를 붙여 하나의 새로운 세계 종교로 발전된 것이다. 만일 이런 작업을 거부했다면 오늘날의 그리스도교는 존재하지 않았을 것이다. 만일 초기 예수의 삶과 사역에만 고집하고 주변 종교와 문화를 거부했다면 그리스도교는 발전되지 못했을 것이다. 그야말로 오늘날의 그리스도교라는 종교는 다종교 현상의 결과물인 것이다.

그러므로 다종교 현상은 인류 사회가 존재하는 한 너무도 자연스러운 현상이다. 이 땅에 들어온 무교, 불교, 도교, 유교, 기독교 등 모든 종교들이 서로 영향을 주고받고 습합되면서 형성되고 발전되었다. 그 어떤 종교도 혼자만 배타적으로 형성되지 않았다. 좋든 싫든, 부정적이든 긍정적이든 모두 종교 다원주의적 현상의 혜택을 받은 것이다. 종교 다원주의가 의미하는 '다종교성'은 단순히 종교들 사이에서뿐만 아니라 한 종교 안에서도 일어난다. 한 종교 안에 여러 가지 분파가 있다든지, 이단이 생긴다든지 하는 것은 그것을 의미한다. 또한 '다종교성'에는 공시적(共時的 synchronic)인 것이 있는가 하면 통시적 (通時的 diachronic)인 것도 있다. 공시적인 다종교성은 같은 시대의 문화권 안에서도 여러 가지 종교가 공존한 데서 비롯된 것이고, 통시적인 다종교성은 한 시대를 지배한 종교라고 하더라도 시대가 달라짐에 따라 그것이 다른 종교로 대치되어서 전승한 데서 비롯된다. 이것은 이른바 '영원한 종교'란 관념은 불가능하다는 것을 의미한다. 그리스도교라고 예외가 아니다.

사실 따지고 보면 다종교성의 문제는 이미 신약성서 시대부터 논의되어 왔다. 맨 처음의 종교회의라고 할 수 있는 예루살렘회의(행 15:1-34)에서는 비유대교의 전통까지 수렴하는 포괄적인 입장을 보였다. 그렇지 않았더라면 그리스도교는 유대교의 한 종파에 그치고 말았을 것이다. 유대교적인 그리스도교만이 아니라 다른 문화형태의 그리스도교도 가능하다는 것을 인정하였기 때문에 민족주의적 · 배타적 유대교와 다른 그리스도교라는 종교가 탄생한 것이다. 이처럼 포괄적인 태도로 인하여 탄생한 그리스도교이지만 중세 이래 오늘에 이르기까지 배타주의적 입장이 그리스도교를 지배해 온 것도 또한 사실이다.

3. 종교를 대하는 서로 다른 관점들

오늘날 다원주의는 전 세계 사회 곳곳에 주류 문화 현상이자 담론으로 정착되고 있다. 1980년대 이후 오랜 진통과 희생 끝에 실현된 이 땅의 민주주의 역시 획일성과 강제성을 거부하고 모든 사람들의 다양한 의견을 존중하는 사회

체제이다. 당연히 이런 현실에서는 다종교성을 자연스럽게 받아들인다. 또 이른바 단일민족 국가에서 다문화 다인종 국가로 서서히 변해가고 있는 현실에서 문화의 다양성(multiculturalism) 역시 사회의 중요한 문제로 부각되고 있다. 더 이상 하나의 특정 계급, 하나의 문화, 하나의 종교가 지배하는 사회가 아닌 것이다. 이런 현실에서 종교를 바라보는 관점도 바뀌고 있다. 다종교 상황에서 종교들은 서로를 어떻게 이해하고 만나야 하는가? 종교를 바라보는 다양한 관점을 소개하고자 한다.

1) 배타주의(exclusivism)

배타주의는 다른 종교들을 배척하고 오직 그리스도교만이 참된 종교라고 주장하고 고집하는 태도이다. 이것은 전통적인 가톨릭교회와 보수 개신교회의 입장이다. 개신교 신학자 중 바르트(Barth), 브루너(Brunner), 크레이머(Kraemer) 등이 이 입장을 지지한다. 역사적으로 그리스도교의 배타주의는 "교회밖에는 구원이 없다"라는 이른바 "교회 중심주의적 배타주의"와 "오직 예수의 이름으로만 구원을 얻을 수 있다"라는 "그리스도론적 배타주의"로 알려져 있다. 배타주의자들은 언제나 성서 구절을 그 근거로 든다. 사도행전 4장 12절에 보면, "이 예수 밖에는, 다른 아무에게도 구원은 없습니다. 사람들에게 주신 이름 가운데 우리가 의지하여 구원을 얻어야 할 이름은, 하늘 아래에 이 이름밖에 다른 이름이 없습니다."라는 구절이 있다. 또 요한복음 14장 6절에도 다음과 같은 구절이 있다. "나는 길이요, 진리요, 생명이다. 나를 거치지 않고서는, 아무도 아버지께로 갈 사람이 없다."

20세기 신정통주의 신학자 칼 바르트(Karl Barth)는 이런 배타주의적 입장을 강력하게 제시한 대표적인 신학자이다. 그는 기독교 신앙이 여러 종교들 중 하나라고 보는 것은 역사가의 관점이지 신학자의 관점은 될 수 없다고 주장했다. 또 그는 기독교 신앙을 인간이 믿는 종교들의 어떤 형태와도 전혀 다른 것으로 본다. 하나님의 계시가 종교의 폐지와 종말을 의미하는 것 같이 신앙의 관점에서 볼 때 모든 종교는 불신앙이며 불복종으로 볼 수밖에 없다고 주장하면서 타 종교를 배척했다.

그는 자신의 주장을 신약성서가 보여주는 예수 그리스도 안에 나타난 하나님의 계시에서 출발한다. 종교에 관한 기독교의 입장은 비교종교학이나 철학에 근거를 두지 않고 오직 하나님의 말씀만이 종교가 어떻다는 것을 알려준다고 그는 본다. 또 신약성서 안에서 말씀은 두 가지 기초 위에 성립하는데, 하나는 오직 하나님만이 하나님에 관한 일을 알려준다는 것이고, 다른 하나는 오직 하나님만이 인류를 구원할 수 있다는 것이다. 바르트는 예수의 사건만이 할 수 있는 일을 인간이 하려고 하는 것을 종교라고 부른다고 보았다. 이런 맥락에서 바르트는『교회교의학』1/2 17절 "종교의 지양(폐지)으로서의 하나님의 계시"에서 그리스도교 외의 모든 종교를 다음과 같이 공격한다.

> 종교는 불신앙이다. 그것은 관심이며, 사실상 불신앙적 인간에 대한 하나의 위대한 관심사라고 말해야 한다. … 계시의 관점에서 볼 때 종교는 분명히 신이 그의 계시 속에서 행하려고 하는 것, 행하고 있는 것을 선취하려는 인간적 시도로 이해된다. 이것은 인간의 노력으로 이루어진 것을 신의 일과 대치하려는 시도이다. 계시에서 우리에게 제시되고 현현된 신적 실재는 인간에 의해서 임의적으로, 또 자의적으로 만들어진 신에 대한 개념으로 대치된다.[17]

---

17   Karl Barth, *Church Dogmatics*, vol. 1/2, (Edinburgh : T&T Clark, 1956), 299-300.

종교에 대한 이런 부정적인 인식과 함께 바르트는 다음과 같이 실천적인 결론을 제안한다.

- 기독교 신학자는 계시와 타 종교와의 관계를 추구하지 말 것.
- 기독교 신학자는 종교들 속에서 물음을 던지지 말 것
  (계시가 이 물음에 대답함).
- 기독교 신학자는 그리스도교와 타 종교 사이의 '접촉점'을 찾을 필요가
  없음.
- 기독교와 타 종교 사이의 관계는 '이것이냐 혹은 저것이냐'의 선택의
  문제임. 따라서 양자 사이의 비교가 불가능함.

바르트가 타 종교에 대해 배타적인 입장을 보이게 된 것은 기독교에 대한 신념 때문이었다. 즉 오직 기독교만이 유일하고 참된 종교인데, 그 이유는 계시와 구원이 오직 예수 그리스도 안에 주어졌기 때문이라는 것이다. 그리스도 안에서의 하나님의 계시가 종교를 판단하는 유일한 기준이라는 것이다. 반면에 타 종교들 속에서는 참된 종교의 그 어떤 측면도 긍정되지 않으며 이에 관한 물음의 답을 찾을 수 없다. 즉 타 종교의 그 어떠한 측면도 하나님의 계시를 표현하지 않는다. 세계 종교 중 기독교만이 참된 종교로 정당화될 수 있다고 바르트는 믿었다. 바르트에게는 오직 한 가지 사실만이 참과 거짓을 갈라놓을 수 있다. 바로 그것은 예수 그리스도의 이름이다. 이것만이 기독교의 진리성을 확증한다. 바르트는 바울과 종교개혁자들의 전통에 서서 예수 그리스도만이 유일한 구세주라는 그리스도론과 행위가 아니라 예수 그리스도를 믿는 믿음에 의해 구원된다는 구원론에 뿌리를 내리고 있다.

그런데 기독교가 그리스도 안에서 유일한 종교로 정당화되는 것은 하나님의 자유로운 선택, 즉 은혜이다. 그 어떠한 외적 자질이나 업적과는 무관하다.

반대로 그리스도교 역시 잘못 나갈 때 '종교는 불신앙'이라는 비판적 기준이 언제든 적용될 수도 있다. 즉 기독교를 종교로 만드는 온갖 요소들 안에 불신앙, 즉 신적 계시의 반대, 적극적 우상 숭배, 자기의가 존재하는 한 기독교는 결코 다른 종교와 다른 참된 종교라는 주장을 할 수 없게 된다. 그런데도 바르트는 종교 개혁적 신앙의 핵심, 즉 "우리는 의로워진 죄인을 말하는 의미에서만 참된 종교를 말할 수 있다"라고 주장한다. 이 신앙에 의해 기독교라는 종교 역시 모든 타락에도 불구하고 하나님의 은혜에 의해 높여질 수 있다는 것이다.

바르트의 배타주의는 보수적 신앙인들에게 계승되었다. 사실 배타주의는 모든 종교에 있다. 자신의 종교만이 유일한 진리라는 논리는 포교를 위한 보다 확실한 토대가 될 수 있고 또 신도들을 결집하여 부흥을 도모하는 데 유용하기 때문이다. 배타주의는 특히 개인의 신앙을 강화하는 신앙 고백적인 측면에서 타당성을 갖는다. 하지만 세상의 다양성은 흑백논리로 설명할 수 없듯이, 배타주의는 다종교 현상이 보편화한 세계에서 상대방을 인정하지 않고 나만이 옳다는 단순 논리에 빠지고 심지어 맹목적인 신앙인이나 광신도로 전락할 우려가 있다. 아무리 내 종교가 신앙 고백적으로 유일한 종교라 하더라도 일상생활에서는 타 종교와 더불어 살아갈 수밖에 없기 때문이다.

특히 배타주의는 포교 방법에 있어서 독선과 폭력을 낳기도 한다. 과거 그리스도교의 제국주의적 선교나 일부 극보수 종교인들의 '협박식 포교'가 대표적인 경우로 지적되곤 한다. 가령 '회개하지 않으면 지옥에 간다'라고 길거리에서 큰 소리로 외치거나 '해원하지 않으면 변고를 당한다'라고 막무가내로 물고 늘어지는 식의 포교는 전도나 포교가 아니라 언어폭력에 해당한다. 이 외에도 역사상 종교적 진리의 이름으로 행해진 숱한 폭력도 여기에 해당한다.

2) 포괄주의(inclusivism)

포괄주의는 누가복음과 사도행전의 신학에 근거하면서, 타 종교 안에 있는 모든 진리는 원래 기독교의 것이라고 주장한다. 역사적으로 몇몇 신학자들이 이런 포괄주의적 입장을 주장한 적이 있다. 현대에 들어와서는 가톨릭교회의 방향을 바꾼 제2차 바티칸 공의회(1962-1965)의 입장이기도 하다. 특히 제2차 바티칸 공의회를 준비한 독일의 신학자 칼 라너(Karl Rahner)의 입장이기도 하다. 포괄주의에서는 타 종교에서도 구원이 있을 수 있는데 이것은 그리스도의 구원의 능력이 타 종교에도 발휘되기 때문이다.

신학자 라너는 이 입장을 "다른 종교인들도 사실은 '익명의 그리스도인'(anonymous Christian)이다"라는 유명한 말로 표현하였다. 이 표현으로 많은 오해와 논쟁이 일어나기도 했다. 라너는 하나님은 온 인류를 구원하기를 원하시며 바로 이 의지를 바탕으로 행동하신다. 이것은 하나님이 구원에 절대 불가결한 은혜를 인간 누구에게나 베풀어주셨다는 것을 의미한다. 모든 사람에게 제공된 은혜는 인간 본성에 대한 외적 부가물이 아니라, 인간 안에 주입되어 인간 본성에 속하게 된 것이고, 인간 의식의 심리학적 구조에 속하게 된 것이다. 이런 은혜는 인간은 자신에 대한 경험 속에서, 영에 관한 경험 속에서, 무한한 신비에 대한 개방성의 경험 속에서 분명하게 작용한다. 또 인간의 행위와 다양한 객체들을 통해 초자연적 지평이나 무한자에까지 이르게 된다.

다른 말로 하자면, 인간의 본성 안에는 신의 선험적 계시가 작용하고 있다. 즉 인간 안에는 신의 초월적 계시가 작용하며 온 인류를 위한 보편적 계시가 존재한다는 것이다. 이 계시는 구원을 의미한다. 이 구원하는 신의 계시는 다양한 삶의 정황 가운데서 경험되고 있다. 그러므로 그리스도인은 교회 밖에서,

즉 세상에서도 구원이 가능하다는 보다 낙관적 태도를 가져야 한다는 것이다. 이런 구원의 낙관론은 그리스도교 밖 세상이 과오가 많고 악하더라도 구원의 가능성을 낙관적으로 생각해야지, 만일 인간을 비관적으로 생각한다면 그것은 신의 사랑과 은혜를 과소평가하는 것이라고 지적한다.

라너는 사람은 역사와 사회를 통해서 살기 때문에 하나님의 보편적 구원의 의도도 역사적, 사회적 영역에서 이루어진다고 생각했다. 은혜의 사회적 통로는 여러 가지가 있으나 그중에서도 세계의 종교들은 가장 유용하고 효과적인 것이다. 타 종교에서 은혜의 역사를 빼버리고 인정하지 않으려고 하는 태도는 대단히 미흡한 생각이라고 라너는 비판한다. 즉 사람들이 자신들의 종교를 통해서 구원을 경험할 가능성을 부정한다면 그리스도의 구원사건을 비역사적이고 비사회적인 방식으로 이해하게 된다는 것이다. 즉 그것은 그리스도교의 역사적, 사회적 성격, 더 나아가 교회적 성격에 대립하게 된다는 것이다. 그래서 라너는 이 문제에 대하여 다음과 같이 주장했다. 즉, 만일 그리스도교 신학이 그리스도인을 향하여 자기 구원을 그리스도교 안에서 얻으려고 노력해야 한다고 주장한다면, 이와 똑같은 주장은 힌두교도나 불교도들에게도 적용되어야 한다는 것이다.[18]

더 나아가, 라너는 타 종교는 복음 이전의 율법적인 것으로 간주할 수 있으며, 초자연적 은혜로 충만한 요소들을 포함하고 있다고 주장한다. 즉 타 종교도 하나님과 올바른 관계를 맺고 있는 긍정적인 수단이며, 또 구원을 얻을 수 있는 적극적 수단으로 볼 수 있다는 것이다. 그러므로 타 종교 역시 하나님의 구원 계획에 긍정적으로 포함해야 한다는 것이다. 라너의 이런 주장은 인간의

---

18 Karl Rahner, *Theological Investigations*, vol. 5, (Baltimore : Helicon, 1966), 128-130.

심리학적 구조와 함께 역사와 사회의 계속되는 과정에서 계시하는 하나님의 활동을 잘 보여준다. 구원사는 세속사의 사건들 속에서 보편적으로 현재한다는 것이다. 타 종교는 당연히 세속사의 사건들 가운데 존재한다. 자연 안에 주어진 하나님의 은혜, 계시할 뿐 아니라 구원하기도 하는 하나님의 보편 계시야말로 라너의 포괄주의 신학의 핵심이다.

'익명의 그리스도인'이라는 라너의 용어는 본래 1960년대의 그리스도교 내에서만 사용할 목적으로 고안되었다. 즉 타 신앙인에 대한 보다 낙관적인 그리스도교적 태도를 확산시키려는 데 주목적이 있었다. 또한 타 종교의 신앙인역시 익명의 그리스도인일 수 있다는 점을 보여줌으로써 그리스도교의 배타주의를 깨뜨리고자 했다. 그러나 시간이 지나면서 이 용어는 타 종교와의 대화를 위해 점차 사용하게 되었다. 그의 생각은 비그리스도인들도 '익명의 그리스도인'이며 저들 안에 역사하시는 사랑의 하나님이 저들에게도 구원을 가져다주신다고 믿었다. '익명의 그리스도인'이란 용어의 뜻은 타 종교 안에도구원의 은혜가 작용한다는 것뿐 아니라, 이 은혜는 그리스도의 은혜라는 뜻을 가진다. 그런데 타 종교 안의 초자연적 요소는 이들이 그리스도를 알게 될 때까지는 불완전하다고 라너는 생각한다. 이 개념의 신학적 근거를 보다 자세히살펴보면 다음과 같다.

첫째로, 그리스도는 모든 구원의 '구성적 원인'이며 하나님의 보편적 구원의지의 목적인(目的因)이 된다. 라너는 이렇게 말한다. "하나님은 모든 사람의구원을 원하신다. 그리고 이 구원은 그리스도로 말미암아 얻는 구원이다. 이 같은 신과 인간의 관계는 하나님이 육신이 된 성육신과 그의 죽음 및 부활에 의존한다." 둘째는 구원의 전 과정에서 교회는 본질적인 부분을 차지한다. 모든은혜의 경험과 익명의 그리스도인은 사실상 그리스도의 연장인 교회를 향하게 되어 있다. 그리스도 안에서 이루어진 일은 교회를 통하여 지속된다는 것이다. 또 모든 신 경험은 그리스도와 그리스도의 몸인 교회 안에서 동일성과 자의식을 갖게 된다. 결국 라너는 신의 보편적 구원 의지와 교회의 필연성을 동시에 긍정하고자 함으로써 양자 사이의 긴장을 해결하려고 한다.

라너는 이런 생각에 기초하여 다음과 같은 실제적인 제안을 했다. 즉 그리스도인은 이제부터 교회가 '멸망의 바다'에 둘러싸여 있는 '구원의 성'이라는 생각을 버려야 한다. 그리고 선교사는 달리 구원받을 방법이 없는 이교도들을 구원으로 이끌기 위해 선교한다는 생각을 버리고 보다 성숙한 선교 동기를 가져야 한다는 것이다. 라너는 이를 '은혜의 성육신적 역학'(力學)이 잘 일어나도록 돕는다는 생각을 갖는 것이라고 주장했다. 즉 타 종교인들 스스로 한 하나님의 자녀라는 점을 깨닫도록 하여 구원에 이르도록 돕는 것이 선교의 동기가 되어야 한다고 주장하였다. 이렇게 될 때 구원을 위한 더 좋은 기회를 제공하게 된다는 것이다.[19]

대부분의 현대 가톨릭 신학자들은 라너의 입장을 지지한다. 그러나 가톨릭 신학자 중 한스 킹(Hans Küng)은 라너의 입장에 기본적으로 동의하면서도 이를 비판하였다. 킹은 그리스도인들이 모든 은혜가 교회를 통해 집중되는 교회 중심주의를 포기하고 타 신앙에 대한 신 중심적 접근방법을 취할 것을 촉구한다. 하지만 라너가 말하는 '익명의 그리스도인'이란 것은 전통적으로 가톨릭교회가 주장해 오던 "교회밖에는 구원이 없다"라는 이론을 다시 강조하는 것에 지나지 않는다는 비판도 제기한다. 그리고 킹은 '익명의 그리스도인'이라 하더라도 비그리스도인이 그리스도인이 되기를 원하지 않는다면 이 '익명의 그리

---

19   위의 책, 133.

스도인'이라는 말은 무의미해진다고 주장했다. 그러나 큉도 그리스도인이 된다는 것은 그리스도가 온 인류의 규범이 된다는 것을 선포하는 것이라는 점을 인정했다. 그러므로 결국 큉의 생각도 라너의 '익명의 그리스도인'과 같은 결과를 가져오게 된다. 교회 중심주의를 떠나 신 중심주의로 가려는 큉 역시 그리스도 중심주의에 머물게 되고 만 것이다.

라너의 '익명의 그리스도인'이란 개념은 타 종교의 내용을 기독교적 입장에서 제멋대로 해석한 것이 아니냐는 비판을 받았다. 만일 이 입장을 불교도들이 취한다면 기독교인은 모두 좋은 불교도이며, 기독교의 진리는 불교 진리의 한 부분이라고 주장할 수도 있을 것이다. 이렇게 포괄주의는 상대방을 이해하는 듯하지만, 오히려 교묘하게 상대방을 자신의 정신적 시녀(侍女)로 만든다는 비판을 받곤 한다.

불교에서도 이런 비슷한 입장이 있다. 화엄사상을 받아들인 통일신라 시대의 원효대사는 '진리의 길과 속세의 길은 본디 하나다'(眞俗一如)라고 가르쳤다. 여기서 진리란 대승불교의 사상을 말하며, 세속이란 다른 불교 교설들과 다른 종교들, 중생들의 일상적 삶 전부를 포괄한다. 원효대사 이전만 하더라도 불교에는 자기 종파의 교설만 옳고 나머지는 다 틀렸다고 보는 배타주의와 독선이 지배하고 있었다. 그런데 화엄사상은 다른 교설에도 진리가 있다고 가르쳤고, 원효는 중생의 일상생활 속에도 진리가 있다고 주장함으로써 화엄사상을 확대시켰다. 이것을 원효의 혁신적 대승사상, 통(通)불교 사상이라고 부른다. 이런 종교적 관용은 오랫동안 한국인의 종교적 심성에 영향을 끼쳤다.

사실 대부분의 종교인들은 포괄주의자에 해당한다고 볼 수 있다. 대다수가 자신이 속한 종교의 우월성을 주장하면서도 실제로 세상에서는 타 종교인들과 함께 삶을 살아가고 있기 때문이다. 아무리 자신의 종교가 우월하다 하더라도 타인들의 신앙까지 무시하고 배척하면서까지 물의를 일으키며 살고 싶지 않기 때문이다. 또 일상생활에서는 종교의 교리보다는 인간 사이의 예의, 사랑, 친절 등의 보편 윤리가 더 중요하다고 생각하기 때문이다. 하지만 포괄적인 태도는 자칫 잘못하면 자기 종교의 우월감에서 타 종교에 대해 관대함을 베푼다는 식의 우월의식과 오만에 빠질 수 있다는 비판도 받는다. 포괄주의에서 베푸는 관대함이 곧 '강자가 약자에게 베푸는 식의 여유'에 불과할 수도 있기 때문이다.

3) 다원주의(pluralism) 또는 병행주의(parallelism)

다원주의 또는 병행주의는 '종교에는 오직 하나의 길이란 없다'라는 사실을 강조한다. 대신 참된 종교들은 구원, 해탈, 깨달음, 진리 추구, 정신적 또는 영적 행복 등 이름은 다르지만 결국 같은 목적을 공유하고 있으며, 이를 이루기 위해 제각기 다양한 길을 추구하고 있다는 것이다.

다원주의의 입장은 여러 종교가 있지만 다양한 종교들의 뿌리에는 궁극적으로 묘사할 수 없는 하나의 신적 실재가 있다는 것을 전제로 한다. 따라서 종교는 서로 보완적이므로 한 종교의 우위성을 인정할 수 없으며, 종교 간의 대화는 신 안에서 끝내 종말론적 통일을 지향한다고 믿는다. 다원주의가 주장하는 요점은 그리스도교 복음을 통한 인간 구원이 가능한 것처럼 세계의 여러 종교도 그 자체의 진리의 길을 통한 구원이 가능하다고 인정한다는 데 있다. 그러나 다원주의는 이것도 좋고 저것도 좋다는 상대주의에 빠질 위험성도 있다. 또 실재하는 종교 간 갈등과 분쟁을 무시한 채 서로가 평화적으로 공존할 수 있다는 공허한 이상주의에 머무를 수도 있다. 또 기존의 개종 중심의 공격적인 선교보다는 서로 간의 대화와 참된 삶을 통한 선교로 양상이 바뀌게 되므로,

과연 기존 종교의 존립이 가능할까 하는 염려도 생기게 된다.

그러므로 이런 상대주의적 위험과 이상주의적 한계로부터 벗어나고 동시에 다원주의의 이론적 기초를 놓으려고 하는 여러 시도가 이루어졌는데, 그것이 바로 신 중심주의, 구원중심주의, 인격주의 등이다. 점점 더 많은 학자들이 다원주의를 제창하고 있는데, 폴 틸리히, 캔트웰 스미스(Wilfred Cantwell Smith), 존 힉(John Hick), 라이문도 파니카(Raimundo Panikkar), 폴 니터(Paul Knitter) 등과 같은 사람들을 대표적인 예로 들 수 있다.

먼저, 영국의 종교학자 존 힉은 다원주의를 자세히 설명한다. 그에 따르면, 만물을 창조하신 신은 한 분뿐이며 모든 종교는 각기 다른 역사적, 문화적 전통 속에 형성되었기 때문에 문화 전통이 다양하듯이 종교도 다양한 형태로 이 신을 섬기고 있으며 현상적으로 "많은 이름을 가진 것"으로 나타난다고 한다. 여기서 존 힉이 말하는 '신'은 그리스도교인에게는 '하나님'이며, 유대교에서는 '야훼', 이슬람교에서는 '알라', 힌두교에서는 '라마' 혹은 '크리쉬나'로 불리는 것으로서, 이름은 다양하지만 모두 궁극적 실재인 신(神)을 의미한다. 존 힉은 인간이 현상 세계에서는 신에 대해 '~으로 체험'하므로 세계의 종교 현상의 실상을 궁극적으로 규명하여 실재 자체이신 '영원한 일자'(the eternal one)와의 관계를 탐구해야 한다고 주장하였다.

다원주의는 일명 '병행주의'라고도 부른다. 가장 많이 사용하는 비유로 '산 정상에 오르는 비유'를 사용한다. 모든 종교인들이 산 정상에 도달한다는 동일한 목표를 가지고 함께 산에 오르고 있는데, 그 길은 하나가 아니고 다양하다는 것이다. 서로 다른 길로 정상을 향해 올라가는데, 그 길이 바른길이라면 결국 정상에서는 다 만나게 된다는 것이다. 구원, 해탈, 깨달음, 해방, 진리 등에 이르기 위해 모든 종교들이 다양한 전통과 문화에서 각자 발견한 길을 가고 있지만 결국 정상에서는 모두 다 만나게 되므로, 서로를 존중하고 격려하며 동료로 인정하며 함께 각자의 길을 가야 한다는 것이다. 오늘날 세계는 점차 다양해지고 있고 서로 간의 왕래가 빈번해지고 있다. 특히 첨단과학의 발달로 인해 이제 다원주의는 세계적인 현상으로 되어가고 있다. 이런 현실에서 다원주의는 크게 몇 가지로 발전하고 있다.

(1) 신 중심주의(theocentrism)적 다원주의

이 입장은 종교 간의 만남을 좀 더 용이하게 만들기 위해 종교의 초점을 신 (神)에게 맞춰야 한다고 주장한다. 이런 점에서 전통적인 그리스도교의 교회 중심주의와 그리스도 중심주의와 구별되는 신 중심주의라고 부른다. 당장 그리스도교가 유대교와 만날 때 '교회'나 '그리스도'라는 용어 대신 '신'이라는 용어를 사용함으로써 보다 쉽게 서로를 인정하고 대화할 수 있게 된다. 따라서 이 입장은 현대의 신학적 동향에 있어서 가장 첨단의 형태라고 볼 수 있다. 또한 신 중심주의자들은 신의 계시는 단지 기독교의 성서와 역사에만 국한할 수 없다고 주장한다. 절대자를 바라보는 인간의 열망은 세계 종교사에서 두루 발견되며, 이 절대자는 야훼, 엘로힘, 테오스, 알라, 브라만, 천주, 상제, 신, 한울님, 하느님, 하나님 등과 같은 여러 가지 이름으로 알려져 있다는 것이 신 중심주의의 입장이다. 신 중심주의는 다양한 종교적 내용과 형식의 통일을 찾고 있는데, 바로 신적 실재에서 이런 통일을 찾으려 하고 있다. 이 관점은 타 종교에 대한 설명만 해주는 것이 아니라 자기 종교가 제시하는 교리나 신학에도 새로운 빛을 비춰준다.

존 힉은 종교 다원주의 현상을 맞아 종래의 그리스도교 중심적, 혹은 예수 중심적인 모델은 타 종교와 대화하기에 적합하지 않은 패러다임이므로 신앙의 보편적 모델인 신 중심적 모델로 패러다임의 전이(轉移)가 필요하다고 주장하면서, 이것을 '코페르니쿠스적인 전환'이라고 불렀다. 현대의 종교 다원주의 상황에 대해 언급할 때 자주 인용되는 이 말은 신학적 사고의 전환을 말한다. 즉 신 중심주의는 중세 시대에 지구 중심적 천동설에 입각한 사고방식인 프톨레마이오스(Ptolemaios)적 사고로부터, 태양 중심적 지동설을 주장한 코페르니쿠스(Kopernikus)적 사고로의 획기적인 전환과 같다는 것이다. 마찬가지로 종교 영역에서도 과거에 그리스도교를 중심으로 하여 여러 종교들의 가치와 순위를 결정하던 사고방식으로부터 그리스도교를 포함한 제 종교들이 신을 중심으로 하여 존재한다는 사고의 획기적인 전환을 이루어야 한다는 것이다.

하지만 신 중심주의 역시 한계를 드러낸다. 가령 그리스도교와 타 종교가 만날 때 외형적으로는 신 중심으로 대화를 시도하지만 결국 신의 구원 의지는 예수 그리스도 안에서 궁극적이며 결정적으로 나타났다고 보는 그리스도교의 양보할 수 없는 입장으로 인해 여전히 그리스도교의 우월성을 견지하게 된다는 것이다. 다른 종교에서도 마찬가지이다. 또 신 중심주의는 유신적 종교에서는 매우 타당성을 가질 수 있지만, 불교와 같은 무신적(無神的) 종교와는 대화의 거점을 찾지 못하게 된다.

(2) 구원 중심주의(soteriocentrism)적 다원주의

구원 중심적 다원주의는 각자 신앙하는 궁극적 존재에 대한 다양한 반응이 여러 종교의 형태를 띠고 나타나는 것으로 본다. 그러므로 여러 종교들의 다양성을 이해하고 인정하며 서로 공존하여야 한다고 주장한다. 각 종교가 신앙하는 궁극적인 존재는 각자 독립적으로 나름대로 궁극적인 실재가 된다고 보므로 다원성을 인정해야 한다는 것이다. 이런 전제 위에서 예수 그리스도가 그리스도교의 구원자가 되듯이, 타 종교들 안에도 신을 인식하고 체험하고 나름대로 제시한 신앙 전통들은 그들 종교인들을 위한 구원의 길이 된다고 보므로 예수는 '비규범적' 성격의 그리스도가 된다. 이런 맥락에서 존 힉은 인격적인 신(神)의 표상과 비인격적인 신의 표상을 포괄하는 더 높은 '영원한 일자'(the eternal one) 혹은 '실재'(the real)를 제시했다. 그리고 그는 유신론적 하나님에 머물러 있던 신 중심주의에서 벗어나서 '구원 중심주의'로 나아갔다. 힉에 의하면 모든 종교는 구원을 향해 가는 길들이며, 자아 중심적 사고로부터 실재 중심적 사고로 전환되는 충만한 인간성을 실현하는 길들이다.

폴 니터도 종교 간의 대화가 진전되기 위해서는 각자 신앙하는 신(神)이나 절대자, 초월자가 인간을 구원하고 해방한다는 목표가 동일하므로 올바른 실천(正行)과 인간의 복지를 증진하는 일을 주제로 대화하고 행동해야 한다고 주장한다. 그리하여 모든 종교인들은 '가난한 이들을 위한 우선적 선택'을 기준으로 종교인들이 정의, 사랑, 자유, 복지 등을 주제로 하여 인간의 진정한 행복을 위해 사회적으로 정치적으로 대화하고 노력하는 일이야말로 그리스도교의 복음을 선포하는 일보다 우선시 된다. 즉 그리스도인들은 예수 그리스도가 인간의 유일한 구원자라는 믿음보다는 인간의 해방과 구원을 위해 헌신하신 그리스도를 본받아 구원과 해방이 필요한 인간들에게 하나님의 뜻을 실천하고 행동하는 일이 더 중요하게 된다. 바로 이런 구원의 장에서 모든 종교들은 만날 수 있고 하나가 될 수 있다는 것이다.

(3) 인격주의적 다원주의(personalistic pluralism)

캐나다 종교학자 윌프레드 캔트웰 스미스에 따르면 종교는 인격주의적으로 이해해야 한다. 스미스는 먼저 서구 학자들이 타 종교를 연구하면서 변해가는 태도를 네 단계로 나누어 정리했다. 첫 단계는 타 종교를 인격적 내면은 무시하고 하나의 산물로서 이해하는 그것(it)의 단계다. 둘째 단계는 타 종교를 믿는 이들을 의식하기 시작하는 그들(they)의 단계다. 셋째 단계는 타 종교인들을 대화할 수 있는 인격적 대상으로 인정하는 당신들(you)의 단계다. 넷째 단계는 타 종교인들을 전 세계적인 신앙공동체의 동료 신앙인으로 간주하는 우리(we)의 단계다.

종교는 외형적으로 관찰 가능한 축적된 전통(accumulative tradition)과 개인의 내면적 신앙(faith)의 양면을 가지고 있다. 축적된 전통이란 한 세대에서 한 세대로 전승되는 외형적인 모든 것을 지칭하며, 여기에는 신조, 교리, 경전, 신화, 의례, 신학, 제도, 관습, 법, 문화적 유산 등이 있다. 이런 축적된 전통은 보이지 않는 것들을 표현하고 있기 때문에 신앙을 불러일으킬 수 있는 힘이 있다. 과거의 종교학은 주로 이런 외형적인 측면에만 관심을 가졌으며, 이런 측면은 종교를 비인격화하고 물화(物化)시킨다.

그러나 종교란 그것을 신앙하는 인간과 독립되어 있는 하나의 사물이 아니라 축적된 전통이 신자들의 개인적 신앙과 만날 때 발생하는 그들 내부의 인격적인 사건, 보이지 않는 사건이다. 즉 신앙은 종교 생활의 내면을 지칭하는 말로서 초월자에 대한 개인의 신앙, 누멘의 느낌, 사랑과 경외, 예배, 봉사하려는 헌신, 가치관 등 인간의 실존을 포함한 종교체험을 의미한다. 스미스는 신앙을 '보편적인 인간의 자질'이라고 정의하면서, 개별적인 종교 체계나 상징제도를 초월한다고 보았다. 신앙인은 축적된 전통을 통해 초월적 실재를 마주하는 신앙을 경험하게 되고, 또 그렇게 경험된 신앙이 다시 외부로 표현된 것이 바로 축적된 전통이라고 할 수 있다. 이렇게 양자는 밀접한 관계를 갖는다. 즉 신앙인은 전승되는 전통 안에서 초월적 신앙을 경험하게 되는 발판을 얻지만 동시에 전통은 다시 개인의 신앙에 의해 새롭게 되어야 한다는 것이다.

결국, 스미스는 축적된 전통과 신앙과의 상호 영향과 순환 관계 속에서 영위되는 신앙인의 인격적(人格的)인 삶의 질을 종교로 보면서, 타 종교인의 입장을 '신앙'(信仰)의 관점에서 이해해야 한다고 주장한다. 이렇게 볼 때 타 종교인들 역시 '우리'에게 속해 있는 동료 신앙인으로 간주된다는 것이다. 이것을 '인격주의적 다원주의'라고 부른다.

이렇게 스미스는 종교를 인간 내면의 경험과 연관하여 이해하려고 했다. 스미스가 보기에 축적된 전통은 신앙을 외부적으로 표현한 것에 불과하며 종교는 축적된 전통이기 이전에 인간 내부에서 일어나는 사건이며, 따라서 결국 종교학은 인간학이 된다고 보았다. 따라서 스미스는 종교를 이해하기 위해서는 그 종교를 신앙하는 신앙인과의 대화가 필수적이라고 보았다. 더 나아가, 그는 세계 모든 종교인들이 동의할 수 있고 모든 종교 신앙이 가진 심오함과 다양성을 드러낼 수 있는 '세계 신학'(world theology)을 제안한다. 여기서 세계 신학이란 인간에게 보편적인 신앙을 연구함으로써 세계의 모든 신앙인이 공감할수 있는 학문을 말한다. 여기에 그리스도교도 당연히 포함된다.

연구 및 토의 문제

1. 종교 다원주의란 무엇인가?
2. 배타주의란 무엇인가? 장점과 단점은?
3. 포괄주의란 무엇인가? 장점과 단점은?
4. 다원주의란 무엇인가? 장점과 단점은?
5. 위 관점들 중 현재 우리 사회에 필요한 관점은 무엇이며, 그 이유는?

제11장

화이트헤드와 율곡의 만남

1. 들어가는 말

오늘날 종교 다원주의의 문제는 한국 사회가 직면한 여러 문제 중 하나이다. 한 사회에서 여러 종교가 서로를 인정하고 협력해야 하는 마당에 아직도 종교 간에 반목과 질시가 만연해 있는 현실이다. 오랜 기간 동안 여러 전통 종교들이 함께 영향을 끼치며 공존해 온 한국 사회에서 사실 종교 다원주의의 문제는 그리 큰 문제가 되질 않았다. 엄격한 의미에서 종교 다원주의의 문제는 이 땅에 그리스도교가 전래된 이후 그리스도교가 토착화되어가는 과정에서 제기되었다고 말할 수 있을 것이다. 이것은 수천 년 동안 이 땅에서 종교 간에 피 흘리는 극한의 투쟁의 역사는 없었다는 점을 의미한다. 이른바 전통 종교라고 말할 수 있는 유불선(儒佛仙)이 서로 영향을 끼치며 이 땅에 독특한 종교 문화를 꽃피웠음은 잘 알려진 사실이다.

하지만 이른바 서양의 종교인 그리스도교가 이 땅에 들어온 이후 알게 모르게 기존 전통 종교와 대립하고 갈등하는 역사를 반복해오고 있다. 이 땅의 기존 문화 자체를 비신앙적인 것으로 거부하고, 기존의 전통 종교들과 대적하려는 자세들이 곳곳에서 발견된다. 각 종교가 서로의 고유성을 주장한다 하더라도 서로 다른 종교의 영향을 떠나서 존재할 수 없는 데도 말이다. 이런 상황에서 그 어느 때보다도 종교 간 대화와 비교연구는 중요한 주제이다. 특히 한국의 토양에서 오랫동안 존재해 내려온 전통 종교와 서구에서 전래된 그리스도교의 대화는 참된 한국 그리스도교 신학의 정립은 물론 세계화 시대에 동양과 서양 상호 간의 대화를 통해 종교 사이, 문명 사이, 민족과 나라 사이의 평화적인 공존에 기여할 수 있기 때문이다. 이 장에서는 조선조 신유학의 대표 학자인 이율곡(1536-1584)의 사상과 과정철학과 과정 신학의 창시자인 알프레드 노쓰 화이트헤드(Alfred North Whitehead, 1861-1947)의 사상을 '우주론'(cosmology)을 중심으로 비교하고자 한다.

2. 화이트헤드와 율곡의 우주론 비교

화이트헤드와 율곡은 세계와 우주에 대해 놀라울 정도로 비슷한 견해를 가지고 있다. 양자가 서로 다른 철학적 전통에 속해 있지만, 화이트헤드의 과정철학과 율곡의 신유학 사이에는 많은 유사점이 발견된다. 이것은 이들 모두가 기본적으로 우주를 서로 연결되어 있는 유기체로서 끊임없는 변화와 생성 가운데서 있다고 보기 때문이다. 곧 양자의 철학적 콘텍스트와 용어들이 서로 다르다 하더라도 이들의 사유 방식은 자연에 대한 유기체적 관점이라는 점에서 유사하다. 좀 더 구체적으로 말하자면, 화이트헤드의 '영원한 객체'와 '현실재'의 관계는 율곡이 말하는 '이와 기'의 관계와 비슷하다는 것이다. 이것은 화이트헤드의 '영원한 객체'와 율곡의 '이'(理) 개념이 기본적으로 우주론적 조화의 보편적 원리와 근원으로 기능하는 반면, 화이트헤드의 "현실재"와 율곡의 "기"(氣) 개념은 세계에서의 현상학적 실재로 기능하기 때문이다. 마찬가지로, 범재신론으로 풀어내는 화이트헤드의 '신'(神) 개념은 율곡의 '태극'(太極) 개념과 많이 닮아있다. 이 두 개념은 '신과 세계', '초월과 내재', '일자와 다자' 사이의 균형 잡힌 구조를 제시한다.

1) 현실재와 기(氣)

화이트헤드에 따르면, 현상 세계는 현실재(actual entity)로 구성되어 있으며, 이 현실재는 늘 변화와 생성의 과정에 있다. 그는 이 현실재를 '최종적인 실재'(final realities)로 규정한다. 그는 이렇게 말한다. "'현실재는 현실적 계기'(actual occasions)로도 부르는데 이는 이 세계를 구성하는 최종적이고 실제적인 사물들이다. 현실재를 넘어서서 더 실재적인 것을 찾을 수 없다."[20] 심지어 '신'(神)조차도 현실재 중 하나이다. 이렇게 볼 때 현실재는 화이트헤드 형이상학의 근본이자 세계를 구성하는 가장 근원적인 요소들이다. 여기에서 과정 형이상학의 존재론적 원리가 제시된다. "현실재 없이 이성은 존재하지 않

---

20   Alfred North Whitehead, *Process and Reality: An Essay in Cosmology* (New York : The Free Press, 1978), 18.

는다."[21] 이런 존재론적 원리는 현실재는 궁극적인 사물이며, 비록 그것들의 존재 형태가 수없이 바뀐다 하더라도 이 우주에서 결코 사라지지 않는다는 것을 의미한다. 모든 사물들은 우주에서 현실재들이 모인 집합체 중 일부분이다. 또한 현실재는 스스로 태어나고 생성되며 변화한다. 더 나아가, 모든 현실재들은 서로에게 연결되어 있고 다른 현실재에 둘러싸여 있다. 하지만 현실재가 하나의 개별적이고 구체적인 사실이 되기 위해서는 '확정(definiteness)의 형식'을 가져야 한다. 곧 현실재는 언제나 확정의 형식 안에서만 존재한다. 또 여기에서 '영원한 객체'(eternal object)는 확정의 형식을 부여하는 역할을 수행한다.

율곡의 신유교적 우주론에서 볼 때 '기'(氣) 개념은 화이트헤드가 말하는 '현실재'에 해당하는 개념이다. 현실재와 마찬가지로, 기는 우주를 구성하고 있는 최종적인 사물이자 요소이다. 우주는 기로 가득 차 있다. 기는 보통 "형이하학적"(形而下者)인 것으로 부르며, 우주 안의 만물에 두루 스며 있다. 주희는 이렇게 말했다. "하늘과 땅이 시작되었을 때, 하늘과 땅에는 음과 양의 기만 존재했다. 이런 기는 계속해서 움직인다."[22] 율곡 역시 비슷한 주장을 편다. "발생하는 모든 사물은 기다."[23] 곧 기 없이 우주는 존재하지 않는다. 이조차도 기와의 관계에서만 의미를 갖는다. 생물이든 비생물이든 만물은 기에 의해 존재하게 되는 것이다. 또 만물은 그들이 받은 기의 차이에 따라 서로 다른 사물로 존재하게 된다. 더 나아가, 기는 만물을 통해 작용함으로써 우주 속에서 만물

---

21   위의 책, 19.

22   Quoted in Yung Sik Kim, *The Natural Philosophy of Chu Hsi (1130-1200)* (Philadelphia : American Philosophical Society, 2000), 36.

23   Quoted in Ha-Tai Kim, "The Difference Between T'oegye And Yulgok on the Doctrine of Li and Qi" in *Traditional Thoughts and Practices in Korea*, eds. Eui-Young Yu and Earl Philips (Los Angeles : California State University, 1983), 20.

을 창출한다. 이 점은 화이트헤드의 현실재 개념과 매우 비슷하다. 곧 기는 움직임(動)과 쉼(靜)의 반복적인 운동, 우주 안에서의 음과 양의 끊임없는 운동 속에서 계속 활동한다. 그러므로 율곡은 이렇게 주장한다. "한 번 움직이고 다시 고요함 가운데 멈추는 것은 기이다. … '자연'(自然)이 바로 기인 것이다."[24] 그리고 기는 다시 음과 양으로, 곧 멈춤과 운동이라는 두 가지 힘으로 나누어진다. 여기서 "음과 양은 같은 기이다. 양이 물러서면 음이 발생한다. 하지만 양이 물러서자 음이 별도로 발생한다는 것은 맞지 않는다."[25]

2) '영원한 객체'와 이(理)

화이트헤드 과정 형이상학에서 '영원한 객체'(eternal object)는 '보편자'로 이해될 수 있다. 먼저, 영원한 객체라는 단어를 설명할 필요가 있다. 영원한 객체는 순간적인 것이 아니므로 '영원하다.' 또한 영원한 객체는 순수한 가능태이므로 '객체'(대상, object)인 것이다. 영원한 객체는 합생(合生, concrescence), 곧 본질적으로 이루어지는 과정이나 전이와는 무관하다. 영원한 객체는 모든 현실재들의 합생에서 '확정성'(definiteness)을 부여하는 결정자로 기능한다. 다른 말로 하자면, 영원한 객체는 현실재 속으로 진입해 들어감으로써 현실재의 실현을 결정한다. 영원한 객체는 현실재 속으로 진입해 들어가므로 현실재보다 앞선다. 이것은 시간적으로가 아니라 존재론적인 측면에서 그러하다. 이것은 영원한 객체가 현실재와 떨어져서 존재함을 의미하지 않는다.

24　이율곡, 『율곡전서』(서울 : 성균관대학교 출판부, 1971), vol. 14, 48-49.

25　Zhu Xi, *Zhuzi yulei (朱子語類)*, (Beijing : Zhonghua, 1986), 65:1.

오히려 영원한 객체는 합생의 과정에서 이미 지나간 과거의 현실재들의 자료로서 기능함을 의미한다. 영원한 객체는 현실재하고의 관계에서만 그 역할을 수행한다. 영원한 객체는 현실재로부터 분리되어 존재할 수 없다. 그러므로 영원한 객체는 현실재에서 실현되는 것의 가능태로 존재한다.

율곡의 '이' 개념은 화이트헤드의 영원한 객체와 비슷하다. '이'는 형이상학적인 것(刑而上者)으로 부르는데, 이는 사물의 실존보다 앞서 있는 존재론적 존재이다. 한 사물의 '이'는 그 사물의 최상의 원형(supreme archetype)이며 본질이자 규범이다. 다른 말로 하자면, 이는 실현되어야 할 사물들의 원리(理)를 말한다. 그리고 이런 실현과정에서 '이'는 그 사물의 본체(substance)로, '기'는 그 사물의 현실태(actuality)가 되어야 한다. 이는 기를 포함한 모든 사물들보다 우선권을 갖는다. 즉, 모든 존재하는 사물들은 자신들의 존재 이유나 본질을 갖는데 이것이 바로 '이'라는 것이다. 율곡은 '이'는 만물의 근거 이유, 만물의 구성적 원리라고 불렀다. 율곡은 이렇게 말한다. "만물은 기로부터 발생하며 그 발생의 근거가 바로 이이다. 기가 없이는 발생할 수 없으며, 이가 없이는 발생의 근거가 있을 수 없다."[26]

3) '영원한 객체'와 '현실재' 및 '이'와 '기'의 역동적 상호 관계

화이트헤드와 율곡의 우주론은 '영원한 객체'와 '현실재' 사이, '이'와 '기' 사이에 이루어지는 역동적인 상호 관계를 비교함으로써 가장 잘 해명될 수 있다. 첫째, 화이트헤드의 '영원한 객체-현실재' 이론과 율곡의 '이기론'은 구조

---

26 Quoted in Ha-Tai Kim, "The Difference Between T'oegye And Yulgok on the Doctrine of Li and Qi", 20.

적인 유사성을 갖고 있다. 화이트헤드나 율곡 모두 현실재와 기가 활동성을 갖는 반면, 영원한 객체와 이는 확정성의 형식이나 활동의 근원으로 기능한다고 주장한다. '기'는 인위성을 갖지만 '이'는 인위성을 갖지 않는다. '영원한 객체'와 '이'는 항상 '현실재'나 '기'와 관련해서만 존재한다. '영원한 객체'와 '이'는 '현실재'와 '기'를 형성하는데 필요한 요소들이다. 또한 '이'는 항상 '기'에 붙어 있다. 그것은 이는 활동적인 기능을 갖지 않기 때문이다. 마찬가지로 영원한 객체는 현실재 속으로 진입해 들어가며, 기 역시 이에 따라서만 움직인다. 이는 기의 주인이며 기는 이의 도구인 셈이다. 반대로, 기는 이 없이는 변화하거나 활동할 수 없다. 이는 기의 모든 운동의 근원이다. 기는 이 없이는 가치나 질서를 갖지 않는다. 마찬가지로, 영원한 객체는 현실재의 생성을 결정하는 결정자의 역할을 한다. 현실재는 영원한 객체 없이 존재할 수 없다. 곧, 이와 영원한 객체는 기와 현실재가 하는 운동의 근원들이다.

화이트헤드에 따르면, 현실재는 확정성의 형식, 곧 활동의 구체적인 특성을 갖는다. 이런 확정성의 형식 없이 현실재는 존재하거나 기능할 수 없다. 마찬가지로, 율곡에 따르면, 사물이 발생하게 되는 것은 '기'이지만, 기는 사물의 발생의 근거인 '이'가 없이는 존재하지 않는다. 영원한 객체와 이는 현실재와 기가 특정한 활동성을 갖게 만든다. 변화, 발전, 전이 등은 영원한 객체나 이의 활동에 속하지 않으며, 현실재나 기의 활동에 속한다. 영원한 객체와 이는 현실재나 기의 변화과정에서 확정성의 요소로 작용한다. 곧 영원한 객체와 이는 현실재와 기를 확정하고 결정하는 과정에서만 존재한다고 볼 수 있다.

둘째로, 율곡은 "기는 발생하며 이가 그 위에 올라탄다"(氣發理乘)라고 주장한다. 이것은 모든 만물이 움직이고 변화하는데, 이런 움직임과 변화는 외부적인 통제자에 의해서가 아니라, 기가 이와 관련해 갖는 기능에 의해서 가능하다는 것을 의미한다. 현실재와 기는 궁극적인 실재인 영원한 객체 및 이와 관련해서만 이해될 수 있다. 현실재 역시 움직이고 변화하는데, 영원한 실재와 상호작용하는 과정에서 정체성과 영원성을 갖는다. 다시 말해, 영원한 객체가 현실재들 속으로 진입해 들어가서 각각의 현실재가 고유한 정체성(identity)을 가지고 지속적으로 존재하게 만드는 역할을 한다. 이렇게 영원한 객체는 따로따로 존재하는 모든 개별적 현실재들과 관계를 맺는다. 곧 이런 상호 역동적인 관계를 통해 "수많은 사물로 이루어진 우주가 '다자'(the many)의 각 항목을 새로운 '일자'(the one)의 구조 속에 결정적으로 종속시킴으로써 개별적인 통일성을 획득하게 된다."[27] 다시 말하자면, 서로 나뉘어 존재하는 우주인 '다자'는 서로 연결되어 존재하는 우주로서 하나의 현실적 계기가 된다는 것이다.[28]

율곡 역시 기와 이에 대해 이와 유사한 근본적인 형식을 제시한다. 곧 '이'는 하나인데 '기'에 의해 수없이 많은 형태로 나타난다는 것이다. 이것은 송대 신유학의 유명한 주장이기도 하다. 곧, "이는 하나인데 그 나타나는 형태는 다양하다"(理一分殊)라는 것이다. 여기서 '일자'로서의 '이'는 '다자'로서의 '기'와 상호작용을 한다. 그 결과, 이는 기와 관련해서 수많은 방식으로 나타난다. 다른 말로 하자면, 형상이 없는 이는 기의 현실태 안에 내재해 있으며, 많은 실재들로 구체화되어 나타난다는 것이다. 이와 기 사이의 이런 역동적인 관계는 "기발이승"(氣發理乘), 곧 "기는 발생하며 이가 그 위에 올라탄다"라는 주장으로 표현된다.

셋째로, 화이트헤드의 '확정성'의 개념은 율곡의 '국'(局, 제한)이라는 개념

---

27 Whitehead, *Process and Reality*, 211.

28 위의 책, 21.

과 비슷하다. 율곡에 따르면, 기는 변화와 운동의 과정에 의해 다양하게 나타나는데, 이것은 기의 제한성을 의미한다. 율곡은 이것을 "이통기국"(理通氣局), 곧 "이는 만물에 두루두루 퍼져 있지만 각각의 기는 제한되어 있다"라고 말한다. 곧 '이'는 형식이 없지만 '기'는 형식을 가지며(제한성), 이는 운동성을 갖지 않지만 기는 운동성을 갖는다는 것이다. '이'는 모든 사물 안에, 심지어 재와 찌꺼기와 흙과 퇴비 속에도 존재한다. 이는 만물에 스며 있으며 만물을 관통하기 때문이다. 하지만 이는 기의 활동 속에서 그 내재성에 따라 실현된다. 만물은 유기체적인 체계 속에서 서로에게 연결되어 있다. 마찬가지로, 화이트헤드에 따르면 영원한 객체는 현실재의 모든 사건에 참여하며 현실재에 보편적인 성격을 부여하는 역할을 한다. 곧 영원한 객체는 주어진 실재 안에 들어있는 요소로 기능하며, 그 실재들에 확정성의 객관적인 형식을 부여한다. 다시 말하자면, 현실재는 구체적인 실재가 되기 위해 결정적인 형식을 가져야 한다. 그러므로 영원한 객체는 각종 현실재들에 구체적인 성격을 부여하는 과정에 개입한다. 이것이 바로 현실재의 성격을 구체화하는 영원한 실재의 역할인 것이다.

넷째로, 영원한 객체와 마찬가지로, '이'는 모든 현실태들에 대해 보편성의 특징을 갖는다. 영원한 객체와 이가 갖는 이런 보편성은 플라톤이 말하는 '이데아'(Idea)와는 다르다. 플라톤의 이데아는 만물보다 우월하게 존재하지만, 영원한 객체와 이의 보편성은 현실재와 기에 연결되어 있다. 영원한 객체와 현실재 사이, 이와 기 사이에는 선험성(priority)이나 후험성(posteriority) 따위는 존재하지 않는다. 이는 항상 기와 함께 존재한다. 율곡에 따르면, "이와 기는 간극이나 선후 관계나 분리나 서로 결합함이 없이 서로 혼합되어 있다."[29] 이와 기는 현실에 있어서 분리되지 않는다. 논리적으로 볼 때만 이가 기보다 먼저 존재한다고 말할 수 있지만, 이것은 시간적인 선험성이나 후험성을 의미하지 않는다. 이는 기를 통하지 않고서 결코 나타날 수 없는 반면, 기는 이에 의하지 않고서는 결코 발생할 수 없다. 마찬가지로, 화이트헤드의 영원한 객체와 현실재는 항상 상호연결되어 있다. 화이트헤드는 이렇게 주장한다. "가장 근본적인 실재의 유형은 현실재와 영원한 객체이다. 다른 유형의 실재들은 이 둘의 근본적인 유형을 지닌 모든 실재들이·실제 세계에서 서로 공동체를 이루며 어떻게 존재하는지를 표현할 뿐이다."[30] 영원한 객체와 현실재는 변화와 생성의 과정에 참여하며 서로를 결정한다. 양자는 상호연결성과 상호의존성을 잘 드러낸다.

4) 신(神)과 태극(太極)

화이트헤드는 유대교 전통의 초월적 신과 아시아종교들의 내재적 신, 곧 유일신론적 신과 범신론적 신을 모두 비판하면서 양자를 종합하고자 한다. 그래서 그가 내놓은 신 개념을 우리는 '범재신론'(panentheism)이라고 부른다. 한마디로, 범재신론은 신의 내재성과 초월성을 동시에 긍정한다. 이 범재신론은 신과 우주를 동일시하는 내재적인 범신론과 다르다. 그리고 초월적 유일신론과는 다르다. 신은 더 이상 세계 저 바깥에 계신 어떤 존재가 아니다. 범재신론의 말 그대로, 신(theos)은 모든 것(pan) 안에(en) 존재한다. 곧 신은 우주 안에

---

29   Michael Kalton et al. *The Four-Seven Debate : An Annotated Translation of the Most Famous Controversy in Korean Neo-Confucian Thought* (Albany : State University of New York Press, 1994), 126.

30   Whitehead, *Process and Reality*, 25.

있는 모든 것을 포괄하고 그 안에 존재한다. 하지만 그것들에 의해 고갈되는 법이 없다. "신은 모든 것 이상이지만 (그래서 초월적이지만), 모든 것은 신 안에 있다(그래서 내재적이다). 범재신론에 있어서 신은 '바로 여기에' 계신 것 이상임에도 불구하고, 그분은 '바로 여기에' 계시다.[31]

화이트헤드에 의하면 우주는 신의 존재의 한 측면을 표현하는 것에 지나지 않으며, 신은 모든 창조과정에 질서를 부여하고 가치를 창조하는 자로 제시된다. 곧 신은 다른 모든 사물들을 초월해 있지만 동시에 모든 피조물들 안에 내재해 있다. 이로 인해 세계와 모든 사물들은 신의 존재와 함께 그리고 그 안에서 함께 존재한다. 신은 세계 안으로 친밀하게 들어오며, 세계를 미래로 인도함으로 세계를 변화시킨다. 더 나아가 "신은 (인간과 피조물을) 이해하는 위대한 동료이자 함께 고통당하는 자이다."[32] 곧 화이트헤드의 과정 철학에서 신은 삶의 모든 양태와 친밀한 관계를 맺음으로 세계와 인간이 겪는 고통을 함께 겪는 자이다. 신은 신적인 유혹(divine lure)에 의한 설득적인 방식으로 세계의 만물들과 그런 친밀한 관계를 맺는다. 곧 신은 모든 단계에서 이루어지는 선택을 제공함으로써 세계와 인간을 미래로 유혹한다. 신은 인간을 선택하도록 유혹하여 창조된 질서가 도덕적이고 긍정적으로 전진해 나가게 한다.

다른 한편, 세계와 만물은 신의 존재 안에서 함께 존재한다. 신과 세계 모두 창조의 과정에 함께 참여한다. 궁극적인 존재인 신은 이런 점에서 전통적으로 신에 대해 사용되었던 '창조자'라는 말보다 '창조성'(creativity)이나 "창조하는 활동"(creating activity)이라는 말을 선호한다. 화이트헤드는 세계를 무(無)

---

31 Marcus J. Borg 저, 한인철 역, 『새로 만난 하느님』(서울 : 한국기독교역사연구소, 2001), 65.

32 Whitehead, *Process and Reality*, 351.

로부터 창조한 초월적이고 지고한 신 개념을 거부한다. 화이트헤드에게 "창조성"이라는 단어는 창조와 형성의 근본적인 원리이다. 이것은 신의 창조는 우주의 모든 창조과정에 개입하고 있음을 뜻한다. 그러므로 화이트헤드는 신은 창조 이전에 존재한 것이 아니라 창조와 함께 존재한다고 주장한다.[33] 신만이 창조자라는 전통적인 그리스도교 신론의 주장을 화이트헤드는 거부한다. 오히려 신은 화이트헤드 과정형이상학에서 새롭게 이해되는데, 그것은 신과 세계 모두가 창조의 과정에 함께 개입한다는 것이다. 그러므로 신과 세계 모두를 '공동창조자'(co-creator)로 부를 수 있을 것이다. 곧 신은 자신의 파트너와 함께 만물의 지속적인 창조에 개입하는 공동창조자로 인식된다.

화이트헤드 철학에서 신은 양극적인 개념으로 더 구체적으로 이해된다. 곧 현실재로서의 신은 두 가지 본성을 지닌다. 근원적 본성(primordial nature)과 귀결적 본성(consequent nature)이 바로 그것들이다. 이것은 신의 초월성과 내재성을 적절히 설명해 준다. 첫째, 신의 근원적 본성은 신의 순수한 이상(pure ideal) 또는 정신적인 본성을 의미한다. 신의 근원적 본성은 신이 세계의 구체적인 현실로부터 떨어져 있음을 의미한다. 곧 신은 세상의 충만성에 대한 어떤 감정이나 의식이 없으며, 세상의 사랑과 미움과 고난과 쾌락에 영향받지 않는다. 다른 말로 하면, 신의 근원적 본성은 세계의 사실들과 직접 연관되지 않으며, 그 어떠한 현실태들에 의해서도 제약되지 않는다. 이것을 신이 지닌 자아성, 영원성, 초월성이라고 화이트헤드는 말한다. 둘째, 신은 귀결적 본성을 가지는데, 이것은 신이 세계와 관계를 맺는 것을 말한다. 곧 귀결적 본성으로 인해 신은 세계와 관계를 맺으며, 세계로부터 다양한 행동의 결과들을 수용한

---

33   Whitehead, *Process and Reality*, 31.

다. 귀결적 본성을 지닌 신은 현실재들이 형성될 때 그것들을 파악하며, 신 자신에게로 이끌어 신과 관계를 맺게 한다. 이런 점에서 신은 시간적이다. 귀결적 본성을 지닌 신은 계속해서 현실재들을 받아들이며, 그럼으로써 변화한다.

율곡의 신유학의 우주론에서 '태극'(太極, the Great Ultimate)은 화이트헤드 과정 우주론에서 말하는 신과 비교되는 개념이다. 한 마디로, '태극'은 유일한 '원리'일 뿐만 아니라, 하늘과 땅과 무수한 사물들이 지닌 모든 '이'(理)들을 포괄하는 원리이기도 하다. 태극은 공간과 형상에 의해 제한을 받지 않으므로 종종 태극을 '무극'(無極)으로 부르곤 한다. 줄리아 칭은 주희의 철학에 근거해서 '태극'을 이렇게 정의한다. "태극은 무수한 사물을 구성하고 있고 또한 선과 악을 결정하는 '이'들로 가득 차 있다. 태극은 사물보다 앞서 존재하지만 사물의 창조 후에도 존재한다. 태극은 음과 양 바깥에 존재하지만 음과 양 가운데서도 작용한다. 태극은 모든 사물에 침투해 있으며, 존재하지 않는 곳이 없지만 원래 소리와 냄새와 그림자와 울림이 없이 존재했다."[34]

율곡 역시 '이'를 '태극'으로, '기'를 태극이 의존하고 있는 '음(陰)과 양(陽)'으로 규정한다. 율곡의 신유교적 우주론에서 태극은 인간을 포함해 우주의 모든 사물을 관통하는 궁극적 진리이며 하늘의 도(道)와 인간 본성에 관한 의미를 제시하는 개념이다. 만물은 태극에서 나와 태극으로 돌아간다. 태극은 만물 속에서 작용하는 통일과 완전의 원리이다. 율곡은 주희가 말한 "무극이태극"(無極而太極)이라는 유명한 어구를 인용하면서, 태극이 만물보다 앞서 있지만 만물의 창조 후에도 또한 존재한다고 주장한다. 이는 분명 태극이 지닌 초월적 성격을 드러내는데, 화이트헤드가 말한 신의 근원적 본성과 비슷하다.

---

34   Julia Ching, *The Religious Thought of Chu Hsi* (London : Oxford university Press, 2000), 45.

다른 한편으로, 태극은 기를 통해 세상에 나타나고 존재하게 되는데, 이것은 태극의 내재성을 의미하며 화이트헤드가 말한 신의 귀결적 본성과 비슷하다.

여기서 우리는 태극과 음양이 사물을 구성하는 데 본질적인 요소라는 점에 주목할 필요가 있다. 태극과 음양의 관계는 신과 세계와의 관계와 같다. 태극과 음양은 만물의 형성에 함께 관여한다. 하지만, 우주 만물에 존재하는 궁극적인 원리는 태극이다. 만물의 토대이자 근거인 태극은 음양이 동(動)과 정(靜)의 상태에서 운동하게 만든다. 그리고 태극은 음과 양의 모든 운동과 변화를 주관한다. 이렇게 태극은 우주에서 중심역할을 수행한다. 그것은 우주 만물의 기원이다. 그러므로 주희는 이렇게 강조한다. "근본적으로 하나의 태극만이 존재하지만, 무수한 사물들 각각은 태극을 부여받았으며 그 자체 안에 태극을 완전한 형태로 소유하고 있다."[35]

여기서 우리는 '일자'(一者)와 '다자'(多者) 사이에 이루어지는 창조성에 관해 몇 가지 차이점들에 주목할 필요가 있다. 곧 화이트헤드의 '신과 세계'는 새로움을 향해 창조적으로 전진해 나가는 반면, 태극과 음양은 순환적인 운동을 한다는 점이다. 태극은 항상 음양, 곧 기의 두 가지 형태를 수반한다. 음과 양이 없다면 태극은 추상적인 원리나 이론적인 개념에 지나지 않게 될 것이다. 태극은 반드시 자기 의존점인 음양을 파트너로 가져야 한다. 태극은 기가 없이는 자신의 활동을 시작할 수 없다. 이것은 세계와 관련해 태극이 갖는 또 하나의 측면을 보여준다. 그러므로 화이트헤드의 우주론에서의 신개념과 율곡의 우주론에서 태극 개념은 비슷한 방식으로 이중적인 특성을 갖는다고 말할 수 있다. 곧 이 두 개념들은 절대자, 궁극자, 또는 신적인 것을 대표한다고 볼

35　Wing-Tsit Chan, *A Source Book In Chinese Philosophy* (Princeton : Princeton University Press, 1963), 638.

수 있다. 이 두 개념들은 전통적인 신론과는 다른 범재신론에서 그 의미가 확연히 드러난다. 줄리아 칭 역시 이와 비슷한 주장을 제기한다. 그에 따르면, 신유학에서는 절대자를 "태극," "천리"(天理), 또는 단순하게 "이치"(理)라고 부르며, 만물의 근원으로서 우주를 관장하고 우주의 내재적이고 궁극적인 의미를 설명해 준다. 칭은 이런 신유학의 절대자 개념은 중세와 현대의 신비주의적신 개념과 매우 유사하며, 특히 셸링, 헤겔, 화이트헤드 등의 사상가들이 말하는 철학적 표현들과 비슷하다고 생각한다.[36]

3. 맺는말

지금까지 우리는 화이트헤드와 율곡의 사상이 많은 측면에서 유사점을 드러내고 있음을 확인하였다. 특히 양자는 우주를 서로 연관되어 있고 끊임없이 변화하고 움직이는 유기체로 본다는 점에서 공통점을 갖는다. 물론 차이점도 분명히 존재한다.

화이트헤드는 종교 간 대화 및 비교연구의 중요성을 여러 번 역설하면서, 이런 상호 간의 대화를 통해 각 종교가 더욱 변화되며 풍요로워질 수 있다고 확신했다. 화이트헤드는 이렇게 말했다. "(종교 간 대화에 참여하는) 그들은 서로를 통해 배울 수 있고, 서로로부터 (좋은 용어들을) 빌려올 수 있으며, 각각은 작은 변화를 이룰 수 있다. 무엇보다도, 그들은 서로를 이해하고 사랑하는

---

36 Julia Ching, *Confucianism and Christianity* (Tokyo : Kodansha International, 1978), 164.

법을 배울 수 있을 것이다."[37] 당연히 종교 간의 이런 만남과 대화는 서로의 성장과 활력의 기회를 가져다준다. 존 캅(John Cobb) 역시 이렇게 말한 바 있다. "대화의 목적은 우리가 사는 지구에 대한 위협을 제거하기 위해 타자들로부터 변화의 방법들에 대해 배우는 것이다. 종교 간 대화는 지구적 공동체의 건설로 이어지는 상호 배움과 변혁의 과정이 되어야 한다."[38]

연구 및 토의 문제

1. 종교 간 비교 연구의 중요성에 대해 설명하라.
2. 화이트헤드와 율곡의 비교 연구가 왜 필요한지 설명하라.
3. 현실재와 기(氣)의 관계를 비교 설명하라.
4. '영원한 객체'와 이(理)의 관계를 비교 설명하라.
5. '영원한 객체'와 '현실재' 및 '이'와 '기'의 역동적 상호 관계를 비교 설명하라.
6. 신(神)과 태극(太極)을 비교 설명하라.

---

37   Alfred North Whitehead, *Adventures of Ideas* (New York : The Free Press, 1967), 172.

38   John B. Cobb Jr., *Transforming Christianity and the World* (New York : Orbis Books, 1999), 180.

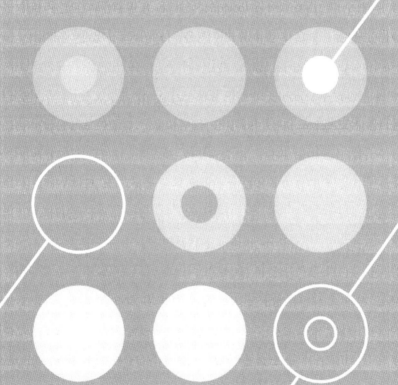

제3부

종교와 휴머니즘

송기득

제12장

종교와 휴머니즘

1. 종교 개념과 휴머니즘

'종교'(宗敎)라는 말은 한자 그대로 보면 '으뜸가는 가르침'이라는 뜻을 가지고 있다. 사람에게서 가장 으뜸가는 가르침이란 무엇일까? '사람을 사람답게 살게 하는 것' 곧 사람다움(인간화)이라고 할 수 있다. 사람을 살 수 있게 하는 사람다움, 아마도 그 이상 사람에게 으뜸가는 가르침은 없을 것이다. 이것은 종교의 알짬이 사람다움에 있다는 것을 나타낸다. 종교철학이 종교의 알짬(본질)이 무엇인가를 연구하는 철학이라면, 그것은 '사람다움'의 길을 밝히는 것 이외에 다른 것이 아니다.

서구에서 쓰고 있는 '종교'라는 말도 알고 보면 '사람다움'을 구경의 목표로 삼고 있다는 것이 드러난다. 종교를 영어로 '릴리전'(religion)이라고 하는데,

이 말의 밑뜻은 '리유니온'(reunion), 곧 '다시 하나가 됨'(재결합)을 가리킨다. 그렇다면 무엇과 다시 하나가 된다는 것인가? 무엇과의 재결합인가? 그것은 곧 신(God)이다. 그러니까 사람과 신이 다시 하나로 결합한다는 것이다. 여기에는 사람과 신 사이가 떨어져 있음이 전제되어 있다. 그 떨어져 있음이 하늘과 땅처럼 절대의 분리 관계이거나 — 이것을 히브리 사람들은 "하나님은 하늘에 있고, 사람은 땅에 있다"라는 말로 나타낸다(히브리 사람들의 성서). 또는 신과 사람 사이가 적대 관계이거나 여기에는 철저한 분리가 전제되어 있다. 종교란 바로 서로 떨어져 있는 신인(神人)을 다시 결합하여 하나가 되게 하는 길을 열려는 것이다.

이때 신은 무엇을 상징하느냐, 하는 것이다. 그것을 철학의 개념으로 나타낸다면 객관 쪽에서는 '궁극의 실재'(ultimate reality)이고, 주관 쪽에서는 '궁극의 관심'(ultimate concern)이다. 사람에게서 궁극의 관심은 무엇일까? 그것은 '사람다움'으로 모인다. 사람답게 살려는 것, 그것이 우리의 궁극적 관심이다. 그것이 바로 우리에게 궁극의 실재로서 나타나는 것이다.

또한 신을(철학의) 존재론으로 나타내면 신은 '존재의 터전', '존재 그 자체'라고 할 수 있는데, 그것을 사람의 있음(존재)이라는 자리에서 보면 그것 또한 '사람다움'이라고 말하지 않을 수 없다. 왜 그러겠는가? 사람이 사람으로서 존재하는 바탕은 다름 아닌 '사람다움'이라고 할 수 있기 때문이다. 따라서 '사람다움'은 사람의 존재 근거, 그래서 그것은 우리에게 '있음 그 자체'가 된다. 사람이 '사람다움'에 서 있지 않는다면 사람으로서 있다고 할 수 없다. 사람다움이 결여된 사람, 사람답지 못한 사람, 그런 사람을 어떻게 (사람다운) '사람'이라고 할 수 있는가? 우리가 신을, '존재의 근거', 또는 '존재 그 자체'라고 하는 것을, 나는 이렇게 풀이하고 있다. 신은 '사람다움'의 거점인 것이다.

하이데거(Heidegger)는 '있음'(존재, Sein)과 '있는 것'(존재자, Seiendes)을 구별하고서 '있음'을 '있는 것'의 존재 근거라고 했다(아니, 인식근거도 된다). 이 틀(범주)을 사람에게 적용한다면, 사람이란 '있는 것'(존재하는 것)에 대해서 '사람다움'은 그것의 존재 근거인 '있음'이라고 할 수 있다. '사람다움'은 사람을 사람 되게 하는 존재 근거라는 말이다. 마치 '아름다움'은 아름다운 사람(美人)의 존재 근거가 되듯이 말이다. 아름답지 않은 미인, 그것은 있을 수 없는 것이다.

그런데 여기에서 우리가 한 가지 기억해야 할 것이 있다. 그것은 하이데거가 그리스도교의 신은 '있음'이 아니고 '있는 것'이라고 규정했다는 사실이다. 이러한 규정의 옳음-그름을 따지기에 앞서 그것이 우리에게 시사하는 바가 크다. 그것은 아무리 '신'이라고 해도 신이 모두 우리(사람)의 '사람다움'을 떠받혀주는 바탕이나 터전이 되지 않는다는 사실이다.

그렇다면 신은 어떤 경우에 '있음' 또는 '있는 것'의 바탕(터전)이 되지 않는 것인가? 그것은 신이 '사람다움'을 억누르고 짓밟은 지배이데올로기의 구실을 할 때, 그 신은 '있음'의 자리에서 '있는 것'의 자리로 떨어진다. 신이 지배이데올로기의 수단으로 이용되었을 때 그렇다. 그리스도교의 신이 그런 구실을 많이 했다. 후세인의 신이나, 부시의 신이 그 좋은 본보기이다. 그러한 신은 적어도 사람을 사람답게 하는 '사람의 신'은 되지 못한다. 모든 종교에서 말하는 신은 어떤가?

이처럼 '종교'라는 말 풀이에서도 종교가 지향하는 궁극적 목표와 이념은 결국 '사람다움의 실현'에 있게 된다.

2. 휴머니즘의 본뜻

휴머니즘(humanism)의 알짬(본질)은 어디에 있을까? '휴머니즘'이란 말은 여러 가지로 옮겨지는데 이를테면, 인문(人文)주의, 인도(人道)주의, 인본(人本)주의, 또는 인간주의 따위가 그것이다. 여기에 따라 그 뜻 또한 다양한데 그 가운데서도 가장 핵심 되는 것은 '사람다움'(인간화)의 실현에 있다고 말할 수 있다. 사람다움의 실현을 이상(理想)과 이념으로 삼는 주의(ism), 그것이 다름 아닌 '휴머니즘'이다. 이러한 뜻의 휴머니즘은 '인간주의'라고 옮기는 것이 가장 알맞다. 그러나 이 말도 휴머니즘의 참뜻을 담아내기에는 미흡하다. 그래서 나는 차라리 '인간화주의'라고 옮기는 것이 낫지 않을까 생각한다. 사람의 알짬은 '사람다움'에 있다. 그래서 사람은 사람다워야 한다. 그렇지 않다면, 사람을 사람답다고 말할 수 없다. '사람다움'이란 알짬을 잃어버린 사람을 어떻게 '사람'이라고 할 수 있겠는가? 그때는 '사람 아닌 것'(비인간, 非人間)이 된다.

그러기에 사람은 마땅히 '사람다움'을 간직해야 한다. 그리고 그 사람다움을 실현해야 한다. 그러기 위해서는 '사람다움'이 사람의 알짬(본질)임을 이론으로 정립해야 하고, 또 그것을 삶의 현장에서 실천해야 한다. 이것이 인간주의의 이론화와 동시에 그 행동 실천(praxis)이다. '사람다움'의 이론과 그 실천, 이것이 휴머니즘에 맡겨진 핵심 과제이다.

휴머니즘이 '사람다움'을 이론화한다고 할 때, 거기에는 먼저 '사람다움'에 대한 존중이 전제되어 있다. 우리는 사실 스토아 사상(즉 키케로)에서 그 뿌리를 보지만, 사실 휴머니즘은 '사람다움'을 존중하려는 뜻에서 발단했다. 어떻게 하면 사람이 '보다 사람답게' 살 수 있을까 하는 생각이 휴머니즘을 낳게 한 것이다. '보다 더 사람답게' 살고 싶은 것은 사람이 '그만큼 덜 사람답게' 살고 있다는 것을 반증한다. 그래서 사람들은 '보다 더 사람답게' 살고 싶은 것인데, 바로 여기에서 휴머니즘이란 말이 유래했다는 것은 우리에게 시사하는 바가 크다.

'보다 더 사람다움'이란 말은 라틴어 '휴마니오르'(humanior)인데, 여기에서 영어 휴머니즘(humanism)이란 말이 생긴 것이다. 그리고 보다 더 사람답게 살고 싶은 데서 '사람다움'을 추구하게 되었는데 '사람다움'이란 말이 '후마니타스' (humanitas)이고 보면, 휴머니즘이란 말의 바탕이 어디에 있는가를 뚜렷이 알게 된다. 휴머니즘이란 말의 기원과 바탕에서, 우리가 먼저 생각해야 할 것은 '사람다움에 대한 존중'이다. 사람이 사람답게 살려면 먼저 사람다움을 존중해야 한다는 것은 너무나 마땅하다. 그리고 그것은 사람에게 굉장히 중요하다. 그 까닭은 어디에 있을까? 그것은 바로 '사람의 존엄성'과 직결되기 때문이다.

그런데 여기에서 우리는 깊이 유의할 것이 있다. 그것은 사람은 사람다운 사람이기에 앞서 사람 그 자체라는 사실이다. 사람이 사람답게 살지 못하고 짐승처럼 산다고 해서 -결코 그런 경우는 없다- 사람이 사람 되지 않는 법은 없다. 사람은 끝내 사람이다. 사람은 도덕이나 윤리의 판단, 그리고 그 밖의 어떤 것 (교양, 인격, 소유 따위)에 의한 평가를 넘어서 있는 존재이다. 사람에게는 있는 것 자체가 기본이다. 사람이라고 하는 존재 그 자체로서 있는 존재, 그것이 사람이다. 따라서 사람에 대한 어떤 평가도 '사람 그 자체'를 능가하지 못한다. 그래서 나는 '존재란 사람의 기본 되는 구원이다'라고 말한다. 아니 존재가 구원이다. 그러기에 사람이 사람답지 못하다고 해서, 다시 말해서 '사람다움'에만 존중성이 있다고 한다면 사람 자체의 존엄성에까지 이르지 못한다. 이 점에 휴머니즘의 갈등이 있다. 그래서 나는 '참된 휴머니즘'은 사람이 설혹 '사람다움'을 잃었다고 할지라도 -그것은 존재론적으로 용납할 수 없지만- 사람 그 자체의 존엄성을 인정하고, 그것을 지키고 보호하는 데 그것의 본뜻이 있다고 생각한다. 사람에 대한 평가에 앞서 사람이란 존재 그 자체에 존엄성의 뜻을 두는 휴머니즘이 가장 근본 되는 휴머니즘이다.

그래서 우리는 사람이 다 되었든, 덜 되었든 사람 그 자체의 존엄성을 지향하는 휴머니즘을 내세운 것이다. 이 대목에서 우리는 휴머니즘이 사람의 존엄성을 '사람다움'에서 찾는다고 할 적에 '사람다움'이 가지는 두 가지 뜻을 분명히 할 필요가 있다. '사람다움'이란 '후마니타스'에서 기원한 데서 알 수 있듯이 그것은 분명히 사람의 본 바탈(본성)을 가리킨다. 사람이 사람이란 존재인 이상 사람은 처음부터 누구나 사람다움이란 바탈을 지니고 있다. 이 점에서 휴머니즘은 '본질주의'에 서 있다. 사람다움을 사람의 알짬(본질)으로 보고 있기 때문이다.

이 자리에 서면 사람은 그가 사람이란 사실만으로 얼마든지 존귀하고 존엄한 존재로 받들어지는 것이다. 휴머니즘은 바로 여기에서 출발한다.

그러나 사람의 사람다움은 여기에 그치지 않는다. 사람이 정말 사람답지 못할 때 우리는 그런 사람을 사람다운 사람이라고 말하기 어렵다. 이 말은 곧 사람이 사람다울 때, 사람답게 살 때, 비로소 사람다운 사람이라고 할 수 있다는 것이다. 이때 '사람다움'은 '사람됨'(to be the human)의 뜻을 가진다. 단순히 '사람임'(the human being)이 아니고 '사람됨'이다. 여기에서 '사람다움'은 그 실현 또는 창조를 목적으로 하는 가치론(요청론)에 서게 된다. "가라, 수난하라, 그리고 죽어라… 그러나 될 것이 되라 - 한 사람이"라는 로만 롤랑(R, Roland)의 말은 사람의 사람다움을 '사람됨'에 두고 있는 것이다. 사람은 사람이 될 때 비로소 사람다움을 실현하게 된다.

그러기에 내가 '사람다움'이란 말을 쓸 적에는 '사람임'과 '사람됨'을 동시에 가리키게 된다. 그런데 사실상 사람임과 사람됨은 그처럼 확연하게 나누어지지 않는다. 이것은 언제나 맞물려 있다. 그래서 우리가 '사람다움'이라고 할 때 그 두 가지 것을 다 포함한다. 휴머니즘이 바로 그렇다. 사람은 '사람'이기 때문에 존엄하지만 '사람다움'을 지녔기 때문에 존엄한 것이다.

그러나 생각해 보면 사람임과 사람됨은 하나이다. 그것이 모두 사람다움으로써 묶여 사람의 존엄성의 바탕이 된다. 여기에서 우리는 휴머니즘의 참뜻을 보게 된다. 휴머니즘이란 사람의 존엄성(사람다움)을 지키고 실현하기 위해서 그것을 억누르고 짓밟는 일체의 것, 그것이 정치 지배 권력이든, 경제 체제이든, (지배) 이데올로기든, 종교이든, 그 밖에 무엇이든 여기에 사정 없이 대들어 싸우는 운동이 휴머니즘이라는 것이다. 물론 여기에는 사람다움에 대한 이론과 사상의 정립이 선행되어야 한다. 이처럼 사람의 존엄성과 사람다움에 대한 이론화와 저항운동(싸움), 여기에 휴머니즘의 본뜻이 있는 것이다. 우리는 이것을 종교의 전통에서 찾아보기로 한다.

3. 사람의 존엄성과 종교사상

모든 종교가 휴머니즘을 간직하고 있어서 사람의 존엄성(사람다움)을 으뜸으로 가르치고 있지만, 나는 불교, 동학, 그리스도교의 휴머니즘만을 간략하게 언급하려고 한다.

불교의 전설에 따르면, 붓다가 '천상천하 유아독존'(天上天下 唯我獨尊), 곧 "하늘에서나 땅에서나 나만이 홀로 존귀하다."라고 했다는데, '나'(我)라는 것을 '사람'으로 읽는다면 이것이야말로 붓다가 사람의 존귀성, 사람의 존엄성을 첫째로 강조했다는 것을 짐작할 수 있다. 그러나 불교에서 말하는 사람의 존엄성은 "일체중생은 모두 불성을 가지고 있다"(一切衆生 悉有佛性, 『열반경(涅槃經)』)라는 데서 확인된다. 모든 사람은 불성을 가졌기 때문에 존엄한 존재인 것이다. 아니 사람의 바탈(本性)이 불성 그대로이므로(禪宗) 사람은 존엄한 존재일 수밖에 없다. 그런데 여기에서 우리가 '불성'을 부처가 될 가능성으로 읽든, 사람의 바탈 그것으로 보든, 이 불성을 '사람다움'으로 옮긴다면, 그야말로 사람의 존엄성을 받쳐주는 근거가 될 것이다.

그러나 사람의 존엄성은 우리의 전통 사상인 동학(東學)에서 가장 확실하게 엿볼 수 있다. 최제우(崔濟愚)는 사람은 누구나 시천주(侍天主)의 존재 곧 하나님(한울님)이 모셔져 있는 존재라고 생각했다. 하늘의 기(氣)가 형상화한 것이 사람이기 때문이다. 그래서 사람은 존엄한 존재인 것이다. 그렇기 때문에 최시형(崔時亨)은 사람을 하늘처럼 (받들고) 섬겨야 한다(事人如事天)고 강조하게 되었다. 여기에서 우리는 경천(敬天)과 애인(愛人)이 하나임을 보게 되는데, 이것은 유대교의 율법을 이어받은 처음 그리스도교의 문서에도 나타난다. 사람을 하나님처럼 섬기라는 해월의 요청은 사람이 하나님만큼 존엄한 존재임을 전제로 한 것이다.

그러나 사람과 하나님의 관계는 천도교(天道敎)에 이르러 '인내천' 사상으로 철저화된다. 사람이 곧 하나님이라는 것이다. 사람과 하나님을 하나로 보는 여기에 사람의 존엄성은 절정에 이른다. 이것은 사람을 하나님보다 조금 낮은 (하나님 다음가는) 존재로 보는 데서 사람의 영광과 존귀를 노래하는 그리스도교에서는 '인내천' 사상을 하나님에 대한 모독으로 볼지 모르지만 말이다. 그러나 그리스도교에서도 '인내천'을 예수에게만은 적용하고 있는 것을 보면,

인내천이 사람의 가장 드높은 이상이라는 것을 반영하고 있다고 보아도 좋을 것이다. 예수는 참 하나님인 동시에 참사람이라는 예수의 '신인'(神人) 사상은 그리스도교의 핵심교리이기 때문이다.

그러나 동학의 휴머니즘은 따지고 보면 고조선인에게서 비롯되었다고 볼 수 있다. 단군신화에 반영되어 있는 '홍익인간'(弘益人間) 사상은 그대로 사람의 존엄성을 드높이는 것을 이상으로 하는 것이다. '사람을 널리 이롭게 한다'라는 것이 사람을 존엄한 존재로 받들고 섬긴다는 것이 아니겠는가.

사람의 존엄성에 대한 주장은 히브리 사람의 성서(구약)를 자신의 '정경'으로 삼은 그리스도교에서도 그대로 드러난다. 그 대표되는 보기가 헤브라이즘의 창조 신화에 잘 나타나 있다. 창세기(1:26-27)에 따르면, 사람은 신(들)의 피조물인데, 신은 사람을 '신(들)의 형상'(image of God)으로 지었다는 것이다. '신의 형상'은 사람의 본성(human nature) 곧 '사람다움'을 가리키는 것인데 학자들(특히 폰 라트)은 고대 근동지역에서 쓰였던 '신의 형상'이라는 말뜻에 근거해서 -'의미의 장'(semantic field)이라고 한다- 그것을 사람의 존엄성을 가리킨다고 풀이한다.

고대 근동지역에서는 나라의 권력자인 왕을 '신의 형상'이라고 불렀는데 그때 왕은 가장 고귀하고 존엄한 존재로 받들어졌다. 따라서 사람을 '신의 형상'으로 만들었다는 것은 사람이 왕처럼 가장 고귀하고 존엄한 존재라는 것을 가리킨다는 것이다. 히브리 시인이 "사람을 하나님 다음 가는 존재로 만드시고 사람에게 영광과 존귀의 관을 씌웠다"(시편 8:5)라고, 하나님께 노래했던 것은 바로 이 전통을 따르고 있다.

그러나 뭐니 뭐니 해도 '사람다움'에서 사람의 존엄성을 터놓은 것은 헬레니즘의 스토아 사상이라고 할 수 있다. 스토아 철학은 사람의 바탈(本性)

을 후마니타스로 보고 사람의 존엄성을 끌어낸다. '후마니타스'는 우리가 이해하고 있는 '사람다움'이라고 함 직한데 사람의 본성 쪽에 힘을 두면 '인간성'(humanity)이라는 말로 표현될 수 있다.

그런데 우리가 이 '후마니타스'에 주목할 것은, 그것이 '로고스'(logos)에 자리 잡고 있다는 사실이다. 스토아의 로고스는 헬라클레투스나 플라톤의 '로고스' 개념의 전통을 따르고 있지만 '자연법(자연의 법칙)'이 그 핵심을 이룬다. '자연법'(자연의 법칙)이란 사람에게 선천적으로 주어져 있는 도덕의 원리나 윤리의 법칙 같은 것으로, 칸트(Kant) 투로 말하면 '실천이성' 또는 '정언적 명령'이라고 할 수 있다.

사람은 누구나 이처럼 '자연법'을 지니고 있기 때문에 저절로 존엄한 존재가 되는 것이다. 자연법은 물론 사람이 자기의 위대성과 존엄성을 인정하는 한 그 바탕이 되는 것이지만 말이다. 이러한 뜻의 '후마니타스'(사람다움)의 사상은 스토아 철학자 키케로에게서 비롯되었는데, 그것이 정치에 적용되었을 때는 법률(로마법)로 나타나 모든 사람에게 시민권을 주는 데 이르렀다(Marius Aurelius 황제). 여기에는 여성들이나 노예들이나 어린이들도 포함되었다. 신분에 관계없이 모든 사람들에게 평등한 권리가 주어진 것이다. 사람의 평등권은 그리스도교에서 발단한 것이 아니라, 스토아주의의 '보편적 로고스' 사상에서 발단된 것이다.

그러나 여기에는 어쩔 수 없이 차별성이 따랐다. 사람은 누구나 보편적인 로고스에 바탕을 둔 '사람다움'을 지녔지만, 그것의 발현에는 차이가 있다는 것이다. 그래서 사람다움은 상대적인 것이 된다. 키케로가 로마 사람을 '사람다운 사람'(homo humarus)이라고 부른 데 비해, 로마 사람이 아닌 사람(비로마인)을 '이방 사람'(homo barbarus)이라고 불렀던 것은 그 때문이다. 이러한 사람다움의 상대성이 그리스도교에 그대로 미쳐서 1537년에 이르러 비로소 로마 교황 바울로 3세는 인도 사람, 흑인, 아메리카 원주민을 '참사람'으로 인정하는 회칙(回勅)을 발표했다. 물론 여기에는 조건이 따랐다. '세례를 받은 사람에 한해서' 참사람으로 인정한다는 것이다. 이것은 그리스도교가 그때까지 이들을 '사람'으로 인정하지 않았다는 것을 반증한다.

휴머니즘의 본뜻을 말하는 대목에서 이미 밝혔지만, 여기에서 우리는 다시 '사람다움'을 구별할 필요를 느낀다. 사람다움이 가지는 보편성과 특수성이 그것이다. 사람은 누구나 '사람다움'을 그의 바탕으로 지니고 있어 존엄성을 가진 존엄한 존재가 되지만, 사람에게는 '사람다운 존재'도 있고 그렇지 않은 존재도 있다고 한다면 엄밀한 뜻에서 사람의 존엄성이 흔들릴 수가 있다. 사람다운 사람만이 '사람'이고 사람답지 못한 사람은 '사람'이 아니게 될 위험성이 있다는 말이다. 보기를 들면, 스토아의 '자연법'이 사람으로서 마땅히 따라야 할 실천이성, 도덕의 법칙, 정언의 명령 따위로 나타난다면(칸트) 그 '의무'를 다하지 않는 사람은 사람의 바탕인 사람다움을 저버리는 것이므로 그런 사람을 '사람'으로, '존엄한 존재'로 없다고 하지 않겠는가?

뿐만 아니라 사람을 사람답게 살지 못하게 하는 비인간스러운 악의 실체(구조악)에서 벗어나 사람을 사람답게 살 수 있게 해야 하는데, 그럴 적에도 우리는 '사람다움'이란 말을 쓰고 있다. 이것은 엄밀한 뜻에서 '인간화'(humanization)이다. 그러니까 사람다움이란 말은 사람의 (보편적인) 바탕을 뜻하기도 하고, 동시에 사람이 사람다우려는 그리고 사람을 사람답게 하는 '인간화'를 뜻하기도 하는데 이러한 사람다움의 상대성은 어떻게 극복, 통합되는 것일까?

4. 사람다움의 참뜻 세 가지

여기서는 내가 쓰고 있는 '사람다움'의 본뜻을 먼저 밝히기로 하겠다. 사람다움의 개념규정이 될 것이다. 이것은 곧 사람의 존엄성의 존재 근거이기도 하다. '사람다움'은 인간학에 따라 여러 가지로 특징지어지겠지만 나는 다음 세 가지로 크게 나누어 정리하려고 한다.

1) 주체성

첫째로, 사람의 '사람다움'은 '주체성'(subjectivity)에 있다고 할 수 있다. 사람의 존엄함은 바로 이 주체성에 바탕을 두고 있다는 말이다. 사람을 존엄한 존재로 받든다는 것은 곧 사람을 주체의 존재로 받든다는 것이다. 사람의 사람다움이 주체성에 있다고 했을 때 '주체성'이란 무엇을 의미하는 것일까? 이 물음의 대답은 사르트르(J. P. Sartre)에게 기댄 것이 좋다. 사르트르에 따르면 사람의 사람다움은 주체성에 있다. 이것은 사람의 존재 방식 곧 '실존'의 알짬이다.

그런데 우리는 '주체성'이란 말을 어렵게 생각할 것이 없다. 나의 주인은 나 자신이라는 말이다. '나'가 나의 임자이다. 따라서 나(사람)는 그 어떤 것에도 매여(예속) 있지 않다. 노예가 아니라는 뜻이다. 이것을 사르트르는 "존재는 본질에 앞선다"라는 명제로 나타낸다. 여기에서 존재는 사람의 존재 곧 '실존'이다. "본질이 존재에 앞선다"라는 다른 존재와는 정반대이다. 실존이 본질에 앞선다고 했을 때, 거기에는 사람을 창조했다는 신(창조주)의 부재(不在)가 전제되어 있다. 사람은 창조주(신)에 의해서 창조된 것이 아니라 스스로 자기를 창조해가는 존재이다. 사람은 창조자이지, 피조물이 아니라는 것이다.

사람의 창조성은 (본질 없는) 존재에서 출발한다. 신의 피조물이 아닌 이상 사람에게는 본질 따위가 없다. 그는 '지금, 여기'에 그냥 던져졌을 뿐이다. 그것은 우연(성)이고, 무상(無償)(성)이다. 그래서 사람은 주체로서 자기(본질)를 새롭게 창조해가는 (미래로 던져가는[企投]) 실존인 것이다. 사르트르의 로깡뗑이 묻는 자기 존재(실존)의 물음은 자기 존재의 무상성에 대한 의식에서 발단했다. 이 무상성을 알아차렸을 때 그는 '구역질'(구토)을 느낀 것이다. 이 '구역질'이 곧 자기 창조의 계기가 된 것이다(사르트르의『구역질』).

여기에서 우리는 사람이란 스스로 자기를 새롭게 창조해가는 행동 존재, 곧 '주체성의 존재'임을 확인한다. 스스로 선택하고 결단하고, 그래서 거기에 책임을 지는 주인 된 존재이다. 여기에는 저절로 '자유'가 전제가 된다. 자유 없는 자기 창조, 그것은 불가능하기 때문이다. 그래서 주체성과 자유는 사람에게서 동일성의 관계이다. 사람이 주체성을 사는 것은 자유가 밑받침이 되었기 때문에 가능하며 사람이 자유의 존재라는 것은 주체성(주인 됨)을 삼으라는 것이다.

따라서 사람(삶)의 본질이 자유에 있다는 것, "사람은 자유에 선고되어 있다"라는 것은 사람이 주체성을 살게 되어 있다(사르트르)는 것, 주체성을 사는 것이 그의 운명이라는 것을 암시한다. 그러나 사르트르가 사람(실존)을 휴머니즘 쪽에서 이해하려는 것은, 한 사람의 주체적 선택과 결단이 곧 '인류'를 선택한 것과 일치한 것으로 보는데 근거한다. 우리가 한 남성이나 여성과 결혼을 하게 되었을 때, 그것은 결국 '일부일처제'를 선택한 것이 된다. 특수가 보편에 융합한 것이다. 그렇지만 사르트르의 '실존주의'가 휴머니즘이 된 것은 한 사람의 선택이 곧 소외계층(민중)의 인간화를 선택한 것으로 보고, 그가 사회주의(마르크스주의)의 혁명을 지지한 것으로써 거기에 '참여'했다는 점이다. 이른바 '앙가주망'(engagement, 역사 변혁에의 참여)에서 실존의 확대를 본 것이다. 그런데 '앙가주망'은 실은 '데가주망'(degagement, 자기해방)이다. 실존의 자기 억제나 자기 구속이라고나 할까? 참여에는 반드시 자기 구속이 따르기 마련이다. 따라서 사르트르의 '실존주의는 휴머니즘이다'라는 명제는 타당성을 지닌다고 볼 수 있다.

이처럼 사람의 '사람다움'이 주체성을 사는 데 있다고 할 때, 주체성이야말로 사람에게는 진리가 되는 것은 당연하다. "주체성이 진리이다"라고 외친 키르케고르 (Kierkegaard)는 주체성을 사람다움을 판단하는 인식근거로 삼은 것이다. 나(우리)를 살릴 수도 있고 죽일 수도 있는 것, 그 이상 나(우리)에게 진리인 것은 없다.

히브리 성서에는 이 '주체성'에 대한 가르침이 없는 것인가? 실존철학에서 말한 뜻과는 거리가 있지만, 그 가능 근거를 엿볼 수 있게 하는 대목이 있다. 앞에서 말한 '신의 형상'이 사람의 세계(자연) 지배권을 가리킨다고 보는 것이다. "우리(신들)의 형상을 따라 … 사람을 만들자 … 그리고 바다의 고기 … 공중의 새 … 땅 위의 짐승들을 다스리게 하자"(창세기 1:26). 신이 인간의 창조 본성으로 사람에게 부여한 '신의 형상'은, 곧 사람들이 이 세계를 다스릴 수 있는 지배권을 그 본성으로 가지게 되었다는 것을 나타낸 것이라고 구약학자들은 해석한다.

사람들이 자연을 지배한다는 것은 사람이 자연의 주인 됨을 드러내는 것임에 틀림없다. 히브리 성서에는 신이 사람에게 모든 사물에 이름을 붙이는 권리를 주었다는 말도 있는데(창세기 2:20), '이름 붙임'도 지배의 수단이다. 부리고 다스리기 위해서 명령(命令)하는 것이다. (오늘날에는 '이름'은 약과이다.

'번호'(숫자)로 지배한다.)

그러나 히브리 사람(이스라엘 사람)들의 지배이론에는 문제가 있다. 하나는 사람은 만물의 주인(지배자)이지만, 그 지배자인 사람은 신의 지배를 받는다는 점이다. 그래서 사람의 '주인 됨'은 어디까지나 신에게 종속되어 있는 한에서 가능하다. 이것은 엄밀한 뜻에서 사람의 주인 됨(주체성)이 관철될 수 없다는 것을 뜻한다.

다른 하나는 사람이 '다스리다'(지배한다)라는 것으로 하여 세계와 자연에 위기를 안겨 주었다는 점이다. 세계의 비인간화 현상이 그렇고 자연의 생태학적 위기가 그렇다. 사람의 세계(자연) 지배가 마침내 사람 자체에 파멸을 안겨주게 된 셈이다. 이것이 사람의 위기라면 그 책임은 사람이 지배권을 잘못 행사한 데 있게 된다. 이것이 세계와 자연의 위기에, 그리스도교가 책임을 져야 할 대목이다. 모든 독재 지배 권력에 대한 정당화에서도 그리스도교는 자유롭지 못하다.

그런데 오늘의 생태학적 신학에서는 그리스도교가 '다스리라'라는 말을 잘못 해석했다고 지적한다. '다스리라'라는 말에는 '보전(保全)하라'라는 뜻이 들어있다는 것이다. 따라서 자연을 지배하라는 말은 자연을 보전하라는 말로 받아야 한다는 것이다. 여기에는 '자연보전'에 대한 성서적 근거를 제시하려는 속셈이 들어있는데 자연을 '다스리라'라는 말이 들어있는 제사(P) 문서의 동기는 제사계급의 지배를 정당화 하려는 데 있었다는 것을 고려할 필요가 있다.

그러나 사람다움의 바탕을 주체성으로 보려는 그리스도교의 자리는 '역사의 예수'가 선언한 말에서 그 정체성과 그 참다운 의미를 찾을 수 있고, 또 그렇게 해야 한다. 예수는 선언했다. "안식일(법)이 사람을 위해서 있는 것이지, 사람이 안식일(법)을 위해서 있지 않다. 사람은 안식일(법)의 주인이다"(마가

복음 2:27-28). 우리는 예수의 이 선언을 '인간 선언' 또는 '인권선언'이라고 부른다. 예수가 "사람은 안식일의 주인이다"라고 했을 때 '안식일'(법)이란, 그 당시 소외계층(민중)의 사람다움을 억누르고 짓밟은 지배이데올로기였다는 점을 기억해야 한다. 그것이 율법(오늘의 '법')으로 나타나 지배 권력을 정당화하려는데 악용(이용, 남용)되었던 것이다. 예수 때는 법을 어기면, 사람을 무조건 '죄인'으로 몰았다. '사람 아닌 존재'로 단정, 선언한 것이다. 예수는 바로 이 지배이데올로기에 도전한 것이다. 왜? 법이 사람을 위해서 있는 것이지, 사람이 법을 위해서 있는 것이 아니라고 보았기 때문이다.

예수는 법뿐만 아니라 사람의 '사람다움'을 비인간화하는 일체의 것, 그것이 가치이든, 전통이든, 체제이든 예수는 그것을 사정없이 거부하고 거기에 날카롭게 도전하고 항거했다. 예수는 로마와 유대의 지배 권력에 의해서 '십자가형틀'에서 참혹하게 살해되었던 것이다. 예수는 사람다움(인간화)의 실현(운동)에 목숨을 바쳤던 것이다. "사람은 안식일의 주인이다"라는 예수의 '인간 선언'은 비인간화가 만연한 오늘날에도 여전히 중요한 의미를 가진다.

그렇다면 이 '사람다움'은 현실에서 어떻게 구체화되는 것일까? (우리는 그것을 어렵게 생각할 것이 없다) 그것은 사람의 기본권의 보장으로 나타난다. 사람의 기본권, 그것을 우리는 '인권'이라는 말로 줄여 쓰는데, 사람에게 인권이 없다면 그것은 곧 '사람다움'을 잃는 것이다. 그리고 바로 이 인권의 보장에서 사람의 존엄성이 유지되는 것이다.

인간의 기본권이란, 말할 수 있는 권리, 자기의 생각과 뜻을 글로 나타낼 수 있는 권리, 믿음을 자유롭게 가질 수 있는 권리, 아니 믿지 않을 권리, 양심을 지킬 수 있는 권리, 모이고 뭉칠 수 있는 권리, 먹을 수 있는 권리, 일할 권리, 놀 권리, 살(죽을) 권리, 사람의 기본권을 위해서 누리기 위해서 시위하고 저항하고 싸울 수 있는 권리, 이 모든 권리를 누릴 때 '사람다운 사람'이라고 할 수 있다. 사람의 사람다움은 사람의 기본권에서 구체화한 것이다. 그래서 사람의 기본권은 사람다움의 실현에 필수요건이 된다.

따라서 사람의 기본권이 짓밟힐 때 사람의 존엄성은 훼손되고, 사람의 사람다움을 잃게 된다. 그러므로 세계의 사람들은 누구나 적어도 '세계의 인권선언'에서 제시된 인권은 보장되어야 하며, 사람은 누구나 그 인권을 향유할 수 있어야 하고, 또 그렇게 되도록 애써야 할 것이다. 인권운동, 그것이 곧 인간화 실현 운동으로 표상되는 '휴머니즘'인 것이다.

2) 밥상공동체

둘째로 사람의 존엄성이 바탕을 두고 있는 '사람다움'은 사람이 '함께 산다'라는 데 있다. 다시 말해서 공동체를 이룬 데서 사람다움이 실현된다는 말이다. 공동체의 형성, 여기에 사람다움의 운명이 걸려 있는 셈이다. 함께 살기 위해서는, 곧 공동체를 형성하기 위해서는 (함께 사는) 공동체의 구성원은 철저하게 주체와 주체와의 만남을 이루어야 한다. 부버(M. Buber)의 말로 하면 '나'와 '너'의 만남이다. '나'는 나의 나(주체)이고, '너'는 너의 나(주체)이다. 그래서 주체와 주체의 만남인 것이다. 이러한 '나'와 '너'의 만남은 곧 '우리'를 이룬다. 따라서 공동체는 사실 '우리'라는 공동체이다.

'우리'(공동체)는 나와 너의 단순한 결합이 아니고, 나와 너의 승화된 만남이다. 따라서 이 '우리'라는 만남은 나도 없고 너도 없는 제3의 형태가 아니고, 나도 있(살)고 너도 있(사)는, 그러나 그것이 결코 따로가 아닌 하나 됨(동일성)을 이룬, 그야말로 '우리 공동체'인 것이다.

따라서 '우리' 공동체를 이루고 있는 나-너의 만남은 언제나 평등 관계에 있다. 그래서 참된 '만남'인 것이다. 참된 만남에는 차별성(특히 성차별)이나 계급성(신분이나 지위의 계급성)이 있어서는 안 된다. 거기에는 직책(직능)의 구별 이상 허용되지 않는다. 남성과 여성, 어린이와 어른, 교수와 학생, 목사와 신도, 대통령과 국민 사이에는 어떤 차별도, 계급도 있어서는 안 된다. 모두 평등이다. 그래서 '만남'이고, 그래서 '우리'(공동체)인 것이다.

이처럼 평등한 '우리 공동체'에서는 서로서로 인격으로, '사람'으로 받들어져야 한다. 칸트의 말을 빌리자면, '우리'를 이룬 사람들은 서로를 '목적'으로 대해야지 '수단'으로 대해서는 안 된다. 상대에 대해서뿐 아니라 자신에 대해서도 그렇다. 이것이 보편·타당성 있는 원리를 구현하는 행동이다.

이처럼 서로가 목적으로 받들어지는 세계, 그것이 바로 칸트(I. Kant)가 말한 '목적의 왕국'인데, 우리는 그 나라의 입법자이다. 이 목적의 왕국은 예수의 '하나님 나라'에 대한 칸트 투의 표현이라고 할 수 있다. 이것을 내 투의 말로 하면 사람다움(인간화)이 실현된 세계 이외에 다른 것이 아니다. 이것이 참된 공동체로서 집단과 구별된다. '집단'은 이익을 전제로 하기 때문에, 사람이 '수단'으로 이용된다. 그래서 사람이 '몸값'으로 평가된 것은 집단의 생태이다.

그러나 무엇보다도 '우리'의 평등공동체의 근본 되는 특징은 '나눔'에 있다. 우리가 가진 것을 함께 나누는 데 있다. 함께 나누는 일이 없이 평등공동체는 불가능하다. 함께 나누어야 할 것은 먼저 '밥'이다. '밥'이 나눔이다. 그 나눔은 필요(수요)에 따른다.

'밥'을 함께 나누는 공동체를 (한국의) 민중 신학에서는 '밥상공동체'라고 일컫는다. 필요에 따라 나누는 소유의 공동분배, 그것이 '밥상공동체'이다. 여기에는 먼저 구성원이 '힘닿는 대로' 일한다는 것이 전제된다. 그리고 모든 소유는 '모두의 것'(하나님의 것)이므로 여기에서는 사유(私有)가 용납되지 않는다. '사유제'란 비인간화라는 악의 씨앗이기 때문이다.

힘닿는 대로 일하고 필요에 따라 나누어 가지는 '밥상공동체', 그것은 예수의 경제원리에서 발단했다. 이 원리는 예수의 포도원 품꾼의 비유(마태복음 20:1-15)에서 극명하게 드러난다. 처음 그리스도교공동체에서 예수의 이 뜻을 살린 흔적이 있다. 처음 그리스도인들은 자기의 것(소유)을 즐거운 마음으로 내놓고 함께 나누어 썼다. (그렇게 하니까.) 그 가운데는 가난한 사람이 하나도 없었다(사도행전 2:44-45, 4:32-35). 소유를 나누는 것이 함께 사는 길이고, 그것만이 사람답게 사는 것이라는 사실을 실증한 것이다.

그런데 민중 신학의 밥상공동체에서는 단순히 밥(소유)의 나눔만을 뜻하지 않는다. 사람다움의 알짜인 참된 평등이 이루어진다. 밥상을 같이한다는 것은 너와 내가 동등한 사람이라는 뜻을 내포하고 있다. 여기에는 남녀의 성차별도 없고, 가진 사람 못 가진 사람의 계급 차별도 없고, 잘난 사람 못난 사람의 신분 차별도 없고, 의인과 죄인의 도덕 차별도 없고, 힘이 있고 없고의 능력 차별도 없다. 모두 벗(친구)이다. 참된 고름(평등)이 있고, 따라서 참된 평화가 따른다.

그런데 밥상공동체에서는 '밥'만 나누는 것이 아니라 '말씀'도 함께 나눈다. 마음의 양식, 지식과 지혜와 진리, 정과 사랑과 덕, 뜻과 이념, 그리고 마침내 목숨까지 나누는 것이 밥상공동체의 참뜻이다. 이것을 성서는 '하나님의 말씀'으로 상징한다. 밥과 말씀은 하나이다. 결코 유리되어 있지 않다. 말씀은 사람에게 밥을 먹게 해주었을 때 참 말씀이 되고, 밥은 말씀을 살 수 있게 하는데 그 의의가 있다. 밥을 먹자는 말씀이고, 말씀을 살자는 밥이다. 밥과 말씀은 하나이다. 여기에서 '밥이 하늘'이라는 고백(김지하)도 가능하다.

사람다움을 알짜로 하는 우리 공동체, 인간공동체, 밥상공동체, 평등공동체의 실현이 실제로 가능한가? 굉장히 어렵다. 거의 불가능할 것이다. 그러나 그 불가능의 가능성을 우리는 현실에서 보고 있다. 바로 '풀무원'과 '동광원'(귀일원)이다.

풀무원은 원경선이 경기도에 설립(1955)한 농원공동체이다. 공동체의 사람들은 믿음과 나눔을 이상으로 한다. "힘닿는 대로 일하고 필요에 따라 나누는" 예수의 경제 질서를 따르는 나눔의 공동체이다. 먹고 입고 기거하는 것, 그리고 치료, 교육……의 차례로 사는 데 필요로 한 것 이외에는 일체 사유를 허용하지 않는다. 그 나머지는 모두 어려운 이웃에게 돌린다. 이것이 예수를 따르고 하나님을 믿는 삶의 참된 방식이라는 것이다. 지금도 한결같이 '처음처럼' 잘 이끌고 있다. 참으로 풀무원은 예수가 말한 밥상공동체의 본보기라고 할 수 있다.

동광원(귀일원)은 하나의 '민중 수도공동체'로서, 해방 뒤 광주에서 시작되었다. 동광원은 본디 '고아원'의 이름인데 (최흥종 목사가 전쟁고아를 위해 세웠다), 여기에 곁들어 가난한 사람, 병든 사람, 정신착란자, 오갈 데 없는 떠돌이, 행려자와 같은 민중의 모임(공동체)이 이루어졌다. 그러나 이 공동체에 들어오면, 신앙과 청빈과 순결과 노동과 사랑과 봉사의 삶을 지향한다. 그래서 동광원은 하나의 '수도공동체'라고 할 수 있다. 남원을 본부로 해서 전국 여러 곳에 흩어져 작은 공동체를 이루며 살아가고 있다.

이들은 힘닿는 대로 일해서 먹고 남은 것은 모두 가난한 사람들, 병든 사람들, 고아들을 위해 쓴다. 그리고 이들을 손수 (품삯 없이) 몸으로 돌본다. 그야말로 '헌신'이다. 그 대표되는 기관이 광주의 '동광원'(귀일원, 歸一圓)이다. 이곳에는 주로 정신지체 장애가 있는 사람들을 수용하고 있다. 동광원의 정신은 일찍이 이공(李空-李世鍾) 선생에게서 발단했다. 그는 원래 머슴 출신이었는데, 하도 부지런히 일해서 꽤 큰 재산을 모았다. 그가 '예수'를 알게 되면서 가난한 사람들을 돌보다가 마침내 그들을 위해 전 재산을 내놓고, 수도의 길로 들어섰다. 그 기도처는 지금도 화순군 도암면에 그대로 남아있다. 그 정신을 이어받은 이현필과 정인세가 동광원을 차리고 이끌어 오다가 그가 죽자 20-30년 전부터는 그들의 정신을 따르는 김준호가 동광원(귀일원)의 정신적 지주가 되어 그 일을 이어오고 있다.

동광원도 민중 스스로에 의해서 이루어진 '민중 밥상공동체'로서 우리 민족의 정신사의 '이정표'로 길이 남을 것이다.

3) 인간화의 실현

셋째로, 사람의 '사람다움'은 '사람다움'(인간화)의 구현에 있다. 이것은 역사의 현장에서 더욱 그렇다. 우리의 역사 현장은 '비인간화'가 지배적이다. 이제 인간 부재의 시대, 무인화의 시대가 된 셈이다. 그러기에 이 시대, 이 역사를 사람이 사람답게 살 수 있는 세계로 만들어야 할 사명이 이 시대를 사는 사람들에게 맡겨졌다.

오늘의 사람다움은 개인 차원에 국한되지 않는다. 체제나 구조 전체에 걸쳐 있다. '구조악'이 비인간화의 실체이다. 개인의 비인간화도 여기에 맞물려 있고 '우리 공동체'의 실현 또한 마찬가지이므로 체제(구조)의 변혁이 인간화를 담보한다. 그래서 사회 · 역사 차원의 '사람다움'(인간화)이 우선한다.

역사 안에서 실현되어야 할 인간화, 그것은 구체적으로 어떻게 실천되어야 하는 것일까? 그것은 사람의 존엄성이, 사람의 인간화가 사회와 역사 안에서 실현되는 일이다. 사람의 주체성, 자주성, 인격성, 목적성, 기본권 그리고 해방,

자유, 평등, 평화가 사회 안에서, 역사 안에서 제대로 실현되어야 할 일인데 이것은 어떻게 구체화 될까?

먼저 정치 쪽에서는 외세의 침략이나 지배 권력의 억압에서 벗어나서 자유를 누릴 수 있어야 하고, 경제 쪽에서는 온갖 빼앗김(수탈과 착취)에서 벗어나야 한다. 소유(물질)는 물론, 사람 그 자체도 빼앗겨서는 안 된다. 노동뿐 아니라 사람 자체도 팔아야 하는 착취체제에서 인간화를 이루어내야 한다. 그리고 이데올로기 쪽에서는 온갖 지배이데올로기의 예속에서 벗어나 그 이데올로기의 자유로운 주체가 되어야 한다. 특히 종교의 예속에서 해방되어야 한다. '하나님'은 결코 지배수단이 아니다.

이 모든 것이 오늘의 역사 현실에서 사회 상황에서 이루어져야 할 사람다움의 실현인데, 그렇다면 이 사람다움을 실현하는 길(방도)은 무엇일까? 거기에는 왕도가 따로 없다. 다만 '저항'만이 있을 뿐이다. 싸우는 길밖에 없다는 말이다(파펜하임, 『소외란 무엇인가』). 우리는 여기에서 카뮈(Camus)의 '호모 네간스'(homo negans)를 기억할 필요가 있다. 오늘을 사는 사람의 존재의의는 어디에 있는가? '아니오'를 말하는 데 있다. '반항' 그것에 있다. "나는 반항한다. 그러므로 나는 있다". 함석헌도 말한다. "맨 처음에 저항이 있었다". 그러니까 오늘에는 말씀(logos, 요한복음 1:1) 대신에 반항(카뮈)과 저항(함석헌)과 싸움(파펜하임)이 있을 뿐이다. 문제는 어떤 저항이냐에 있다. 폭력을 통한 투쟁이냐, 아니면 비폭력의 저항이냐? 여기에는 폭력의 구사 문제가 따른다. 그리스도교는 비폭력의 저항을 원칙으로 한다. 그러나 폭력을 통한 지배 권력의 억누름에는 폭력도 불사할 상황이 있다. 저항에는 힘이 불가피하기 때문이다. 이것은 억누름을 위한 지배 권력의 폭력과 구별되어야 한다. 나는 이것을 '저항의 힘'이라고 해서 지배자의 폭력과 구별한다.

그런가 하면 폭력을 끝까지 부정한 철저한 평화주의자도 있다. 폭력은 처음부터 상대를 비인간화 시켜놓고 들어감으로 반휴머니즘, 반인권의 행위라는 것이다. 따라서 대적에게서, 사람에게서 '사람다움'을 정말 인정하고 확신한다면 폭력을 써서는 안 된다는 것이다. 그것은 상대를 사람으로 인정한다면 비폭력의 저항밖에 없다는 것이다. 그런데 이 비폭력의 저항은 이미 이겨놓고 하는 싸움이라는 것이다. 싸워서 이기는 것이 아니라 이미 이겨놓고 하는 싸움이다(함석헌).

그러나 그리스도교에서는 엄밀한 뜻에서 '비폭력의 저항'에 서 있지 않다. 도리어 지배 권력에 대한 철저한 복종(추종)을 종용하고 있다. 바울은 로마서 (13:1-2)에서 모든 지배 권력에 대한 철저한 복종을 명령하고 있다. 모든 권력은 하나님에게서 비롯되었기 때문에 여기에 복종하라는 것이다. 만일 그렇지 않으면 하나님께 반역하는 행위가 되므로 벌을 받을 것이라는 것이 바울의 논조이다. 이 전통에 서 있어 그런지, 그리스도교 2000년의 역사는 그 자신 지배 권력으로 군림했고, 또한 지배이데올로기로 일관했다. 이것은 '역사의 예수'가 지배 권력에 대해 제시한 저항(싸움)과는 완전히 위배되는 길이다.

예수가 오른쪽 뺨을 때릴 때 왼쪽 뺨을 돌려대라는, 오 리를 가지고 할 때 십 리를 가겠다고 하라는, 그리고 속옷을 달라고 했을 때 겉옷까지 벗어주라는 예수의 말은 순수한 굴종인가, 아니면 거기에 저항이 있는가? 그리고 예수의 성전숙청(파괴) 사건은 엄연히 하나의 폭력인데 그것은 어떤 뜻의 저항인가?

지금까지 우리는 사람의 '사람다움'(인간화)이 실제로 어떤 뜻을 가지고 있는지 세 가지로 나누어 설명했다. 사람다움은 첫째로 주체성, 자주성, 자유성 그리고 인권 따위를 그 알짜로 하고, 둘째로 그것을 함께 사는 사람공동체 곧 나눔의 밥상공동체에서 실현하고 나아가 셋째로 그 '사람다움'을 역사 현장에서 실천하는 인간화 운동에 그 참뜻이 있다는 것을 밝힌 것이다. 이처럼 사람의 존엄성을 '사람다움'에 두고 주체성에서 밥상공동체에서, 그리고 인간화의 실천 운동에서 그것의 참뜻을 두는 것은, 휴머니즘에 대한 나의 이해와 해석이다.

연구 및 토의 문제

1. 휴머니즘의 본뜻은 무엇인가?
2. 종교는 사람의 존엄성을 어떻게 가르치는가? 예를 들어 설명하라.
3. 사람다움의 참뜻 세 가지에 대해 설명해 보라.
4. 오늘날 인간화의 실현은 어떻게 가능한가?

제13장

무신론과 휴머니즘

1. 첫머리에

'신이 있느냐, 없느냐'의 문제, 곧 유신론과 무신론의 관계는 지금에 와선 매우 진부한 주제가 되었다. 오늘날 신의 존재 여부를 따지거나 그런 논의를 펴는 사람은 이미 뒤떨어지고 어리석고 진부한 사람으로 몰린다. 유신론자나 무신론자는 신에 관한 철학적 정의나 개념은 같지만, 그것의 존재를 인정하느냐, 그렇지 않느냐에 따라 나뉠 따름이다.

신이 없다고 주장하는 사람은 그게 이론에 그칠 뿐, 위기에 몰렸을 적에는 신을 찾게 마련이다. '가슴'은 '머리'와는 달리 신적인 것에 훨씬 민감하고 정직하다. 그리고 신이 없다고 주장하는 사람들에게도 어떤 신이냐에 따라 그 내용이 다르다. 단순히 없다고 하는 사람이 있는가 하면, 깊이 따져서 없다고 하는 사람도 있다. 신은 사람이 사는 데 별로 도움을 주기는커녕 사람을 오히려 약하고 비루하게 만드니까 그따위 신은 차라리 없는 것이 낫다고 보는 사람도 있다. 또한 신의 존재를 전제할 적에는 풀리지 않는 문제가 너무 많아서 차라리 신이 없다고 하는 쪽이 더 낫다는 주장도 있다. 이것을 '요청적 무신론'이라고 부른다. 게다가 신의 존재를 부정하는 무신론도 신에 대한 이해에 따라 여러 가지로 나뉜다. 신을 부정하는 이유 또한 각각 다르게 나타난다.

그런가 하면 신이 없는 것보다 신이 있는 것이 더 낫지 않겠느냐고 보는 사람도 있다. 안타까울 때 마음을 열고 울부짖을 데가 있다는 것은 얼마나 다행스러운 일인가. 또한 신이야 있건 없건, 차라리 신이 있는 것이 낫다고 주장하는 사람도 있다. 그래도 신은 사람 편이라고 생각하는 것이다. '요청적 무신론'에 대해 신의 존재를 전제하는 것이 삶의 난제를 푸는 데 더 필요하다는 주장이리라. 이 주장을 '요청적 유신론'이라고 부른다.

또한 신의 존재를 인정하는 사람 가운데서도 그 신이 어떤 신이냐에 따라 그 표현방식은 천태만상이다. 신을 절대적인 존재로 받들면서도 신을 인격화하는 쪽도 있다. 그런가 하면 자기가 믿는 신을 절대시하기 위해서 다른 사람이 믿는 신을 '거짓 신'이라고 부정하는 '배타적 유신론자'도 있다. 이들을 '무신론적 유신론자'라고나 불러야 할까?

그리고 절대 신을 믿는다고 하면서 그 신과 아무런 관계가 없는 듯이 사는 사람들도 수두룩하다. 이들은 모두 무신론자들이다. 이런 현상은 '참 신'을 믿고 있다는 그리스도인들에게서 두드러진다. "입으로는 주여! 주여!" 하면서 주(하나님)의 뜻과는 무관하게 사는 것이다. 이런 사람을 우리는 '실천적 무신론자'라고 부른다. 실제로는 신 없이, 신과 무관하게 살고 있기 때문이다.

이쯤 되면 유신론자나 무신론자를 똑 부러지게 구별하기가 어렵다. 그들에게는 유신론과 무신론의 구별이 없을뿐더러, 도리어 그들의 유신론은 무신론자보다 훨씬 부정직하고 위선적일 수 있다. 게다가 신을 기만하는 신성모독의 잘못까지 저지르고 있다. 이들의 실천적 무신론에 비하면, 차라리 '무신론자'들이 훨씬 정직하다. 신 없이 인간을 성실하게 살려는 사람들 가운데에는 뜻밖에 사람다운 사람들이 많다. 버나드 쇼(G. Bernard Shaw)의 『악마의 제자들』을 보면 하나님의 사람들이라는 '성직자들'보다 '악마의 제자들'이 하나님의 뜻을 더 많이 이루어내고 있다. 그래서 본회퍼(D. Bonhoeffer) 같은 신학자는 "신 없이, 신 앞에서"라고 말했는지도 모른다. 나는 이 자리를 "하나님 없이, 하나님과 함께"라든지, "하나님과 함께 노닐다"라는 말로 나타낸다.

문제는 사람이 말하는 신은 사람과의 관계에서 규정된다는 사실이다. 신은 의인론(擬人論)의 산물이라는 사실을 피할 수 없다. 의인론을 일명 신인동형동성론(神人同型同性論)이라고 한다. 신을 그리되, 마치 사람과 같은 성격과 형태를 지니는 존재로 묘사한다는 뜻이다. 하나님은 '사랑'이라든지, 예수를 신인(神人)이라고 하여 '신의 인간화'를 주장하는 것도 그것이다. "신은 인간성의 객관적 투영"(포이어바흐)이라는 이른바 투영론(投影論, project theory)의 한계를 벗어나지 못한 것이다. 정신분석학에서 신을 '아버지상'(father image)이라고 하는 것도 여기에서 멀지 않다(프로이트). 예수가 신을 '아바'라고 부르는 것도 예수의 '아버지 콤플렉스'의 소산이 아닌가 하는 해석이 가능한 이유이다. 예수는 아버지를 일찍 여읜 소년 가장이었을뿐더러, 도대체 아버지가 누구인지도 모르면서 자란 데서 오는 갈등이 하나님을 '아버지상'으로 그렸을 가능성이 있다고 보는 학자들도 있다.

그리스도교에서 아무리 '절대 신'을 내세우더라도, '인격화한' 그 하나님은 의인론(擬人論)의 한계를 벗어나지 못한다. 사람은 신을 나타낼 때 인간의 모습으로 그릴 수밖에 없다. 인간이 신의 피조물이 아니라, 신이 인간의 피조물인 셈이다. 고대 어느 그리스 철학자가 말했던 것처럼, 원숭이가 신을 그릴 때는 원숭이의 모습으로 그릴 수밖에 없고, 사자가 신을 그릴 때는 사자의 모습처럼 그릴 수밖에 없을 것이다. 같은 전통에 서 있으면서도 이스라엘의 신은 '야훼' 신이었고, 예수의 신은 '아바'(Abba, 아빠, 아버지, 어버이) 신이었다.

유물론만 해도 그렇다. 대개 무신론자들은 유물론(唯物論)을 따르고, 유신론자들은 유심론(唯心論)을 따른다고 생각하는데, 반드시 그런 것은 아니다. 도대체 유물론이란 말의 번역이 잘못된 것이다. 유물론이란 말이 '머티리얼리즘'(materialism)의 번역인데, 이 낱말에는 '오직'(唯)이란 말이 없다. 그래서 차라리 '물질주의'라고 옮기는 것이 낫다. 유심론(spiritualism)이란 말도 그렇다. 그냥 '정신주의'라고 옮기면 됐지, 굳이 '오직'(唯)을 붙여 유심론이라고 할 것은 없다. 오해를 일으키기 쉽기 때문이다. 문제는 '주의'(ism)라는 것에도 있다. 이 말이 붙으면 언제나 독단성이 따르게 마련이다.

유물론에는 주로 세 가지 뜻이 있는데, 도덕적 유물론, 형이상학적 유물론, 역사적 유물론이 그것이다. 형이상학적 유물론은 "모든 존재는 물질로서 이루어졌으며, 그것은 마침내 물질로 돌아간다. 정신은 다만 물질의 산물에 지나지 않는다."라고 주장한다. 오늘의 뇌과학에서는 의식(정신)이란 뇌(물질) 운동의 산물이라고 하는데, 유심론자들이라고 해서 이 사실을 쉽게 부정할 수 있겠는가?

그리스도인들이라고 할지라도 뇌과학의 연구를 쉽게 부정할 수 없을 터인데, 그렇다면 신 관념도 물질의 소산이라는 뇌과학의 주장에 대해서 어떻게 반론을 펼 수 있을까? 그리고 오늘의 부유한 종교인들, 특히 세습을 일삼고 있는 대형교회의 목회자들과 이들을 추종하는 그리스도인들은 거의 "물질(돈)이면

제일이다"라는 맘몬이즘(물질만능주의) 곧 '도덕적 유물론'(moral materialism)에 빠져 있는데, 그렇다면 이들 그리스도인들은 무신론자들이라고 할 수 있다. 이들의 도덕적 유물론은 예수의 "포도원 품꾼의 이야기"에 나타난 경제원리, 곧 '힘닿는 대로 일하고 필요에 따라 나누어 가지는' 경제원리를 어떻게 감당할 수 있겠는가? 처음 교회에서 반짝 나타났던 '나눔의 공동체'를 '유무상통'의 '원시 공산체제'라고 해서 '색깔론'을 펴서 비난할 수 있는 것인가? "초대 교회로 돌아가자"라는 그들의 구호는 '빨갱이'로의 회귀라고 하여 뭉개버릴 것인가? 언어도단이다.

그리고 유신론자 특히 그리스도인들이 역사는 신의 섭리에 따른다고 하지만, 역사의 하부구조에 '경제적(물질적)인 요인'을 전혀 배제해서 유물사관을 거부할 수 있을 것인가? 사람이 밥을 먹지 않으면 죽는다는 것은 상식이다.

그러기에 우리는 무신론이니 유신론이니, 유물론이니 유심론이니 하여, 극단적으로 나눠서 대립시키지 말고, 거기에 대한 총체적인 이해를 할 필요가 있다. 문제는 사람으로서 신을 말할 적에는 언제나 사람과의 관계에서 말할 수밖에 없다는 사실이다. 그러기에 우리에게는 신에 대한 인간학적 이해가 요청된다. 신은 의인론적 특성을 가질뿐더러, 인간성의 객관적 투영이라는 측면을 벗어날 수 없으므로, 우리는 모든 신화나 신론에서 사람을 읽어내야 할 것이다. 신화는 인간학이다. 그래서 우리가 신을 말하는 것은 결국 사람을 말하자는 것이 아닌가. 그래서 현대가 아무리 과학적 세계관이 지배하는 시대라고 해도 우리가 사람을 말해야 하는 한, '신의 이야기'(신화)는 끊이지 않을 것이다. 궁극적 실재나 사람과 삶의 신비는 신화의 옷을 입고 나타날 수밖에 없다. 아무리 과학적 세계관의 시대라고 해도 신화를 배제할 수 없는 까닭이 여기에 있다. 그래서 신화에 대한 탈신화화는 경계해야 하고, 다만 신화에 대한 문자주의적인 독법은 피해야 한다. 사실 알고 보면, 사람은 신비와 상징과 감성 속에서 살고 있지 않는가?

또한 아무리 과학시대라고 할지라도 고도의 정신적 실재는 신화적인 표현을 필요로 한다. 그리고 사람답게 살려고 하는 한, 사람의 존엄성과 사람됨의 권리는 더욱 지켜져야 할 것이고, 그러기 위해서는 휴머니즘(인간주의)을 받아들여야 할 것이다.

이제부터 우리는 인간주의자들이 사람다움을 간직하기 위해서 무신론과 유신론을 넘어서서 어떻게 휴머니즘을 주장하게 되었는가를 알아보기로 한다. 휴머니스트들은 '사람다움'을 지키기 위해서 옛날부터 지금까지 사람을 억압하고 구속하는 신과의 싸움을 이어오고 있다. 휴머니즘의 역사는 신과의 투쟁사였다. 그런가 하면, 신은 한편 '사람다움'을 옹호하기 위한 '방패'로 이용되기도 했다. 유물론과 무신론은 그 방패 가운데 하나다.

사실 신은 데카르트의 말대로 사람의 '본유관념'이라고 해도 사람의 관념임에는 틀림없다. 그리고 신은 사람의 이념(理念)이기도 하다. 그런 뜻에서 신은 '이데올로기'이다. 만일 신이 사람을 억압하고 구속하여 사람다움을 망가뜨리는 존재일 적에 그때 신은 지배이데올로기가 되며, 그렇지 않고 사람을 해방하고 자유스럽게 하여, 사람다움을 뒷받침하는 존재일 적에는 신은 해방(자유) 이데올로기가 된다. 학(學)의 본 구실이 비판성에 있다면, 엄밀한 뜻에서 신학은 '신의 비판학'이어야 한다. 문제는 신이 어떤 신이냐에 있다. 인간주의자(휴머니스트)들은 신이 지배이데올로기의 구실을 할 적에는 그런 신은 사정없이 거부하거나 부정의 대상으로 삼는다. 그와는 달리 신이 사람의 해방 이데올로기의 구실을 할 적에는 그 신을 '사람의 신'으로서 옹호한다. 그런데 지금껏 신은 주로 지배이데올로기의 구실을 해왔기에 인간주의자들은 대부분 그따위 신을 거부하고 부정하는 것이다. 이들을 우리는 '인간주의적 무신론자'라고 부른다.

나는 이제부터 19-20세기에 걸쳐 인간주의적 무신론을 주장한 사상가 특히 니체, 사르트르, 마르크스(마르크스주의), 네오(새) 마르크스주의 등을 통해서 인간주의적 무신론의 실상을 알아보려고 한다. 그리고 인간주의적 무신론을 '맨사람 예수'(역사의 예수)의 인간주의적 유신론과 견주어보기로 한다. 그러기에 앞서 나는 '인간주의적 무신론'과 유신론의 기원을, 고대 그리스 신화와 중동 이스라엘 신화에서 더듬어보기로 한다.

2. 프로메테우스와 예수

인간주의적 무신론의 이념과 정신의 사상적 전거(典據, paradigm)라고 말할 수 있는 프로메테우스의 신화를 먼저 검토해 보기로 하자. 그리스 신화에 따르면, 프로메테우스는 최고의 신 제우스로부터 '불'을 훔쳐다가 사람에게 준 대가로 영원한 형벌을 받게 된다. 그것은 그의 몸이 바위에 묶여서 독수리에게 심장이 파 먹히지만, 파 먹힌 만큼 심장이 자라서 고통이 영속되는 형벌이다.

프로메테우스는 왜 제우스에게서 '불'을 훔쳐다가 사람에게 가져다주었을까? 그것은 한마디로 말해서, 사람들과 신을 단독으로 지배하려는 제우스 신에 대항해서 사람들에게 사람답게 살 수 있는 세계와 역사를 만들어갈 수 있는 힘을 가지게 하기 위함이다. 불은 사람들이 인간화를 실현할 수 있는 원동력을 상징한다. 이리하여 사람들은 '불'이라는 원동력에 의하여 사람답게 살 수 있는 세계와 역사를 만들어갈 수 있게 되었다. 프로메테우스야말로 '사람다움의 신'이었다. 사람을 사람답게 살 수 있게 하기 위해서 자신을 희생의 제물로 바친 참된 '사람다움의 해방자'였다. 만일 프로메테우스의 목숨을 건 자기희생이 없었다면 아마도 사람들은 사람다운 세계와 역사를 이루어갈 힘을 가지지 못했을 것이다.

그렇다면 프로메테우스는 '역사의 예수'와 어떻게 견주어지는가? 흔히 우리는 프로메테우스와 예수는 상반되는 관계에 있다고 생각한다. 그도 그럴 것이, 그리스도교에서는 예수의 휴머니즘을 '신본주의'로 파악해서, 예수는 사람의 자주성과 주체성을 거부하고 사람의 구원은 오직 하나님의 능력과 은총에 의해서만 이루어진다고 가르치기 때문이다. 예수가 가르친 구원의 원리도 다만 하나님의 뜻을 따랐을 뿐이라는 것이다. 예수는 그저 하나님이 세운 사람 구원의 계획을 충실히 이행했을 따름이라는 것이다. 그는 하나님을 본위로 하는 '신본주의자'였다는 것이다. 이렇게 본다면 예수는 철저히 '인간주의'(휴머니즘)를 배격한 것이 된다.

정말 그러할까? 그리스도교의 예수(교회의 예수)는 몰라도 '맨사람 예수'(역사의 예수)는 그렇지 않았다. 역사의 예수는 사람이 사람답게 살 수 있는 세계를 이루기 위해서 목숨을 내댄 참된 휴머니스트였다. 그것도 사람의 비인간화의 원인이 사회의 그릇된 체제와 구조(성서는 이것을 '악령' 또는 '사탄'이라고 불렀다.)에서 비롯되었다고 보고, 그 체제와 구조에 날카롭게 대들었던 철저한 '사회적 휴머니스트'였다.

이렇게 본다면 '역사의 예수'는 프로메테우스와 상반된 신본주의자가 아니라, 그와 같은 휴머니스트였다고 볼 수 있다. 예수와 프로메테우스는 동일성(identity)을 이룬다. 둘 다 인간화의 실현을 위해서 목숨을 걸었기 때문이다.

그러기에 흔히 마르크스주의자들이 내놓은 주제 곧 "예수냐, 프로메테우스냐?" 하는 양자택일의 주제는 엄밀한 뜻에서 성립되지 않는다. 둘 사이는 '이 것이냐, 저것이냐'의 관계가 아니다. 둘 가운데 어느 것 하나를 선택해야 하는 상반된 관계가 아니다. 그리스도교를 '민중의 아편'이라고 보는 자리에서라면 몰라도, 예수를 사람의 '해방자'로서 보는 자리에서는 예수와 프로메테우스는 동일성의 관계를 이룬다. 따라서 프로메테우스는 그리스 신화에 나타난 '예수' 이고, 예수는 유대의 역사에 체현된 '프로메테우스'이다. 둘 사이에는 신화의 표상인가, 아니면 역사의 사람인가의 차이만 있을 뿐이다.

만일 그리스도교의 교리를 따른다면 예수 또한 '신'이므로, 신화의 세계에 서는 둘이 동격이 된다. 어쨌든 예수와 프로메테우스는 둘 다 휴머니스트라는 점에서 일치한다. 다만 다르다면, 프로메테우스는 제우스 신에 반역한 인간주 의적인 무신론을 상징하고, 역사의 예수는 '아바' 하나님의 뜻을 따른 인간주 의적 유신론자일 뿐이다.

3. 제우스와 '아바' 하나님

그런데 프로메테우스는 사람들에게 사람다운 세계를 만들게 하기 위해서 '불'이라는 힘을 가져다주었는데 어째서 제우스로부터 영원한 형벌을 받게 되 었을까? 그것은 제우스로부터 '불'을 훔쳐다가 사람들에게 주었기 때문이다. 그런데 그것이 죄가 되는 까닭이 무엇인가? 그것은 제우스 신만이 가질 수 있 는 '불'의 독점권에 도전했기 때문이다. 제우스는 '불'을 독점함으로써 사람과 다른 신들을 지배하는 절대 권력을 가지고서 홀로 사람들을 통치하려고 했다. 그러니 제우스가 인간에 대한 자기의 절대 지배 권력에 도전한 프로메테우스를 그대로 둘 수가 없었을 것이다. 제우스는 이처럼 인간과 다른 신들에 대한 절대 지배 권력의 상징이었다.

프로메테우스와 같이 인간화의 길을 열었던 '역사의 예수'의 신은 어떠했는가? 예수의 신은 결코 그렇지 않았다. 예수의 신은 어떤 신이기에 그랬을까? 예수가 섬겼던 신은 유대 나라의 전통 신인 '야훼'였는데, 이를 '아바' 신으로 바꿨다. 야훼라는 신은 이스라엘 민족의 신으로서 이스라엘 민족을 통해서 온 누리를 다스린다고 믿는 절대 지배 권력의 신이다. 이 점에서 야훼 신은 그리스의 제우스 신과 흡사하다. 본디 '신' 개념 자체가 그렇지 않은가? 그러나 야훼 신의 절대 지배권은 제우스의 그것과 성격이 조금 다르다.

야훼의 절대 지배권은 모든 사람들을 독점 지배하려는 데 그 뜻이 있기는 하지만, 이스라엘 사람들에게는 온갖 억누름과 짓밟음으로부터 해방시키는 데 또 하나의 다른 구실이 있었다. 그래서 야훼 신은 이스라엘에는 '해방의 신'으로 받들어졌다. 고대 이스라엘이 그 건국이념으로 '야훼 단일사상'을 내세운 것은 그 때문이다. 그래서 야훼 신은 이스라엘에는 동시에 독재와 해방, 정의와 평화의 신의 상반성(相反性)으로 인식되었다.

고대 이스라엘 종족이 모든 신을 최고의 신인 '야훼'로 통합하고 이 야훼 신에게 절대 통치권을 돌렸던 것은 왕권지배체제에 대한 철저한 거부에 기인한다. 이스라엘 민족이 오랫동안 노예살이를 해온 것은 순전히 왕권지배체제 때문이었다. 그러므로 그들이 처음으로 '이스라엘'이라는 나라를 세울 적에 '야훼 단일사상(신앙)'(mono Yahwism)을 통치이념으로 내세웠던 것은 너무나 당연하다. 해방의 신 야훼만의 통치를 받겠다는 것이다. '이스라엘'이라는 말은 "야훼 하나님이여! 우리를 다스리소서!"의 뜻을 지니고 있다고 한다(폰 라트). 이러한 야훼 단일사상은 히브리 종족이 가나안 지역에서 처음으로 '지파

동맹'을 결성하고 나라를 세울 때, 건국 통치이데올로기가 되었다. 그러나 이 통치이데올로기는 어디까지나 '해방 이데올로기'였다는 점을 기억할 필요가 있다. 예수의 하나님은 바로 이 전통에 서 있는 것이다.

예수의 신은 처음엔 바로 사람의 해방을 주도하는 '해방의 신' 야훼였다. 예수는 이러한 야훼를 신으로 받들고 섬기면서 그의 해방 의지를 따르려고 했던 것이 분명하다. 그러나 야훼의 양면성 곧 지배와 해방의 양면을 지닌 신을 그대로 받아들일 수가 없었을 것이다. 그래서 예수는 야훼 신을 떠나서 '아바'(아버지, 아니, 엄격하게 말해서 '어버이') 신을 섬기게 되었다. 이것은 신 개념의 혁명이다. 예수의 '어버이' 하나님은 사랑과 자비와 용서와 은총을 바탈로 삼은 '하나님'이다. (예수의 "아버지의 비유" 곧 탕자의 비유를 참고하라.)

여기에서 우리는 한 가지 짚고 넘어가야 할 것이 있다. 그것은 예수가 그의 하나님 야훼를 '아버지'라고 불렀다는 점이다. 그것은 무엇을 뜻하는가? 그것은 예수가 야훼를 그냥 '아버지'라고 부름으로써 사람을 야훼의 '종(노예)의 자리'에서 야훼의 '아들, 딸의 자리'로 옮기는 큰 전환을 이루어낸 것을 뜻한다. 이것은 신 관념에 대한 하나의 혁신(혁명)이라고 할 수 있다. 그야말로 신에 대한 생각의 '틀'을 확 바꿔버리는 이른바 '패러다임의 전환'인 것이다. 사람은 하나님의 노예가 아니고 하나님의 아들, 딸이 되었다. 자유의 사람이 되었다는 말이다. 이것이 사람다움의 터전이 되고, 휴머니즘의 바탕이 된다.

이 점에서 우리는 예수의 신 어버이 하나님과 프로메테우스의 신 제우스가 어떻게 다른가를 금방 알 수 있다. 제우스는 '불'을 독점함으로써 사람들을 홀로 지배하려고 했지만, 어버이 하나님은 사람들에게 '불'을 나누어줌으로써 사람들이 어버이 하나님과 함께 자신들의 해방을 이루어가게 하신 것이다.

예수의 어버이 하나님은 사람들과 함께 사람의 인간화를 이루어간다. 우리는 이 대목에서, "아버지께서 일하시니 나도 일한다."라는 예수의 말을 깊이 새길 필요가 있다. 예수는 프로메테우스처럼 혼자 일을 한 것이 아니라, 그의 어버이 하나님과 함께 일을 한 것이다. 여기에서 그리스도교가 '참여의 종교'가 되는 기틀이 놓인다. 그것은 인간화의 실현 곧 하나님 나라 운동으로 구체화한다. 따라서 그리스도교가 사람다움의 실현이라는 인간주의적 '참여의 원리'를 저버린다면, 그것은 예수와 그의 하나님과 전혀 무관하게 된다. 그리스도교의 신론이 예수의 어버이 하나님과 얼마나 동떨어져 있는가를 상상해 보라.

4. 무신론적 휴머니즘

프로메테우스의 '불'을 받은 사람들은 사람다운 세계와 역사를 이룩하기 위하여 오늘날까지 무진 애쓰고 있다. 그것이 구체화된 것이 이른바 '사회적 휴머니즘'과 그 운동이다. 그런데 사람들이 사회적 휴머니즘을 실현하는 데 가장 큰 걸림돌이 된 것은 '신'으로 상징되는 반휴머니즘의 이데올로기이다.

이때의 '신'은 물론 제우스와 같이 '불'을 독점함으로써 사람들의 지배를 정당화하려는 '지배이데올로기'의 구실을 한다. 그래서 휴머니스트들은 사람다운 사회(사람의 얼굴을 한 사회)를 이루어내는 데 크게 방해물이 되는 '신'에게 항거한다. 프로메테우스의 후예들은 제우스와 같은 그러한 신에게 그저 당하고만 있지 않는다.

이러한 항거는 이른바 '무신론'으로 나타난다. '무신론적 휴머니즘'이 그것이다. 그런데 휴머니스트들이 내세운 무신론은 단순히 "신이 없다."라는 보통 무신론과는 근본에서 다르다. 휴머니스트들이 부정하고 항거하는 '신'은 사람을 억압하고 구속하는 신이다. 사람을 구속하고 억압하는 신은 어떤 모습을 띠고 나타나든 그 신은 부정과 항거의 대상이 된다. 그러기에 이처럼 사람을 억압하고 구속하는 신을 부정하고 그 신에 대드는 무신론을 우리는 따로 '인간주의적 무신론'이라고 부른다.

여기에서 우리는 신의 자리에 올라 신의 권력을 휘둘러 사람을 억누르고 짓밟으려는 비인간주의적인 '인본주의자들'을 크게 경계해야 할 필요가 있다. 일찍이 신의 지배 권력을 빼앗아 사람들을 다스리려고 신에게 싸움을 걸었던 '반신론자들'이 있었다. 이들이 사용했던 무기는 '돈과 칼'이다. 돈은 '부'(富)이고, 칼은 '권력'과 '핵무기'에 해당한다. 현대에 이르러 비로소 사람들은 신을 완전히 제압했다. 돈과 권력 앞에서 사람은 신과의 싸움에서 이겼고, 신은 돈과 권력 앞에서 꼼짝 못 하게 되었다.

신의 전당이라는 교회에서도 신은 이미 돈과 권력 앞에 무릎을 꿇었다. 교회에 신이 없는 것은 돈과 권력이 이미 신을 대신하고 있기 때문이다. 무엇이 사람으로 하여금 신을 배반하게 만들었는가? 한마디로, 돈과 권력이다. 그것은 자본주의 경제 체제나 독재 권력 체제의 소산이다. 오늘의 그리스도교 교회가 하나님 대신에 돈을 섬기고, 권력 계층구조 체제를 이루어 교회와 교인들을 지배하려 드는 것은 모두 하나님 대신에 돈이나 힘을 섬기려는 '우상 숭배'에서 비롯된 것이다. 이것은 모두 사람이 신이 되려는 '자만' 탓이 아니겠는가.

어찌 교회만인가, 국가라는 집단도 마찬가지다. 권력을 손아귀에 넣으려는 일당 독재체제나 일인 독재체제가 나라마다 얼마나 비인간화를 조장하고 있는가. 한반도의 경우 그것은 세계의 전형이다. 강대국의 횡포는 무엇으로 이루어지고 있는가. 돈과 권력(핵무기)의 힘이 아닌가. 만일 지구상에서 지금 아메리카제국이나 러시아나 중국과 같은 강대국이 사라진다면, 세상은 어떻게 달라질까? 훨씬 더 정의롭고 평화롭지 않을까?

그런데 그리스도교에서는 신을 부정하면 무조건 '무신론'으로 몰아붙여서 그리스도교에 대한 도전으로 단정하려는 경향이 있다. 이것은 크게 잘못된 생각이다. 왜냐하면 사람을 억압하고 구속하는 신은 사실상 예수의 '하나님'과는 전혀 무관하기 때문이다. 혹시 그리스도교의 신관과는 유관할지 모른다. 만일 그리스도교의 신이 사람을 억압하고 구속하는 지배이데올로기의 구실을 했다면, 그러한 신은 결코 받아들일 수가 없으므로 부정의 대상이 되어 마침내 그리스도교는 무신론에 동화된다. "그리스도교는 무신론이다."라는 말은 전혀 빈말이 아니다. 이러한 사실은 오늘의 휴머니스트들이 내세운 무신론을 더듬어보면 잘 드러난다.

이제 우리는 오늘의 무신론자로 일컬어지는 휴머니스트들의 생각을 더듬어보기로 한다. 현대의 인간주의적 무신론이라고 하면 먼저 니체(Nietzsche)를 들지 않을 수가 없다.

1) 니체의 무신론적 휴머니즘

1900년에 죽은 니체는 "신은 죽었다."라는 선언으로 20세기를 열었다. 니체가 죽었다고 선언한 신은 무엇을 가리키는 것인가? 그것은 먼저 그리스도교의 신을 가리킨다. 그때 이르기까지 유럽의 그리스도교 교회의 신은 모두 죽었다는 것이다. 어째서 그랬을까? 니체에 따르면 신은 '동정병'(同情病)에 걸렸기 때문이다. 그 동정병은 신 자신에 대한 것이기도 하고, 사람에 대한 것이기도 하다. 신이란 본디 사람을 '사람'이게 하는 힘인데, 그리스도교의 신은 오히려 사람을 사람 아니게 하는 역기능으로 작용했다. 그러한 신은 이미 사람의 삶에 대한 원동력이 되기는커녕 사람의 삶을 숨 막히게 하는 '악마'로 변신한다. 그래서 사람을 내리누르는 것이다. 이것은 신이 본래의 자신(해방의 신)에게 서 떠나 본래의 자신이 아닌 신(억압의 신)에게로 돌아간 것이다. 이것은 신의 자기 타락에 대한 동정에서 비롯되었다. 사람을 해방하는 본성을 저버린 신의 자기 동정, 그것은 신 자신을 죽이는 것이다.

하지만 니체가 죽었다고 선언한 신은 그때까지 내려온 일체의 기존(전통) 의 가치체계를 가리킨다. 니체는 어째서 기존 가치체계 전체에 대하여 '죽음' 을 선고했는가? 그 까닭은 단순한 데 있다. 이제까지 내려온 유럽의 모든 가치 체계는 사람을 사람 아니게 하는 반(反)인간적이라는 데 있었다. 사람을 부정 하는 가치체계를 그대로 보고만 있을 수는 없었던 것이다. 그래서 니체는 낡은 가치체계의 죽음(끝장)을 선포하기에 이른 것이다.

그런데 니체가 죽음을 선포한 '신'이나 가치체계는 실은 같은 것이다. 니체 의 '신'은 사실 기존의 가치체계를 상징하고 있기 때문이다. 그리스도교의 세 계관이 지배하는 세계에서는 모든 가치의 바탕이 '신'에게 있다. 신이 가치체 계를 밑받침하는 바탕이다. 그러기에 비인간적인 기존의 가치를 부정하고 거 부하려면 그 바탕이 되는 신을 없애면 되는 것이다. 따라서 신을 없애면 저절 로 가치체계도 무너지게 되고, 가치체계가 무너지면 그것의 바탕인 신도 아울 러 쓸모없는 것이 된다.

니체는 이처럼 신(기존가치체계)의 죽음을 선포했는데, 이것은 다만 신을 부정하기 위한 부정, 거부하기 위한 거부에 그치는 것인가? 결코 그렇지 않다. 거기에는 신에 대한 강력한 긍정과 요청이 깃들어 있다. 그것은 무엇이겠는 가? 새로운 신의 탄생과 그 신에 대한 대망이다. 새로운 가치체계의 도래이다. 여기에 대한 간절한 염원이 니체에게 신의 죽음을 선포하게 한 것이다. 그렇다고 보면 니체의 신 죽음의 선포는 새로운 신의 탄생, 새로운 가치체계의 도래를 선포한 것이 된다. '가치체계의 전환', 그것이 신 죽음의 선언이 안고 있는 참뜻이다. 니체처럼 신을 사랑한 사람은 일찍이 없었다. 그러므로 우리는 함부로 니체의 사상을 무신론이나 '허무주의'로 몰아서는 안 될 것이다. 니체는 사람을 '끝내 사람이게 하는' 데 온몸을 기울였던 것이다.

니체가 '반그리스도인'(anti Christ)으로 나서서 신의 죽음을 선포한 것은 사실 그리스도교의 도덕을 거부하려는 데 본뜻이 있었다. 니체에 따르면, 그리스도교에서는 "이웃을 사랑하라"라고 할 뿐만 아니라, "원수도 사랑하라"라고 하는데, 만일 그렇게 되면 사회 변혁은 끝내 결코 기대할 수 없게 된다. 어째서일까? 억눌리고 짓밟힌 소외계층에게는 억누르고 짓밟은 지배계층이 '원수'가 된다. 그런데 소외계층이 지배계층을 사랑해야 하므로 저항이나 도전은 생각할 수도 없게 된다. 바로 여기에서 심각한 문제가 생긴다. 그것은 피지배계층이 지배계층을 사랑하게 되면 그들의 횡포에 대들 수가 없게 된다는 사실이다. 그렇게 되면 마음에서 부글거리는 분노를 억지로라도 잠재울 수밖에 없는 것이다. 문제는 마음의 분노를 억누르면 사회와 역사의 변혁 운동에 나설 수가 없게 된다는 데 있다. 그 결과는 뻔하다. 지배계층의 횡포는 더욱 강화되어 전보다 더 잔혹한 탄압을 일삼게 될 것이다. 그래서 피지배계층은 더욱 고통 속에 빠지게 된다. 이렇게 되면 피지배계층은 그들이 '사랑한' 지배계층의 강화된 탄압에 저절로 공범자가 되면서, 그들 자신은 마침내 '노예'로 전락하게 되고 만다. 그래서 니체는 그리스도교의 도덕을 '노예도덕'이라고 혹평하기에 이른 것이다. 우리는 이것을 니체의 '분노의 이론'이라고 한다.

이것은 결국 무엇을 뜻하는가? 니체는 사람을 억누르고 짓밟는 일체의 것에 대해서 사정없이 대들었던 것이다. 오로지 사람을 '사람이고자' 하는 데 마음을 기울였을 따름이다. 그렇다면 니체는 어떤 사람을 '사람다운 사람'이라고 생각했을까? 니체는 그것을 '위버멘쉬'(Übermensch)라고 했다. 이 말은 흔히 '초인'(超人)이라고 옮긴다. 그러나 초인이라는 말은 맞지 않는 것 같다. 마치 능력이나 앎에서 뛰어난 '초월적 인간'을, 아니 '초능력자'를 가리키는 인상을 주기 때문이다.

그렇다면 '위버멘쉬'라는 말을 어떻게 풀이하는 것이 좋을까? 니체의 사상에 비추어보면, 위버멘쉬는 한마디로 자신의 존재와 삶을 끝내 긍정하고야 마는 힘을 가진 사람을 가리킨다고 볼 수 있다. 어떤 상황과 위험에 처하더라도, 아무리 절망의 자리에 처하더라도 거기에 굴하지 않고 용감하게 일어나서 자신의 삶을 열어가는 살아 있는 사람이 위버멘쉬이다. 다시 말해서 위버멘쉬는 '힘에의 의지'를 가지고 자기의 '운명'을 사랑하고, 자기의 삶을 열어가는 살아 있는 사람이다. 니체에게서 '힘에의 의지'란 '존재에의 용기'를 가지고 삶을 긍정하는 원동력을 뜻한다. 그래서 나는 니체의 위버멘쉬를 우리말로 '사람'이라고 옮기고 싶다. '사람'은 '살아 있는 사람'을 가리킨다.

여기서 우리는 니체의 말을 들어보는 것이 좋겠다.

> "너희는 땅에 충실하라. 하늘의 희망을 말하는 자를 믿지 마라. 그들은 독을 품은 자들이다. 전에는 신을 모독하는 것이 최대의 모독이었다. 그러나 신은 죽었다. 이제는 대지를 모독하는 것이 가장 큰 모독이다."

> "나는 초인에 대해서 가르쳐주겠다. 사람이란 초극되지 않으면 안 된다. 초인이란 무엇인가? '땅(大地)의 의미'이다. 그러므로 그대들은 땅에 충실하여라."

> "나는 그대들에게 초인을 가르친다. 초인이란 바다요, 번개요, 광기이다."

"인간이란 다리이다. 동물과 초인 사이에 놓인 하나의 다리이다."

"인간이란 심연 위에 놓인 밧줄이다."

"모든 신은 죽었다. 이제 우리는 '사람'(Übermensch)의 탄생을 기다린다."(『차라투스트라는 이렇게 말했다』에서)

니체의 차라투스트라는 불을 숭상하는 조로아스터교 곧 배화교(拜火敎)의 창시자이다. 이 점에서 사람에게 불을 훔쳐다 주어 인간의 세계를 열어가게 했던 프로메테우스와 흡사하다. 그리고 그는 인간화의 세계를 실현한다는 의미에서 예수와 통한다. 차라투스트라는 '니체의 예수'이다. 차라투스트라는 이러한 사람을 사랑한다. 이렇게 본다면 니체의 무신론은 단순히 신의 존재를 부정하는 무신론이 아니라, 사람이 '힘에의 의지'를 가지고 자신의 존재와 삶을 긍정함으로써 '끝내 사람이고자', 아니 '사람답게 살고자' 하는 데 장애가 되는 신을 거부하려는 '인간주의적 무신론'인 것이다.

2) 사르트르의 무신론적 휴머니즘

무신론적 휴머니즘은 사르트르에게서도 찾을 수 있다. 사르트르의 '사람'(실존)은 주체성을 가지고 자신과 세계와 역사를 새롭게 창조해가는 행동 존재이다. 여기에서 사람의 구원이 보장된다. 그런데 이러한 사람(실존)의 길을 가로막는 존재가 있다면, 그러한 존재는 사정없이 거부당해야 한다. 그것이 '신'이라면 더욱 그렇다. 사실 그러한 존재는 신으로 상징되는 실체밖에 없다. 그런데 사르트르는 사람의 주체성을 거부하는 존재를 '신'으로 상징한다. 사람을 창조했다는 존재는 신일 수밖에 없기 때문이다.

그래서 사르트르는 사람의 주체성의 근거인 '자유'를 확보하기 위해서 신 (창조주)을 철저하게 거부하기에 이른 것이다. 여기에 대한 그의 논리가 흥미롭다. 사르트르는 도스토옙스키의 명제로부터 출발한다. 도스토옙스키에 따르면, "만일 신이 없다면 사람은 모든 것을 마음대로 할 수 있을 것이다. 그런데 신은 있으므로 사람은 모든 것을 마음대로 할 수가 없다"라는 것이다. 그러나 사르트르는 이 명제를 뒤집는다. "만일 신이 없다면 사람은 모든 것을 할 수 있을 것이다. 그런데 신은 없다. 그러므로 사람은 모든 것을 할 수 있다." 사람의 자기 창조 가능성은 어디까지나 실존으로부터 출발해야 하기 때문에, 사람의 '본질'의 근거가 되는 '신'을 거부하는 것은 너무나 당연하다.

이처럼 사르트르도 사람이 자기의 실존의 차원에서나 사회 · 역사의 차원에서 혁신이나 변혁(혁명)을 거쳐서 사람다운 세계를 만들어가는 데 장애가 되는 '신'은 여지없이 거부하는 것이다. 사람을 사람으로 살지 못하게 하는 지배 이데올로기로 작용할 때, 그따위 신은 사르트르에게 결코 용납될 수가 없다. 그러니까 사르트르는 신의 존재를 무조건 거부하는 것이 아니라, 사람을 억압하고 구속하는 신을 거부하는 것이다. 그의 휴머니즘이 그러한 신을 거부하기에 이른 것이다. 이것이 사르트르의 인간주의적 무신론이다. 그 뜻은 어디까지나 사람의 자유를 담보하기 위해서다. 사람됨의 핵심은 주체성이고 주체성의 알짜는 자유이다.

사르트르는 이렇게 말한다.

"실존주의는 휴머니즘이다."

"사람은 자유에 선고되었다."

"침묵이 신이다. 부재(不在)가 신이다. 사람의 외로움이 신이다. 있는 것
은 '나'뿐이다.···나를 고발하는 것도 나 자신이고, 나를 해방하는 것도 나
자신이다. 곧 '나'라는 사람이다. 만일 신이 존재한다면, 사람은 아무것도
아니다. ···신은 존재하지 않는다. 할렐루야!···이제 '사람의 나라'가 되었
다."(『악마와 신』의 끝말)

3) 마르크스의 무신론적 휴머니즘

인간주의적 무신론은 마르크스(Karl Marx)에게서 사회적 휴머니즘의 형태
로 구체화한다. 마르크스는 포이어바흐의 '신 투영론'을 받아들인다. 포이어바
흐에 따르면, 신이란 인간성의 객관적 투영이다. 신은 사람이 만든 것이다. 따
라서 사람이 신을 예배한다는 것은 곧 인간성 자체를 예배하는 것과 같다. 그
러므로 신학은 인간학이다. 종교란 환상이다. 마르크스는 이러한 종교 환영론,
인간 투영론을 바탕으로 삼아 종교의 본질을 사회관계에서 전개한다.

마르크스는 종교를 '민중의 탄식'이라고 혹평했다. 그 까닭은 어디에 있는
가? 민중은 지배계층의 갖은 억압과 착취로부터 참혹한 괴로움을 겪고 있다.
그래서 탄식이 그치지 않는다. 민중은 이 탄식을 '하늘'에 호소해서 풀려고 한
다. 이 세상에서는 고통에 시달리지만 하늘나라에서는 영생 복락을 누리려 한
다. 종교가 이를 담보한다. 민중은 비록 굴욕의 삶을 살고 있지만 종교로 하여
위로와 위안을 받고, 삶을 견디는 격려를 받는다. 이것은 민중에게 그래도 도
움이 된다.

그러나 문제는 어째서 민중이 현실을 탄식하고 미래를 열망하게 되었는가
에 있다. 그것은 한마디로 사람을 비인간화하는 '인간소외'에 그 까닭이 있다
는 것이 마르크스의 진단이다. 마르크스에 따르면 사람은 생산과 소비 사이

에 있는 톱니바퀴이다. 노동자는 생산과정에서 도구화, 수단화, 물건화 되었다. 다시 말해서 시장에서 사고 팔리는 '상품'이 되었다. 노동자는 살기 위해서 자기의 노동뿐 아니라 자기의 '사람 됨'마저도 판다는 것이다. 이것이 사람을 비인간화하는 사회적 소외현상이다. 마르크스는 노동자의 권익을 위해 싸웠지만, 그의 본뜻은 노동자가 사람답게 살 수 있는 '인간화'의 실현에 있었다.

이리하여 마르크스는 사람을 얽어매는 쇠사슬에서 사람을 해방시켜야 하는데, 이 쇠사슬의 고리는 자본주의 체제가 빚어내는 사유제라고 보고서, 그것을 없애는 방법으로 '계급투쟁'을 역설하게 되었다. 마르크스는 어째서 계급투쟁을 '이데올로기'로 삼아 무기화(武器化)했을까? 이것은 지배계급이 그들의 권력의지를 정당화하기 위해서 내놓은 지배이데올로기에 대한 역공이다. 그런데 그때 지배계급에서 이데올로기로 삼은 것은 종교, 특히 그리스도교였다.

마르크스에 따르면, 종교는 민중의 관심을 현세(비인간화 현상)로부터 내세로 돌리게 하기 위해서 지배계급에서 고안해낸 '발명품'이다. 사람은 이 발명품에 세뇌되어 인간화를 위한 지상의 싸움을 외면하게 되었다. 다시 말해서 종교는 해방되려는 민중의 욕망을 내세에 투사케 함으로써 현세에서 겪는 고통을 달게 받게 하는 마취제의 구실을 하게 한다. 이리하여 마르크스는 "종교는 현실적인 불행의 표현이며, 억눌린 사람들의 한숨(탄식)이며, 인민(민중)의 아편이다"라고 갈파했다(『헤겔 법철학 비판』의 머리말). 엥겔스(Engels)는 이것을 보다 더 철저히 해서 종교는 '인민에게' 아편이라고 혹평을 했다. 사람이 진정으로 해방이 되는 때, 종교는 저절로 사라지게 된다는 것을 강조한 것은 더 말할 나위도 없다. 여기에서 종교는 물론 그리스도교가 그 중심이 된다.

오늘날에도 그리스도교의 한 구석에서는 비인간화에 대한 싸움에 반동을 걸고 있는데, 이것은 그리스도교가 아직도 권력계층의 지배이데올로기로 이용되고 있다는 것을 실증한다. 이 대목에서 오늘의 그리스도교는 마르크스의 이데올로기 비판에서 결코 자유스럽지 못하다.

마르크스의 종교(그리스도교) 비판은 얼마만큼 정당한가? 그리스도교가 지배이데올로기의 구실을 하는 한, 마르크스의 비판은 정당성을 잃지 않는다. 그러나 그리스도교에서 '그리스도'로서 고백하는 역사의 예수에게는 그 정당성이 결코 인정되지 않는다. 왜일까? 예수는 지배 이데올로기화한 종교(유대교)에 대해서 철저하게 저항하고, 그 종교를 이데올로기로 삼는 권력계층에 날카롭게 맞서서 인간화 운동을 펼쳤기 때문이다. 이 대목에서 마르크스는 예수의 후예로서 '오늘의 예언자', '오늘의 그리스도'의 구실을 톡톡히 했다고 볼 수 있다. 적어도 초기 마르크스는 오늘의 예언자로서 이해하지 않고서는 제대로 이해되지 않는다는 것이다(폴 틸리히).

따라서 마르크스가 종교(그리스도교)를 비판했던 근본 동기나 목적은 단순히 그리스도교나 그 신을 부정하려는 데 있는 것이 아니라, 그것이 사람을 비인간화하는 짓을 정당화하는 지배이데올로기로 이용되었다는 데 있다. 여기에서 마르크스의 인간주의적인 무신론이 엿보인다. 그런데 무신론은 결코 마르크스주의의 필수가 아니다. 유신론이 결코 그리스도교의 필수가 아니듯이 말이다.

4) 신(新)마르크스주의자들의 사회적 휴머니즘

그런데 오늘의 네오(新)마르크스주의자들은 어떤가? 그들은 인간주의적 무신론을 넘어서서 오히려 '인간주의적 유신론'의 자리에 서 있다고 말할 수 있다. 이것은 마르크스주의적 무신론의 한 변형인데, 우리는 그것을 '희망의 원리'를 제시한 블로흐(E. Bloch)에게서 찾을 수 있다.

블로흐는 마르크스적 투영이론을 '희망의 철학'을 통해서 성서의 자리에서 풀이한다. 블로흐에 따르면, 종교는 렐리기오(religio) 곧 '재결합'을 뜻한다. 이 것은 세계를 창조한 신과의 결합이다. 그러기에 렐리기오에서 '레'(re)는 성서 가 지향하는 '미래의 희망'과의 결합을 가리키는 것이 아니라, '과거'(창조의 처음)와의 결합을 가리킨다. 따라서 '보라. 나는 되어야 할 것이 될 것이다'(출 애굽기 3:14)라는 신의 이름은 탈이집트의 해방 고백과 그리스도교의 희망 고 백을 나타내는데, 이것은 이미 전통적 의미의 '종교'가 아니다.

성서(창세기)의 창조신은 말한다. "보라. 아주 좋다." 그러나 역사의 변혁을 지향하는 성서적 무신론은 말한다. "보라. 나는 모든 것을 새롭게 할 것이다." 옛것의 존속을 시인하는 초월의 신은 사람들의 초극을 통해서 해소된다. '위 에 있음'은 '앞으로 나감'에 의해서, '우리 위에'는 '우리 앞에'에 의해서 해소 된다. '앞으로 나감', '우리 앞에'의 바탕은 "하나님의 나라가 가까이 왔다(오 고 있다)."라는 예수의 메시지에서 찾을 수 있다. 미래가 현재로 뚫고 들어와 현재를 미래로 이끌고 간다. 여기에 희망의 원리가 있다. 성서(예수)의 '아직 아님'(not yet)이 미래의 희망을 여는 열쇠이다. 이러한 시간론은 마침내 무엇 을 겨냥하는 것인가? 그것은 한마디로 역사 변혁이다. 그래서 성서의 종말론 은 역사 변혁론이라는 말이 가능하게 된다.

성서의 종말론은 하늘의 신, 곧 신정(神政)적인 창조주를 그의 왕좌로부터 끌어내리고 그 대신 '사람의 아들'(人子) 곧 '불'(눅 12:49)과 '칼'(마 10:34) 을 가지고 그 왕(초월 신)의 나라를 변혁할 (해방자) 그리스도 예수(그는 주 (主)도 아니고, 신도 아니다)를 그 자리에 앉힌다. 블로흐에게는 예수야말로 역사 변혁자인 것이다. 여기에서 말하는 예수는 '그리스도로서의 예수'가 아 니라, '역사의 예수'(맨사람 예수)이다. 여기에서 마르크스주의의 무신론과 그리스도교의 유신론이 만난다. 그래서 블로흐는 말한다. "무신론자만이 훌륭한 그리스도교인이 되며, 그리스도교인(역사의 예수 따름이)만이 훌륭한 무신론 자가 된다."

우리는 여기에서 블로흐가 제시한 '희망의 원리'의 뜻을 좀 더 짚고 넘어갈 필요가 있다. "마르크스와 엥겔스의 혀를 단 예언자"로 불리는 블로흐는 나치 에 쫓겨 미국으로 망명하였고, 거기서 1938-1947년에 『희망의 원리』라는 방 대한 책을 썼는데, 블로흐가 말한 희망이란 '더 나은 삶에 대한 꿈'이며, 이 꿈 은 단순히 머리의 관념이 아니라, 존재 자체의 본질이라고 말했다. 블로흐에 따 르면, 희망은 '아직 아님'(not yet)의 존재론이다. 인간은 아직 완결되지 않은, 완성되지 않은 존재이며, 그래서 자신의 모든 존재를 실현해야 하는 존재이다. 아직도 완성되지 않은 존재를 블로흐는 '아직 아닌 존재'(not-yet-Being)라고 부른다. 이 불완전한 인간이 완전을 향해 나아갈 때, 그 존재의 바탕에 놓여 있 는 것이 '희망'이다. 이 희망의 가장 친숙한 형태가 '낮 꿈'(백일몽)이다. 그러 나 그는 프로이트(Freud)와는 달리 '낮 꿈'에서 '유토피아의 위대한 사고가 출 현하기 전의 사상의 싹'을 발견한다. 그 낮 꿈을 꾸는 자가 일어서서, 그 꿈을 실천을 통해서 구체적으로 창조해갈 때, 그 행위 안에 희망이 실재한다. 블로 흐는 이 장대한 책을 다음과 같이 끝맺고 있다.

> 역사의 뿌리는 바로 인간이다. 그는 노동하고 창조하고, 환경을 변화시키 고 이를 뛰어넘는다. 만일 인간이 진정한 민주주의 안에서 소외 없는 자기 자신을 증명한다면, 세상 모든 사람이 아직 실현하지 못했던 어떤 것이 이 역사 안에 출현하게 될 것이다. 그것은 다름 아니라 '고향'이다.

그는 사람이 사람답게 살 수 있는 세계를 '고향'이라고 표현한 것이다. 그리고 그는 사람이 그 '고향'에 이르렀을 때 비로소 '진정한 창세기'가 시작될 것이라고 말한다.

이렇게 보면 블로흐에게서는 '사람의 아들' 곧 '사람' 예수가 종교의 신을 대신하지만, 예수의 신은 사람의 해방자인 '야훼'(뒤에 예수의 하나님은 '어버이' 하나님으로 바뀐다. 이것은 신 개념의 혁명이다.)이므로 블로흐는 사실상 '유신론'을 내놓은 셈이다. 이것이 곧 '인간주의적 유신론'이 아니겠는가?

5. 신은 반드시 반(反) 인간주의적인가?

우리는 이제까지 니체와 사르트르, 그리고 마르크스와 네오마르크스주의의 인간주의적 무신론을 통해서 휴머니즘이 신을 거부할 수밖에 없는 까닭을 살펴보았다. 그런데 문제는 '신'이 반드시 휴머니즘과 적대 관계에 있느냐는 것이다. 그렇지 않다. 그 신이 비인간화를 낳는 지배이데올로기의 구실을 할 때 그 신은 사람의 적대자가 되는 것이다. 그러한 신을 전제할 때 무신론자들은 모두 신의 죽음을 내세운 것이다. 사실 그러한 신은 마땅히 사라져야 하는 것이고, 죽어야 하는 것이다.

그런데 유럽 사회에서 '신의 죽음'이라고 했을 적에 그것은 대체로 그리스도교의 신을 가리킨다. 그렇다면 그리스도교의 신은 반휴머니즘적인가? 반드시 그렇다고 할 수 없다.

앞에서 보았듯이 성서(처음 그리스도교)의 신은 본디 사람의 해방과 자유를 실현하기 위해서 일하고 있는 분이다. 이스라엘의 '야훼' 신이 그렇고(아주 제한적이지만), 예수의 '아버지 하나님'이 그렇다. 이스라엘 민족을 이집트의 종살이에서 해방시켜 주었고, 예수를 통해서 모든 사람이(특히 민중이) 사람답게 살 수 있는 길을 열어주었던 신이다. 이러한 신을 어찌 거부할 수 있을 것인가? 만일 니체나 사르트르나 마르크스주의자들이 사람다움을 실현하려는 이스라엘의 해방의 신 '야훼'나 예수의 '아버지 하나님을' 알았다면, 그때에도 신을 휴머니즘의 적대자로 보았을까? 아마 아닐 것이다. 오히려 신을 휴머니즘의 바탕으로 삼았을 것이다. 문제는 이스라엘의 신이 순전히 해방 이데올로기로서만 기능했느냐에 있다. 비이스라엘인(이방인)들에게는 얼마든지 지배이데올로기로서 탄압의 수단이 될 수 있다. 유대교인들은 야훼를 '만왕의 왕', '만군의 신'이라고 추앙했지만, 야훼는 유대의 '민족신'에 국한되었다. 신이 있다는 이론적인 주장과 신이 있다고 믿는 것과는 다르다. 신의 존재를 믿는 사람의 독선은 그러지 않는 사람들을 '신의 이름으로' 철저하게 비인간화한다. 자신이 믿는 신만이 최고라고 생각하는 '신앙인'은 극단적인 무신론자들보다 더 무신론적이다.

문제는 전통적인 그리스도교와 그 교회가 하나님의 해방 의지를 그대로 따랐느냐에 있다. 그리스도교가 민중의 종교에서 지배자들의 종교로 바뀌면서 하나님은 사실상 지배이데올로기로 변환되었다. 하나님은 이미 '야훼'도 아니고, '아버지'도 아니게 되었다. 그것은 오히려 사람을 비인간화하는 '마신'(魔神)이 되고 말았다. 그러한 신이라면 얼마든지 휴머니즘의 이름으로 거부되어야 한다. 사람을 사람답게 살게 하지 않고, 오히려 사람을 죽이는 신은 죽어야 하지 않겠는가? 니체가 "신은 죽었다"라고 했을 때, 사르트르가 신의 부재를 앞세웠을 때, 그리고 마르크스주의자들이 무신론을 강조했을 때, 이들의 주장에는 분명히 그러한 뜻이 담겨있을 것임에 틀림없다.

어쨌든 사회와 역사에서 사람(민중)이 사람답게 살 수 있게 하려는 것을 이념으로 하는 '사회적 휴머니즘'의 실현에서 무신론자들과 역사의 예수는 만나는 것이다. 인간화의 실현에 '주의'(이데올로기)는 결코 문제가 되지 않으며, 또 문제가 되어서도 안 될 것이다. 오로지 '사회적 휴머니즘'만이 존속할 값어치가 있는 것이다.

그러나 여기에도 문제가 없을 수 없다. 그것은 휴머니즘 안에 있는 잘못된 점을 비판할 수 있는 거점을 어디에서 확보할 것이냐 하는 문제이다. 그리고 휴머니즘의 오염을 어떻게 극복할 수 있느냐 하는 문제이다.

6. 마무리

우리는 여태까지 휴머니즘의 본뜻이 어디에 있는가를 더듬어보았다. 비인간화의 상황에서 어떻게 하든지 사람다움을 실현하자는 데 그것의 본뜻이 있음을 알았다. 사람다움의 실현은 실존의 차원에서뿐 아니라, 사회와 역사의 차원에서 더욱 절실하게 요청되고 있는데 이것을 이루는 것은 이른바 '사회적 휴머니즘'의 몫이다.

사회적 휴머니즘은 주로 마르크스주의자들에 의해서 시도되었다. 이들은 인간화의 실현을 위해서 그것을 저해하는 일체의 지배이데올로기에 항거한다. 그 지배이데올로기가 '신'일 때 거기에 대한 항거는 당연한 귀결이다. 그 신은 그리스도교의 신이 핵심을 이룬다. 그래서 사회적 휴머니스트들은 지배이데올로기의 구실을 담당해온 그리스도교(교회)의 신을 거부하거나 그 신에 항거하기에 이른 것이다. 이것은 어디까지나 인간화의 실현이라는 데 그 목적이 있다는 것은 두말할 나위도 없다. 여기에서 '인간주의적 무신론'이 의의를 가지게 된다.

그러나 만일 '신'이 사람을 사람답게 살게 하는 해방 이데올로기의 구실을 한다면, 그 신은 인간화의 바탕으로서 긍정과 요청의 대상이 된다는 것은 두말할 나위가 없다. 아니 그러한 신은 살아서 인간화 실현의 거점이 되어야 한다. 여기에서 '인간주의적 유신론'이 그 존재의의를 가진다.

'역사의 예수'는 어떤가? 역사의 예수는 사람이 특히 소외계층(민중)이 사람답게 살 수 있는 세계를 이루기 위해서 목숨을 내댔다. 바로 이 점에서 예수는 참된 휴머니즘의 '아르케'(맨 처음)가 된다. 내가 알기로는, 우리네 역사에서 사회적 휴머니즘의 참뜻을 제대로 보여준 사람은 아마도 역사의 예수가 처음이 아닌가 싶다.

뿐만 아니라 예수에게서 볼 수 있는 사회적 휴머니즘은 오늘의 사회적 휴머니즘의 전거(典據, paradigm)가 된다고 볼 수 있다. 그리고 예수의 그것은 동시에 오늘의 사회적 휴머니즘이 안고 있는 문제를 비판할 수 있는 바탕이 된다고 할 수 있다. 그것은 예수의 '어버이 하나님'으로 상징된다. 마르크스주의의 문제점이 자기비판의 거점을 가지지 않았다는 데 있다고 하는데, 이 생각이 옳다면 그 거점은 역사의 예수에게서 찾는 것이 옳다. 왜냐하면 예수에게는 바로 그 거점이 될 수 있는 이론과 실천의 틀이 갖추어져 있기 때문이다. 그것은 다름 아닌 그의 하나님 나라 메시지와 그 운동에 나타난 '민중의 인간화'에 잘 나타나 있다. 이렇게 본다면 역사의 예수는 인간화를 지향한 휴머니즘(사회적 휴머니즘)의 '처음'(알파)과 '나중'(오메가)이라고 말할 수 있다.

그리고 오늘의 휴머니즘이 안고 있는 오류 또한 예수의 휴머니즘에 의해서 수정될 수 있다고 한다면, 이것은 무리한 기대일까? 돈과 칼로써 신과 사람을 손아귀에 넣고 사람다움을 짓밟으며 돈과 힘으로써 비인간화의 악행을 저지르며 '신 노릇'을 자행하고 있는 오늘의 그릇된 인본주의자들의 '자만'을 비판할 근거는 예수의 인간주의적 유신론이 아닐까?

연구 및 토의 문제

1. 인간주의적 무신론이란 무엇인가?
2. 사회적 휴머니즘이란 무엇인가?
3. '제우스'와 '아바 하나님'은 어떻게 다른가?
4. 예수의 휴머니즘에 대해 설명해 보라.

유영모를 통해 이루어진
동서양 정신문화의 회통과 융합[39]

이정순

유구한 역사를 자랑하는 한국의 정신사를 대표하는 철학은 무엇일까? 오래 전에 유불선(儒彿仙) 사상이 들어왔고 조선조 말에 기독교가 이 땅에 들어와 찬란하게 꽃을 피웠다고 자부하면서도 이 땅을 대표할 만한 사상이나 철학을 말하라고 하면 선뜻 예를 들지 못하는 게 우리의 현실이다. 박재순에 의하면, 우리 근대사에서 동서양 사상을 회통하고 종합하여 독자적인 사상을 제시한 사람은 다석 유영모(1890-1981)이다. 무엇보다 유영모는 평생 동서정신문화

---

[39] 이 글은 박재순 선생이 펴낸 『다석 유영모』(서울 : 홍성사, 2017)에 대한 필자의 서평으로 『기독교 사상』 704(2017년 8월호), 204-206에 실렸다. 한국의 대표적인 종교사상가 유영모 선생을 소개한다는 의미에서 부록으로 실었다.

의 합류 속에서 민중을 삶과 역사의 주체로 깨워 일으키고 실현하는 철학과 사상을 제시하고 실천한 자였다. 유영모는 "동양문명의 뼈에 서양문명의 골수를 담으려 평생 노력한" 보기 드문 학자요 스승이었다(17).

그간 다석 유영모는 함석헌 선생의 스승 내지는 씨올이라는 단어를 최초로 언급한 자 정도로만 대중들에게 알려져 있었다. 박재순은 유영모의 사상의 민족주의적 성격으로 인해 해방 이후 일제 식민지 학맥과 서구 유학파 중심으로 형성된 학맥에 의해 외면당했기 때문이라고 지적한다. 그렇지만 더 중요한 이유는 유영모가 완성한 사상체계가 너무도 방대하기 때문에 일반 연구자들조차 선뜻 연구하기가 어려웠기 때문일 것이다. 특히 그의 독특한 화법은 일반인의 접근을 불가능하게 만들었다. 게다가 유영모는 하나님이라는 말을 자주 쓰고 종교적인 체험을 자주 언급하기 때문에 철학자라기보다는 종교인으로 간주되기 십상이었다.

이번에 씨알사상연구소 박재순 소장에 의해 출간된 『다석 유영모』(서울: 홍성사, 2017)는 어렵게만 느껴졌던 유영모의 사상을 체계적으로 연구하여 소개한 책이다. 박재순 소장은 그동안 함석헌과 유영모의 사상을 깊이 연구하면서 주체적인 한국 사상을 모색하고 있는 몇 안 되는 학자이다. 이번에 출간된 책에서도 그의 깊은 내공이 느껴진다. 저자가 머리글에서 밝힌 대로 이 책은 2008년 서울에서 열린 세계철학자 대회를 앞두고 출간된 책을 다시 개정한 것으로, 총 11장으로 구성되어 있다.

먼저, 제1장에서 제시한 유영모 사상의 변화와 시기 구분은 독자로 하여금 유영모라는 인물의 등장과 사상적 발전을 한국근현대사의 맥락에서 파악할 수 있게 해준다. 저자는 유영모의 삶을 기독교 신앙에 입문하여 삶과 정신을 세워나간 시기(1890-1913), 동양철학을 연구하면서 보편적인 종교 신앙을 바탕으로 생명철학을 형성한 시기(1914-1939), 내적 체험을 통해서 기독교 신 앙에 바탕을 두고 생명과 정신의 자유에 이른 시기(1939-1943), 하늘과 땅과 내가 하나 되는 체험을 통해 동서고금을 아우르는 대통합의 사상에 이른 시기 (1943-1981)로 제시한다. 네 시기를 통해 유영모의 사상은 단절과 변화를 겪 기보다는 내적 일관성과 통일성을 유지하며 발전되고 완성되어 왔다. 특히 유 영모는 단순히 한국인으로서 동양 사상을 연구하고 종합한 사람이 아니라 기 독교 신앙을 받아들이고 그것을 체화하여 독특하게 발전시켰다는 데 의의가 있다. 유영모가 단순한 철학자나 사상가에만 머물지 않고 인간의 근본적 질문 을 던지는 종교의 문제를 근본 화두로 삼았다는 것은 무엇보다도 그의 독특한 종교적 체험과 연관된다.

유영모는 1941년 2월 17일에 마음을 새롭게 하고 예수 정신을 신앙의 중심 으로 삼고 일일 일식(一食)을 시작하였고 아내와 해혼(解婚) 선언을 한 후 잣 나무 널 위에서 자기 시작했다. 이런 각오는 이듬해인 1942년 1월 4일 새벽에 치통으로 괴로워하던 아내를 위해 기도하다가 깊은 깨달음과 영적 체험으로 이어졌고, 이 날을 "아버지 품에 들어간 날"로 선언하게 된다. 더 나아가 1943 년 2월 5일에는 하늘과 땅과 자신이 하나로 뚫리는 깊은 깨달음의 체험을 하 게 된다. 이제 유영모는 지금까지 연구했던 노자, 붓다, 공자의 한계를 지적하 고 예수에게로 집중하게 되었는데, "말씀(道)으로 몸 일우고 뜻을 받아 맘 하 시니, 한울 밖에 집이 없고, 걸음걸인 참과 옳음! 뵈오니 한나신 아들(獨生子) 예수신가 하노라"(70)라는 고백에서 그의 신앙이 잘 드러난다. 유영모는 예수 가 묵은 누리(낡은 세상)의 돌받침을 깨트리고 하늘 문을 세우셨으며, 이로써 새 천지의 개벽이 시작되고 인간은 천문(天門)으로 통하게 되었다(71)고 신앙 의 의미를 설명하였다.

유영모는 기독교 신앙에 집중했지만 흔히 말하는 전통적 기독교에서는 벗어나 있었다. 유영모에게 특히 죽음의 문제는 남의 문제가 아니라 '나'의 문제요, 내가 살고 죽는 문제였다. 유영모는 안병무와의 대화에서 요한복음의 "나는 길이요 진리요 생명"이라는 말씀을 '예수의 나'가 아니라 '나의 나'라고 주장했다. 유영모는 성경을 볼 때 남의 문제로 보지 않고 내가 살고 죽는 문제로 보기 때문이라고 그 이유를 밝히면서, 예수의 나는 한 개인의 나가 아니라 '하나님의 나요 영원한 나, 우리 모두의 참 나'이며, 이런 참 나가 되려면 사사로운 나는 죽어야 한다고 주장했다(106). 유영모의 참 나라는 개념은 이후 더 발전되었다. 즉 "몸은 죽고 얼은 영원히 산다"라고 주장하면서 몸에 매인 나는 상대적인 나지만 얼의 나는 하나님과 하나 되는 영원한 나, 영원한 생명이라고 주장했다.

기독교 전통 교리에 대한 유영모의 독특한 해석은 제9장 예수그리스도에서 더 구체적으로 드러난다. 특히 유영모는 전통적인 속죄론을 넘어서서 대속(代贖)과 자속(自贖)을 함께 주장했는데, 여기서 예수가 인류의 죄를 대신 지고 십자가 고난을 통해 속죄를 하는 것은 대속인 반면 믿는 사람이 직접 십자가를 지고 속죄를 하는 것은 자속을 말한다. 유영모는 예수의 피가 모든 인류를 위해 흘린 피라는 것을 인정하면서도, 개인의 주체적인 참여 없이 교리적으로만 인정하고 받아들이면 구원받는다는 속죄교리는 거부했다. 오히려 예수의 피가 지금 나에게 실제로 힘을 줄 때만이 구원의 능력을 준다는 것이다. 이는 예수의 고난과 죽음에 직접 참여하는 실천적인 삶을 의미한다.

유영모의 독특한 사상은 그의 시간관과 생활 철학에서도 잘 드러난다. 유영모는 어제에 매이지 않고 내일의 걱정에서 벗어나 하루를 영원처럼 살고자 했다. 즉 유영모는 하루를 자유롭게 힘껏 살기 위해 하루에 한 끼를 먹고 한 가지의 말씀을 찾으며 바로 앉으며 어진 마음을 품고 살았으며, 또한 이런 자세를 늘 유지하기 위해 오늘을 "오! 늘"(129)로, "오늘, 여기, 나"(131)로 살았다는 것이다. 이렇게 오늘 여기에서의 삶은 곧 과거와 미래의 시간에서 벗어나고 공간의 환경과 관계로부터 자유로워져서 지금 여기의 삶의 중심을 붙잡고 앞으로 나아가는 삶이다. 이를 위해 "시간과 공간의 참된 주체와 주인이 되기 위해 다석은 시간과 공간, 이제 여기, 나의 가운데를 한 점으로 찍는 가온 찍기"를 한다(165). 일종의 주체의 자각인 셈이다. 이런 삶은 유영모 사상의 바탕인 '씨올'의 삶, '스스로 함'의 삶으로 실현된다. 이는 개인의 깨끗한 삶의 원칙이자 민주주의의 기초이기도 하다. 유영모는 스스로 함의 삶을 스스로 실천하면서 낡고 비민주적인 거짓된 삶에서 벗어나지 못하는 씨올과 더불어 사는 겸손한 삶을 살았다. 이런 의미에서 그는 저녁의 어둠 속으로 자신을 낮추고 제 존재와 이름에 대한 집착과 욕심을 끊으려 호를 '다석'(多夕, 많은 저녁)이라 지은 것이다.

유영모의 독특성은 그의 남다른 한글 사랑에서 더욱 빛이 난다. 갑오 농민전쟁의 정신적 토대가 되었던 동학의 동경대전마저도 한문으로 기록된 우리의 현실에서 유영모는 자신의 사상을 순수 한글로 표현하고 해석하려 했다. 즉 "유영모는 민주 의식을 가지면서 우리 말과 글을 철학적 언어로 다듬어 내고 우리 말과 글로써 철학을 펼쳤던 첫 번째 사람이었다"(251). 심지어 유영모는 우리말 한 마디 한 마디에 깃들인 하나님의 뜻을 발견하고 그곳에서 하나님을 만났다고까지 고백했다. 한글과 십자가의 만남(278)은 그 대표적인 예이다.

『다석 유영모』를 통해 우리는 그동안 밭에 감추어 있던 소중한 진주를 발견하게 되는 기쁨을 느끼게 된다. 누구든 이 책을 읽는다면 유영모는 대표적인 한국 현대철학자요 사상가라는 생각에 공감하게 될 것이다. 이런 맥락에서 "그의 정신과 사상에는 그리스와 서구철학의 로고스(이성, 생각), 기독교의 말씀(사랑), 동아시아의 길(道), 한민족의 한(韓, 크고 하나임)이 합류하고 통합되었다"(48)라는 박재순의 평가는 매우 타당하다. 동서사상의 동등한 교류를 통한 새로운 문명의 창조가 필요한 이 시대에 유영모의 생명철학은 매우 큰 의의를 가진다. 특히 종교 간의 차이에만 집착하여 서로 갈등하고 반목하는 이 시대에 모든 종교가 하나로 통한다는 그의 '종교 일원론'(424)은 신앙의 깊은 자리에서 서로 다른 종교들이 교류하고 화해할 수 있는 근거로 작용할 수 있을 것이다. 나아가, 진정한 의미의 한국 사상, 한국 철학, 한국 신학을 고민하는 자들에게 유영모는 유용한 모델이 되리라 생각한다. 유영모에 대한 연구가 그리 많지 않은 상황에서 이 책은 좋은 개론서로서 많은 사람들에게 읽힐 수 있을 것이다. 한 가지 옥에 티를 지적하면, 책 전반에 걸쳐 같은 논조나 표현들이 반복되고 있다는 점과, 충분한 설명을 거치지 않은 채 너무 거창한 용어들이 종종 사용되고 있다는 점이다. 이 점은 앞으로 계속적인 연구를 통해 더 발전되고 보완되리라 기대한다. 마지막으로, 이 책을 통해 제시된 유영모의 삶의 목표처럼, 시공간의 한계를 넘어서는 자유로운 세계, 서로 통하는 세계가 실현되는 "빈탕한데 맞혀놀이"(408)의 삶이 개인과 우리 사회 곳곳에 실현되기를 소망해 본다.

함석헌의 삶과 저항 사상[40]

송기득

1. 들사람으로서의 함석헌

한 사람의 삶과 사상을 말한다는 것은 아무래도 외람된 짓일 수밖에 없다. 그것은 삶 그 자체가 지니는 생동성을 다 붙잡을 수 없다는 인식의 한계 때문이기도 하지만, 말하는 사람에게는 으레 따르기 마련인 '주관적 시각' 때문이다. 그런데도 언어란 하나의 상징이라는 구실에 기대서, 그리고 '내가 본 함석헌'이라는 조건을 깔고서 그를 말하는 오기를 부려 보기로 한다. 이러한 오기는 '함석헌' 정도라면 한번 부려 봄 직하다.

---

40 유영모 선생의 제자인 함석헌 선생의 사상을 잘 보여주는 글이라고 생각하여 저자의 글을 게재했다.
    송기득, 『끝내 사람이고자-그리스도교 신학과 민중 구원』(대전 : 한길책방, 1990), 322-339.

그는 어느 쪽에서 보나 하나의 거목임에 틀림없다. 거목은 아무리 건드려도 끄떡하지 않는다. 오히려 넓게 드리운 그 그늘 아래서 우리의 생각을 마음대로 노닐게 한다. 거목은 뿌리 깊은 나무이다. 함석헌(1901-1989)은 그만큼 넓고 크고 깊다. 적어도 그는 그것을 끝없이 지향하고 있다.

이 넓고 크고 깊음은 그가 인격적인 면에서나, 정신(종교)적인 면에서나 사상적인 면에서나 하나의 '완성'에 도달했다는 것과는 별개의 문제이다. 그도 여느 사람들처럼 애써 거기에 이르려는 도상에 있을 뿐이다. 사람이란 되어감의 존재이며, 삶 또한 되어간다는 데 그 뜻이 있다는 것, 그것은 그대로 함석헌의 주장이기도 하다.

그래서 다만 우리는 언제나 흰 머리, 흰 수염의 한복차림의 할아버지 모습에서 '도인'을 읽을 수 있다. 그러나 그의 스승(多夕 柳永模)의 말대로 '거룩'(聖)이라는 게 참을 이루려는 애씀 그 자체라면, 따라서 이룸(完成)은 이루려는 그 과정에 뜻이 있는 것이라면, 우리는 그를 차라리 진리를 탐구하고 실현해가려고 꾸준히 애쓰는 하나의 '구도자'라 보아도 좋을 것이다.

그는 흔히 말하는 성자도, 완성자도 아니다. 그는 『죽을 때까지 이 걸음으로』라는 자신의 평전에서 "나는 하나님의 발길에 채여 다니는 물건"이라고 표현했다. 이 말은 자신의 삶에 대한 깊은 고백이라는 데서 중요성을 지닌다. 그리고 그것은 그의 구도자적인 정신과 자세에 대한 함축적인 표현이라는 데서 그를 이해하는 데 좋은 길잡이가 된다.

"하나님의 발길에 채여 다닌다"라는 이 말은 자칫 이제까지의 자신의 모든 행동과 사상을 타율적인 것으로 돌려서 거기에 대한 책임을 회피하려는 구실로 삼기 쉽다. 만일 함석헌이 책임회피의 합리화를 위해 그 말을 사용했다고 말한다면, 그것은 함석헌을 너무나 모르고 하는 소리라 아니할 수 없다. 그야말로 언어도단이다. '책임'이라는 관점에서 본다면, 오히려 그 말은 자신의 사상과 행동에 대해 신 앞에서 철저하게 책임지려는 그의 굳은 결의와 신념과 성실성의 표현이라고 해야 옳다.

그러나 함석헌의 그 고백에는 보다 깊은 뜻이 깃들어 있다. 여기에 대한 그의 직접적인 변은 못 들었지만 -그는 도대체 자신에 대한 변명 따위는 하지 않는다- 우리가 그의 삶이나 사상에 관해서 조금만 추적해 보면, 그건 금방 알 수 있다.

구도자의 생리는 한 곳에 안주하거나 한 궤도만을 타지 않는다. 구도는 어떤 뜻에서 하나의 시도이며 방황이며 몸부림이다. 다만 삶과 진리의 완성이라는 목표를 향하여 끊임없이 자신을 내던져가는 도상에 있을 뿐이다. 그때그때 참의 소리를 듣고 그곳을 향하여 자신을 내던져 갈 뿐이다. 그래서 그것은 하나님(眞理)의 발길에 '채여 다니는' 삶이 되지 않을 수 없다. 함석헌은 출생부터가 그 소지를 안고 있었다.

그는 평안도에서 태어났다. 평안도는 예로부터 따돌림을 받아오던 소외지대였기 때문에 아무리 똑똑한 사람도 벼슬을 못했다. 그야말로 평안도 '상놈'(平民)이다. 그는 바로 이 상놈의 후예로서 태어난 것이다. 상놈이란 상민이다. 그에 따르면 "상민이란 떳떳하고 버젓한 사람이다. 언제나 어디에나 있는 사람, 밑바닥 사람이다." 그래서 민중이다. 그는 이 민중을 독특하게 '씨올'이란 말로 개념화한다. '씨올'(民, 民衆)이란 "하늘과 사람을 바로 볼 수 있는 사람, 곧 하늘 백성(天民)이다." 그래서 그는 이 '상놈'으로 태어난 것을 자랑으로 여긴다. 그래서인지 그는 지금껏 하나의 씨올로 살고 있고, 또 씨올로 살려고 애쓰고 있다. 그는 나이 들면 으레 지니기 마련인 호조차 가지지 않았다. 옛날 상놈에게 성마저 없었던 것을 생각하면 이건 매우 시사적이다.

80여 년을 살아온 오늘날까지 그는 한 번도 벼슬한 적이 없다. 권력계층이나 부유한 계층에 끼어본 적이 없다. 다스리는 자리에 앉아본 적도 없고 '가진 자'의 부류에 든 적도 없다. 그런가 하면 어떤 성직에 있어 본 적도 없다. 흔히 그를 '종교인'이라고 부른다. 이건 그에 대한 편의로운 호칭일 뿐, 그에게는 어울리지 않는 명칭이다. '씨올'에게 명칭이 붙을수록 씨올스럽지가 못한 점을 고려하면, 적어도 겉으로라도 그는 '씨올'의 한 상징임에 틀림없다.

그는 단체나 조직이나 교단 같은 걸 좋아하지 않았다. 그는 얼마 전에 '크리스천'으로 자처한 적이 있다. 그러나 그것은 흔히 말하는 그리스도교의 '교인'이라는 뜻과는 전혀 다르다. 그는 어떤 뜻으로나 '무교회인'이다. 아니, '무교회인'이란 말도 맞지 않는다. 그가 말년에 퀘이커에 들어간 것은 아마도 퀘이커의 무교회적인 특징 때문으로 돌려야 할 것이다. 그것은 교회가 지니는 '참 공동체'라는 의미를 부정하는 것이 아니고, 교회라는 집단이나 조직이 지니는 모순이나 부조리를 거부한 데서 연유한 것일 거다. 그는 끝내 하나의 씨올, 하나의 민중, 하나의 야인으로 있고 싶었을 따름이다.

그가 오늘날까지 이처럼 야인으로서 살았던 것은 원래 그의 바탕 탓이지만 그것의 발현의 계기는 '오산학교'(伍山學校)에서라고 하지 않을 수 없다. 그것은 오산의 교육이념이 청산맹호(靑山猛虎)의 민중 정신을 기르는 데 있었기 때문이다. 한참 민족혼이 불타고 있었던 시절에 오산학교에서 배우고 또 거기에서 가르쳤으니 오늘의 함석헌이 지녀온 대듦의 얼은 이미 오산에서 굳혀졌다고 보아도 좋을 것이다.

그런데 민중(평민)의 얼은 그의 말대로 '호랑이의 기백' 그것이다. 그것은 그대로 민중의 저항의식의 바탕이 되고, 그것은 그대로 함석헌의 저항 사상의 밑바닥을 이룬다. 그는 아무래도 '영원한 들사람'이다. 이것은 그에게 가장 알

맞은 호칭이라고 할 수 있다. '야인'이란 글자 그대로 '들사람'이다. 그는 농부의 아들이었고, 또 친히 농사도 지었다. 아주 농민으로서 일생을 보낼 각오를 한 적도 있었다. 그가 한때(1957-1960) 농장을 맡았던 것도 그의 야인으로서의 얼(魂)과 무관하지 않을 것이다. 그 농장의 이름을 '씨올농장'이라 이름했던 것은 단적으로 그것을 나타낸다.

그런데 그에게 있어 '들사람'은 민중의 절규를 듣고, 그 아픔을 증언하는 데서 사회적 형태를 취한다. 그것은 누르는 자를 향한 '대듦'으로써 구체화 되는데, 그건 그대로 그의 예언자적 삶의 역사를 이룬다. 그는 들의 사자로서 이 땅의 민중을 위해 자신을 내댔다. 그는 끝까지 그 부르짖음을 멈추지 않았다. 그리하여 그는 많은 고난을 겪었다. 여러 차례 입건도 되었고, 여러 번의 옥고도 치렀다.

순수한 들사람으로서 그의 대듦의 역사는 일찍이 3·1 운동 때 민족의 해방과 독립을 위한 투쟁에서 이미 발현되기 시작했다. 그 뒤 그의 저항사는 독립을 위한 비밀결사의 조직인 '계우회사건'(難友會事件)에 연루되어 1년간 복역한 것(1940)을 비롯해서 '성서조선지 사건'으로 또 1년간 복역(1942)했고, 해방 뒤 이북에서 공산당의 비인도적 행위에 대한 학생들의 저항운동이었던 '신의주학생사건'의 책임자로서 소련군 사령부에 체포되어 두 차례에 걸친 구금(1946)으로부터 극적으로 살아나기도 했다.

이승만 정권 때는 "생각하는 백성이라야 산다"라는 글로 인하여 20일간 구금되기도 했었다(1958). 그러나 함석헌의 저항정신은 "5·16을 어떻게 볼까?"(1961)라는 글을 발표, 쿠데타를 일으킨 군부세력에 도전한 데서 두드러지게 드러난다. 총칼의 위협 아래 그 누구도 입을 열지 않았을 때 대담하게도 그는 군사쿠데타를 비판하고 나섰던 것이다. 그러나 그 비판의 대담성은 "군

인정치 10년을 말한다"(1972)라는 글에서 절정에 이른다. 그것은 분명히 목숨을 내댄 도전이었다. 무력으로 다스린다는 것은 함석헌으로서는 도저히 납득할 수 없었기 때문이다. 혁명 당국이 '깨끗하게 물러서겠다'라는 공약을 저버리고 장기집권태세에 들어간 것을 보고 그는 그 이유야 어떻든 '민중을 우롱했다'라는 점에서 용서할 수 없는 짓이라고 대들었던 것이다. 그리고 그는 박정권이 비상사태와 긴급조치를 선포하고 '유신'이란 이름으로 반민주체제를 굳힌 것을 보고 이른바 반체제인사들과 함께 민주화운동에 적극적으로 나섰고, 마침내 1976년 '3·1 구국 선언'에 가담하여 징역 5년, 자격정지 5년의 확정판결을 받았으나 형집행정지처분으로 그 구속이 보류되었다. 그 뒤 몇 가지 사건에 연루되어 또 형을 받았으나 그 후 모두 사면, 복권되었다.

　함석헌에게는 그의 저항운동을 뒷받침해줄 만한 조직도, 집단도, 교단도 없다. 있다면 그것은 씨올(民衆)뿐이다. 저항의 주체는 어디까지나 씨올이라는 그의 사상에서 보면 오히려 그것은 그의 바람인지도 모른다. 그에겐 정말 민중밖에 없다. 그는 민중을 굳게 믿었다. 이것은 함석헌의 신앙이다. 여기에서 그의 외로운 싸움은 새로운 힘과 신념으로 승화된다.

　이렇듯 그의 일생은 대듦으로 점철된 삶이었다. 그는 실로 예언자적인 저항의 들사람으로서, 마지막까지 민중을 지켜왔던 것이다. 민중의 인권을 위한 그의 레지스탕스가 소영웅주의에 빠지지 않고 그 진지성을 지탱할 수 있었던 것은 어째서일까? 그것은 그의 순수한 저항의 정신과 거기에 대한 사상적 깊이와 휴머니티에 대한 철저한 신념 때문이라고 할 수 있다. 그렇다면 그의 저항의 정신이란 무엇일까? 우리는 그것을 좀 더 구체적으로 더듬어보기로 한다.

2. 대듦의 얼

'대듦'과 같은 행동언어는 그것의 의미규정에 앞서 그것을 낳는 사람의 정신을 우선으로 한다. 저항의 의미가 그 정신에 예시된다는 까닭에서도 그렇지만, 대듦과 같은 특수행동은 그것을 방향 짓는 그 정신에 따라 값이 매겨지기 때문이다. 대듦의 뜻이 아주 자명한 것 같지만, 그리고 대듦의 행동이 모두 그럴듯하게 보이지만, 거기에는 여러 가지 함정이 있다. 그것은 맹목적인 악의와 원한의 위장일 수도 있고, 발악과 광기의 폭발일 수도 있다. 그러나 더욱 위험스러운 함정은 저항의 순수성과 진지함을 잃게 하는 소영웅주의에 있다. 대드는 사람이 영웅주의에 빠지면 참 저항자가 되지 못한다. 어떤 뜻으로는 지배에의 순응에 이미 말려들었기 때문이다. 그것이 저항에 가려 의식되지 않을 뿐이다. 그러나 만일 의식하면서도 그렇다면, 그는 저항을 파는 것 이상 아무것도 아니다.

그러기에 저항의 문제에 있어서 먼저 물어야 할 것은 올바른 대듦의 얼이다. 대듦에 왕도가 있는 것은 아니다. 그러나 누가, 어떻게 저항하든 참 저항에 이르려면 거기에는 가장 기본적인 요청이 따른다. 어떤 정신이 진정한 저항을 낳을까? 그건 순수하고 진지한 저항정신이라야 한다. 함석헌은 그것을 '들사람 얼'(野人精神)로서 성격화한다.

'들사람'(野人)의 얼이란 무엇일까? 들사람은 벼슬에는 아무런 관심이 없는, 그야말로 권력 따위를 우습게 여기는 야인들이다. 성군(聖君)이라는 요(堯) 임금에게 벼슬을 권유받고 "더러운 소리를 들었다"라고 귀를 씻었냐는 소부(巢父), 귀 씻은 그 강물이 더럽다고 송아지도 먹이지 않았다는 허유(許由), 함께 일하자는 초나라 임금의 부탁을 전해 듣고 차라리 돼지처럼 진창 속에서 사는 것이 낫다는 장자(莊子), 위대한 정복자라는 알렉산더가 앞에 섰을 때 "비켜서

시오, 햇빛 가리지 마시오. 그림자 집니다"라고 말했다는 디오게네스, 한나라를 손에 넣은 광무제의 배에 다리를 걸치고 잤다는 엄자릉(嚴子陵), 함석헌은 이들을 들사람의 표상으로 제시한다.

이것은 사실(史實)을 따지기 이전에 이른바 집권자에 맞서는 야인들의 얼을 상징하는 것이지만, 거기에는 미친 척하고 길가에 오줌을 갈기는 김시습처럼, 그도 종로 네거리에 대고 오줌을 갈길 수 있는 들사람의 얼을 닮고 싶은 것이다. 그것은 그가 오산에서 남강 이승훈에게 배웠던 청산맹호의 기백이 아쉬워서일 것이다.

그러나 함석헌의 들사람은 단순히 역사에 으레 따르기 마련인 대립 관계에서 지배자에게 무조건 저항하는 반골들에 대한 명칭이라는 데 그 의의가 있는 건 아니다. 야인의 영역이란 반드시 피지배자에 국한되는 것은 아니기 때문이다. 그가 '들사람'이라고 할 적에는 저항의 정신을 바로 찾고 싶어서이다.

그에 따르면 들사람의 특징은 '바탈을 사는 사람'이란 데 있다. 본래 타고난 바탈이란 뜻에서 그것은 곧 천명(天命)이며, 성(性)이다. 그러기에 봉건체제에서는 야인이란 말을 '벼슬하지 않는 사람'에 대한 통칭으로 쓰지만, 그것은 단순히 벼슬하지 않는다는 데 의미가 있는 것이 아니고 '바탈을 산다'라는 데 그 의미가 있는 것이다.

이렇게 보면 함석헌의 들사람은 어떤 체제에서나 어떤 구조에서나 또 어느 자리에서나 어떤 일을 하거나, 그것이 큰 문제가 아니다. 다만 그가 사람의 바탈을 얼마나 살아내느냐에 있다. 그러기에 들사람의 뜻은 벼슬을 살지 않는 데 있지 않고, 바탈을 사는 데 있다. 벼슬하지 않는 의미는 그만큼 바탈을 살려는 데 본뜻이 있기 때문이다.

'바탈'이란 사람 모두에게 주어져 있는 것이므로 '들사람'이란 그대로 '사람'의 이름이다. 그런데 사람의 바탈이 돈이나 명예나 지배욕에 의하여 희미해지거나 약화되면, 자연 그 바탈을 살지 못하게 된다. 오늘날 논의되는 비인간화 또는 인간소외 현상은 따지고 보면 인간의 바탈 상실에서 연유한 것인지 모른다.

그래서 인류의 역사에는 잃어버린 야성을 되찾아 살리자는 소리가 끝없이 이어져 오고 있다. 그것이 다름 아닌 '들소리'(野聲)이다. 야성은 들사람의 소리이다. 이스라엘의 예언자의 소리가 바로 그것이다. 들사람이란 어떤 사람일까?

함석헌에 따르면, "들사람이란 제 몸을 찢는 사람이다. 그는 문화를 모른다. 기교를 모른다. 수단을 모른다. 체면을 아니 돌아본다. 그는 '자연의 사람이요, 기운의 사람이요, 직관의 사람, 시의 사람, 독립 독행의 사람이다. 그는 아무것도 보지 않는 사람, 아무것도 듣지 않는 사람, 아무것에도 거리끼지 않는 사람이다. 다만 한 가지 천지에 사무치는 얼의 소리를 들으려 모든 것을 돌아보지 않는 사람이다."[41]

그러나 무엇보다도 들사람은 하늘에 사무친 민중의 절규를 듣는 사람이다. 그리고 그들의 아픔을 대변하고 증언하는 사람이다. 그것은 민중을 억압하는 집권자를 향하여 내댐(抗拒)으로 구체화된다. 목숨을 걸고 불의와 부정과 악에 대하여 저항한다. 야인이 진정 저항인이 될 수 있는 것은 바로 그 들사람의 얼을 지녔기 때문이다. 그리고 보면, 아니 그 때문에 들사람은 "사그라져가는 씨올들의 가슴에 싱싱한 숨을 불어 넣을" 수가 있고, 그로 인하여 삶과 역사의 싸움터에서 싸울 힘을 제대로 가지게 할 수 있다. "사람의 혼은 우주의 근본 되

41　함석헌, 『인간혁명』(서울 : 일우사, 1962), 193.

는 정신과 하나일 때 무한한 능력이 나올 수 있기"[42] 때문이다. 이것을 '믿어야 한다'라고 함석헌은 강조한다.

이 '들사람의 얼'은 그대로 그에게 돌려줄 말이다. 그는 이런 야인의 삶을 지향했기 때문이다. 들사람의 얼에서 저항정신을 읽으려는 함석헌의 '대듦'은 무엇을 겨냥하는 것인가? 그걸 한마디로 나타내면, '씨올의 인권회복'에 있다고 할 수 있다. '씨올'의 복권 그것은 그가 어떤 상황에서도 일생을 통하여 지향해 마지않는 그의 염원이며 삶이며 사상이다. 모든 사람이 '씨올'로서 살게 하기 위하여 씨올을 짓밟는 그 어떤 것에 대해서도 그는 서슴없이 대든다. 그것이 정치체제이든 경제구조이든, 윤리이든 종교이든, 심지어 '신'이든, 조금도 가림 없이 말로, 글로, 아니 온몸으로 대든다.

그는 "씨알 먹지 않는 소리 그만하라"라고 비난을 받아도, 역사의 방향 감각을 상실한 '정신분열증'이라고 몰려도, 진리를 모독하는 이단자라 선고를 받아도, 심지어 저항권에서조차 광화문 네거리에 서서 가슴을 들이대지 않는다고 욕을 먹어도, 3·1 운동 때부터 마지막까지 그는 '대듦'으로 일관해 왔다. 정말 '들사람 얼'로서 민중을 지켜온 최후의 보루라 아니 할 수 없다. "그가 존재했다는 사실 하나만으로도 그는 오랫동안 수난의 역사를 살아온 이 민족의 자랑이며 기쁨이며 희망"이 될 것이다.

그의 저항이 진지성을 지탱할 수 있었던 것은 그가 하나의 '들사람'으로서 정권욕이라고는 조금도 없는 순수한 저항정신을 지니고 있을 뿐 아니라, 그의 대듦이 순전히 '씨올'을 살리자'라는 데 있기 때문이다. 그러나 그에게서 더 주목할 것은, 대듦에 대한 그의 사상적 깊이와 씨올에 대한 그의 꾸준한 믿음이

---

42   위의 책, 194.

라는 점이다. 함석헌은 단순한 저항자이기에 앞서, 깊이 사상하는 철학자이다. 물론 '철학자'와는 단연 구별된다. 그의 사상은 심오하다. 그의 철학적 직관은 놀랍다. 따라서 그의 대듦도 삶에 대한 철학적 통찰에서 연유한다.

함석헌의 '저항'은 어떤 사상에 뿌리를 내리고 있을까?

3. 대듦의 사상적 바탕

함석헌의 저항 사상은 그의 독특한 씨올 사상에 바탕을 두고 있다. '씨올'이란 말은 오늘날 새롭게 떠오르고 있는 '민중'이란 말과 유사성을 지닌다. 그러나 그의 씨올은 단순히 사회 · 정치적 또는 경제적 차원에서 짓밟힌 소외계층을 가리키는 민중이라는 개념보다 그 의미가 더 포괄적이고 근원적이라 할 수 있다. 다시 말하면, 민중이란 씨올의 사회 · 정치적 개념으로서, 사회 · 정치적 차원에서는 씨올이 민중으로서 표상된 것뿐이다.

그에게 있어서, 씨올이란 사람에 대한 근원어이다. 그것은 '난 대로 있는 사람', '맨사람', '알사람'을 가리킨다. 그야말로 타고난 바탈(本性) 그대로의 순수인이다. 그 안에 이미 '하늘'의 알을 배고 있다. 그래서 그건 씨(種子)에 비겨지기도 한다. 알이란 단순히 생명의 모체에 그치지 않는다는 뜻에서 ' · '로 표기된다. 함석헌은 "우리가 내세우는 것"이란 그의 선언에서 "올"의 'ㅇ'은 극대 혹은 초월적인 하늘을 표시하는 것이며, ' · '은 극소 혹은 내재적인 하늘 곧 자아를 표시하는 것이며, 'ㄹ'은 활동하는 생명을 표시하는 것"이라고 말한다. 우리는 여기에서 씨올의 중요한 특징을 발견한다. '맨사람'으로서의 나(自我는 극소화한 극대, 곧 내재화한 초월이므로 '나 곧 하늘'이라는 하나 됨(同一

性)의 존재이다. 이 하나는 곧 전체이다. 따라서 나의 존재의 의미는 이 '하나 곧 전체'의 실현에서 주어진다.

그런데 나는 이 '하나 곧 전체'의 실현을 막으려는 장애물로부터 도전을 받는다. 그는 그것을 안으로는 이기욕에 두지만, 밖으로는 전체를 허물어뜨리는 사회악에 둔다. '나'는 이 전체에의 도전에 능동적으로 맞서야 한다. 이 맞섬을 그는 '겨러댐', '대듦', '저항' 따위의 여러 가지 말로 나타낸다. 대듦이란 '나는 나다'라는 자존성·자주성이 그 바탕을 이룬다. 뿐만 아니라 그것이 자존성 자주성에 바탕을 둔 이상, '대듦'은 '스스로 하는' 자유의 행동이다. 그러기에 '대듦'은 자주·자유의 정신을 바탕으로 하는 '주체적 저항'이라는 데서 그 본질적 의의를 가진다. "사람은 저항하는 거다. 저항하는 것이 사람이다. 그는 저항할 줄 모르는 것은 사람이 아니다"[43]라고 "저항의 철학"이란 글에서 강조한다.

왜 그럴까? 그는 그 까닭을 사람이 인격의 주체적 존재라는 사실에서 찾는다. '나는 나다'라는 자아의식과 '나는 나를 위한 것이다'라는 자주 의지를 가지고 자기를 완성하려는 데 자유하는 주체적 인격의 특징이 있다. 그런데 이제 만일 하나 됨의 자기를 완성하려는 자유에의 길을 막아서는 장애물이 있다면, 그것을 걷어치우려는 싸움은 불가피하다. 이 점에 바로 대듦의 구실이 주어진다.

그런데 함석헌은 대듦을 모든 존재의 가능 법칙으로까지 넓힌다. 그에 따르면 대듦의 원리는 생물이나 사람에게만이 아니라, 무생물의 세계에까지 그대로 적용된다는 것이다.[44] 이것은 그가 모든 존재에 내재한 두 성격의 대립을 전

---

43 함석헌, 『씨알은 외롭지 않다』(서울 : 휘문출판사, 1978), 205.

44 함석헌, 『생각하는 백성이라야 산다』(서울 : 생각사, 1979).

284　종교학의 길잡이

제한 데서 나온 발상이다. 광물계에서 보이는 결정과 분해(放射), 생물에서 나타나는 유전과 돌연변이, 정신 작용이 가지는 기억과 상상, 보수와 진보, 수렴과 확산 등등 대립 되는 이들 두 성질이 저항을 가능케 하는 조건이다. 여기에서 저항이야말로 모든 존재 안에 들어있는 필연적 현상이라는 결론이 가능해진다. 함석헌은 이러한 저항을 '자성저항'(自性抵抗)이라 부른다.

한편 그의 저항의 존재론은 사람의 인격성에서뿐 아니라, 사람의 생명성에서 더 근원적으로 표명된다. 그는 저항의 근거를 생명의 원리에서 찾으려는 것이다. 모든 생명은 자기보존에 일차적인 노력을 기울인다. '나는 나대로다' 하려는 힘이 생명이다. 그는 이것을 생명의 '자별'(自別)이라 부른다. 여기에는 자연 자기방어가 요청되고, 자기를 거부하려는 것에 대해서는 피동적으로나마 대듦이 따른다. 그러나 대듦은 자기보존을 위한 저항 이상의 것으로서 적극적으로는 자기 긍정을 위한 것인데, 그것은 자기부정에서부터 연유된다. 그래서 그는 "나는 내가 아니다 해서만이 나일 수 있다"[45]라고 말한다. 자기부정을 통한 자기 긍정이다.

그러나 생명의 뜻이 삶에 있는 이상 그건 자기보존이나 자기 긍정을 넘어 자기 창조를 지향한다. 이것은 자기 지속과 자기 초월을 전제로 하는데 저항은 바로 이 창조성에서 그것의 본뜻을 드러낸다. 함석헌에 따르면, "생명은 지어냄이요, 생명은 자람이요, 피어남이요, 낳음이요, 만듦이요, 이루잠이다."[46]

이 생명의 창조성은 새것을 지어내려는 생동성에 의한 것인데, 여기에서도 그것은 이미 그 안에 자기부정의 원리를 전제하고 있다. 자기부정이 없는 자기

45   함석헌, "레지스땅스", 『思想界』 157호(1966. 3), 34.

46   함석헌, 『생각하는 백성이라야 산다』, 184.

창조란 불가능하기 때문이다. 이것은 처음부터 대듦의 요소가 생명 자체에 내재해 있다는 사실을 뜻한다. 그의 '자성저항'이 여기에 통한다. 그가 "맨 처음에 저항이 있었다"라는 명제를 내놓음으로써, 요한복음서의 로고스(말씀)를 저항으로 대치시켰던 것은 그 까닭이다.

그렇다면 함석헌에게 있어서 저항만이 능사인가? 그는 저항이 삶의 한 원리라면, '복종' 또한 그만큼 중요한 원리라고 말한다.[47] 저항이 덮어놓고 하는 저항이 될 수 없는 근거가 여기에 있다. 삶과 역사의 목적이 전체와 참(眞理)과 정의의 실현에 있다면, 저항은 그것에의 순종에 이르기 위한 수단이기 때문이다. 그러나 저항과 복종은 어디까지나 '한 삶'의 두 면에 지나지 않는다. 그것을 긍정하는 쪽에서 보느냐, 부정하는 쪽에서 보느냐에 따라 복종이냐 저항이냐로 표현될 뿐이다. 이때는 그 복종은 참과 전체를 짓밟는 체계와는 전혀 무관하다. 오히려 이때는 내적 순종이 외적 저항으로 폭발하게 된다. 순종은 함석헌에게 있어 순응주의와 철저히 구별돼야 한다. 길듦은 짐승의 생리이기 때문이다. 그래서 함석헌은 순종과 저항과의 조화를 지혜로서 제시한다.

그러나 참과 전체에의 복종이라고 해도 그것은 마음에서 우러나는 자유를 바탕으로 해야 한다는 것을 그는 강조한다. 인격의 바른 발달을 위해서는 그래야 한다는 것이다. 도덕이라도 조숙하면 못 쓴다는 것이다. 저항의 정신이 도덕적이기 위해서는 충분한 성장을 필요로 하는데, 그 성장은 저항을 통해서 발전한다는 논리이다. 그는 "저항을 못 해본 것은 아들이 아니다"라고 말한다.[48] 그가 저항의 통로로서 언론 자유를 강조하게 된 것은, 바로 씨올(民衆)

---

47 함석헌, 『씨알은 외롭지 않다』, 209.

48 함석헌, "레지스땅스", 38.

의 자람에 관심하기 때문이다. 그래서 그는 민중의 자주적인 비판 정신을 살려야 한다고 역설한다.

4. 역사적 저항과 비폭력

함석헌의 저항은 단순히 인간의 개체적 존재와 삶의 영역에 머물지 않고 그것을 사회와 역사의 현장에서 육화시켰다는 데 그 특징이 있다. 이것을 우리는 '역사적 저항'이라고 부를 수 있는데 그것은 그대로 '존재적 저항'의 연장이다. 그는 '나'와 역사를 따로 떼어서 보지 않는다. 모든 것은 그에게 있어 전체이다.

그는 역사를 전체를 지향하는 뜻의 실현으로 이해한다. 역사의 뜻이란 사실(史實)에 부여된 의미와 다른, 보다 존재론적이고 우주론적 개념이다. 그것은 종교의 차원에서는 하나님으로 역사의 차원에서는 전체로 또는 정의와 평화로 표명된다. 역사란 전체를 실현해야 할 뜻을 처음부터 자체 안에 가지고 있다. 이 뜻의 자리에서 역사적 사실에의 뜻 매김이 비로소 가능하다. 뜻이 사실을 규정하기 때문이다.

그렇다면 역사의 장에서 저항은 어떤 꼴을 짓는가? 그것은 두말할 나위 없이, 전체의 실현을 방해하는 모든 것을 대상으로 한다. 그 가운데에서도 가장 두드러진 것으로서 그는 그릇된 제도와 체제를 꼽는다. 사람이 전체를 사는 것, 함께 '하나'를 사는 것을 가로막는 기본 되는 요인이 그릇된 제도나 체제에 있다고 보기 때문이다. 도대체 그는 제도니 조직이니 하는 것을 달가워하지 않는다. 지금까지 있어 온 모든 제도가 하늘 바탈(天性)을 짓밟기 일쑤였다는 것이다. 그래서 그는 그것들을 필요악이라는 관점에서 하는 수 없이 용인

하는 정도이다. 그가 정치 따위를 근본적으로 인정하지 않으려는 것도 그 까닭에서이다. 정치란 본래 지배와 피지배의 계급 관계를 떠날 수 없기 때문이다.[49]

게다가 정치가 깡패식 폭력주의로써 민중을 억압하는 체제로 나갈 때 그것은 함석헌에게 있어서 무섭게 저항하는 상대로 떠오른다. 어떤 이데올로기로서도, 어떤 이유로서도 민중을 억누를 권리가 없다는 것이다. 그런데 민중을 위해서 있어야 할 체제가, 또 민중을 위한다는 체제가 도리어 민중을 못살게 군다면, 그것은 자연히 역사의 심판을 면하지 못한다는 주장이다.

역사적 저항을 원리화하면, 그것은 '절대화한 상대'라는 데 그 초점이 있다. 상대가 자신을 절대화하려는 자만의 우상, 그것이 개인이든 집단이든, 그것은 저항이 겨냥한 제일의 적 대상이다. 모든 사회악이나 역사적 범죄, 반진리, 반정의가 거기에서 발단하기 때문이다. 그런데 함석헌의 존재적·역사적 저항론에서는 반문의 소지가 없지 않다. '나'에게 있어서나 역사에 있어서나 으레 있게 마련인 자성저항이라면, 구태여 따로 저항할 필요가 있겠는가 하는 점이다. 이것은 그가 실현이라는 말과 창조라는 말을 거의 같은 뜻으로 쓰고 있다는 점에서도 같은 문제를 안고 있다. 개인의 삶이나 역사가 단순히 그 자체 안에 있는 바탕이나 뜻을 실현하는 것이라면, 엄밀한 뜻에서 그것은 '새것'을 지어내는 창조는 아니기 때문이다. 이 점을 그는 뚜렷하게 밝히고 있지는 않지만, 그의 논조로 보아 바탕이나 뜻의 실현은 가능성으로 주어져 있을 뿐이며, 그것의 실현은 사람의 결단을 기다리는 물음으로 올 뿐 아니라, 그것은 곧 사람의 응답과 결단에 의해서 달성된다는 것으로 이해될 수 있다. 이 점에서 비로소 그의 저항은 적극성을 띠며, 역사는 씨올의 책임으로 주어지기에 이른다.

---

49   위의 책, 38.

그가 "모든 항의, 선언, 고발은 민중이 제게 대해서 하는 소리"라고 한 말은 이 점에서 새롭게 음미해야 할 것이다.

그는 역사의 진보를 믿는다. 어떤 사건을 거칠 때마다 역사는 "한 걸음 나아 갔다"라고 말한다. 이것은 진화론적 입장에 선 하나의 낙관론이다. 그런데 그는 현실의 역사를 '고난의 역사'로 본다. 특히 한국의 역사를 그렇게 본다. 역사의 비극은 근본적으로 뜻의 거부에서 유래하지만, 그는 이 한민족의 비극에서 세계사적 의미를 읽으려 한다. 그것은 한국사가 세계사의 하수도의 구실을 담당함으로써 세계사를 걸머질 수 있다는 자부심과 신념의 표현이다. 거기에는 세계 평화를 위한 '새 산문'(産門)'으로서의 민족적 사명의 촉구가 깔려 있다. 이것은 물론 민족적 자각을 전제로 한다. 그러나 민족사의 주체가 되어야 할 민중이 그의 시대적인 자각은커녕, 도리어 '잠자는 민중'으로 퇴보해감을 본 그는 그 근원적인 원인이 구조화·체제화한 세력의 억압에 있음을 깨닫기에 이른다. 그래서 그는 역사의 큰 뜻의 실현을 저해하는 구조악에 대해서 저항하고 나선 것이다. 이것을 바꾸어 표현하면, 그는 구조 안에서 역사의 뜻을 펴려는 것이다. 그리 하여 그는 1960년대에 들어서면서, 참역사는 단순히 그 뜻을 깨닫는 데 있는 것이 아니고, 그 뜻의 실현을 위하여 역사의 주체인 민중 스스로가 구조악과의 싸움에 나설 때 비로소 달성된다는 사실을 알고서 이를 주장하고 나섰으며, 그 자신 직접 민권 싸움에 적극적으로 뛰어들었던 것이라고 볼 수 있다.

1963년도에 그가 선거 유세에 나선 적이 있다. 그때 그는 끝내 순수한 들사람(野人)으로 남아있기를 바란 사람들에게 비난을 받았다. 그가 정치 현실에 참여한 것은 그의 야인성으로 보아 새로운 전환이었음에 틀림없다. 그러나 그건 어떤 정치적 이념을 실현하기 위하여 권력을 쟁취하려는 정치참여가 아니라, 구조악을 제거해 보려는 방편이었다고 할 수 있다. 그것은 들사람의 얼의 포기가 아니라, 도리어 들사람의 얼의 실천이었다. 이것은 함석헌을 조금만 알고 있는 사람이면 누구나 금방 알아차릴 수 있는 일이다.

그는 역사의 뜻이 이른바 엘리트나 집권자에 의해서 이루어지는 것이 아니고, 어디까지나 씨올에 의해서 구현된다고 믿고 있으며, 그래서 씨올은 역사의 중추세력임을 강조한다. 이것을 뒤집어 말하면, 짓밟힌 민중을 해방하는 것이 곧 역사의 뜻이며 그런 역사의 뜻을 실현할 역사의 주체는 바로 민중 자체라는 사실이다.

그리하여 함석헌은 그 자신 하나의 씨올로서, 씨올 편에 굳게 서서 그들의 입과 손발이 되어 주기로 나섰던 것이고, 그 일을 지금까지 계속해오고 있다. 이 역할의 하나로 그는 『씨올의 소리』라는 월간지를 창간하여 씨올의 설움과 한을 대변했고, 씨올의 자유와 인권을 부르짖고 그것을 가로막는 일체의 세력에 대하여 고발을 아끼지 않고 있는 것이다.

그런데 문제는 '어떻게' 저항하느냐에 있다. 함석헌의 저항의 방법은 말할 것도 없이 '비폭력적 저항'이다. 이것은 그에게 있어 아주 철저하다. 거기에는 그 나름의 철학적 근거가 있다. 그는 몇 해 전 필자와의 대담에서[50] 이른바 '비폭력적 저항'은 '전체'라는 것에 그 사상적 근거를 둔다고 밝혔다. "사람은 전체에서 산다. 그걸 떠나서 나란 있을 수 없다." 이런 원리에 서면 "대적까지 사랑해라"가 아니고, 대적 자체가 있을 수 없게 된다. 그에 따르면 전체의 행동 원리는 사랑이기 때문에 인간의 온갖 행동은 여기에 근거해서 이루어져야 한다는 것이다. 더구나 사회란 유기적 사회, 전체 사회이니까 하나를 이루어 함

---

50 '함석헌에게 듣는다', 『現存』 95호(1978), 13.

께 살 수밖에 없고 보면, 엄밀한 뜻에서 대적이 따로 있을 수 없다는 것은 그에게 있어서 당연하다.

이때 만일 저항의 하나로서 폭력을 행사한다면 상대 안에 있는 나의 동질성을 저버리는 결과를 빚게 된다. 게다가 인간이 하나님의 지음을 받았다고 믿는 사람은 아무리 극악한 상대라도 그 속에 신의 선한 본성이 있다는 것을 믿기 때문에 그에게 폭력을 행사할 수가 없는 노릇이다.

그리고 사회악이란 엄밀한 뜻에서 너-나의 공동관계에서 이루어지는 것이므로 일방적인 책임 전가는 독선적일 수 있다는 논리이다. 그렇기 때문에 저항은 상대방이 그의 잘못을 깨달을 수 있도록 끈질기게 촉구하는 것을 그 임무로 하는 데서 이루어져야 한다. 여기에는 자연히 어떤 희생이라도 무릅쓸 각오가 뒤따라야 한다. 상대방에 대한 각성의 촉구는 그의 잘못을 깨닫고 뉘우칠 때까지 계속되어야 한다. 이것은 저항에 대한 함석헌의 결의와 신념의 표현이기도 하다. 그러니 그의 저항은 저절로 비폭력적 저항일 수밖에 없게 된 것이다.

이러한 함석헌의 '비폭력 저항'에 대하여, 반체제 저항자들 가운데는 그의 주장이 열띤 반체제 저항운동에 '찬물을 끼얹는 짓'이라고 하여 못마땅해하는 사람들이 있다. 심지어 그의 그러한 저항은 불의의 세력에 간접적으로 동조하거나 비호하는 결과를 가져온다고 나무라기조차 한다. 그리고 그건 역사적 허무주의나 패배주의가 아니냐고 비판하기도 한다. 그런가 하면, 한쪽에서는 피압박자인 민중이 행사하는 폭력은, 권력 관계의 변수에 따라 정당방위로서 그 정당성이 인정되어야 한다고 하여 그에게 맞서기도 한다. 문제는 '누구의 폭력이냐'에 있다. 폭력이 누른 자의 것이라면, 눌린 자의 폭력은 도리어 누른 자를 해방시키기 위한 행동으로 해석되어야 한다는 것이다. 권력을 장악할 때 폭력을 행사한 지배자가 피지배자 계층더러 폭력을 거부하고 질서와 안정을 되찾으라고 역설하면, 결국 비폭력은 누른 자의 지배원리를 합리화시키는 결과가 되는 것이 아니냐는 것이다.

그런데도 함석헌은 이러한 반론에 대해서 '비폭력 저항'을 강력하게 옹호한다. 비폭력 저항은 약한 자의 방법이 아니고, 오히려 강한 자의 방법이다. 비폭력의 저항이 폭력보다 더 강하다는 것이다. 이것은 정신으로써 폭력을 이길 수 있다는 신념에 근거해서이다. 그의 비폭력 저항은 이미 이겨놓고 하는 저항이기 때문이다. 그의 저항의 목적은 어디까지나 참(眞)하려는 데 있기 때문이다. 이것은 오랫동안 짓밟혀 피가 끓고 있는 민중들에게는 참으로 어려운 주문이다. 그것은 아주 높은 경지의 정신력을 필요로 하기 때문이다. "반항은 하지만 미워하지 말고 싸움은 하지만 주먹질은 말라"라는 그의 말이 그리 쉽게 실천될 일은 아니기 때문이다.

함석헌은 그를 비난하는 사람들에게 이렇게 반문한다. "그대들은 나의 비폭력 저항은 공상에 지나지 않는다고 하겠지만, 그럼 그대들은 폭력을 써서 세계 평화를 가져올 수 있다고 보느냐? 그건 더 불가능하지 않느냐? 폭력이 현실적이라면 오늘까지 폭력을 행사한 인류사는 어째서 아직도 평화를 가져올 수 없었느냐?"[51]

함석헌의 비폭력 저항에는, 저항이란 어디까지나 폭력에 대한 저항인데, 만일 폭력을 사용한다면 그건 폭력에 대한 또 하나의 승인이 아닌가 하는 점이 암시되어 있다. 이러한 자기모순은, 인권을 위해 싸운다는 사람이 폭력을 사용함으로써 도리어 인권을 유린하게 되는 결과를 가져온다는 점에서도 나타난다.

---

51 위의 책, 13.

그의 비폭력 저항이 현대 사회·정치구조에서 어떤 문제를 안고 있든 '하나'이며 '전체'인 씨올 사상에 뿌리를 내리고 있는 그의 저항의 궁극적 목적과 희망은, 인류의 평화에까지 넓혀진다는 것을 우리는 알고 있다. 평화는 단순히 전쟁이 없는 상태를 가리키지 않는다. 그것은 정의와 인간화가 실현된 상태를 뜻한다. 그 평화의 길은 씨올의 비폭력 저항을 통하지 않고는 결코 오지 않는다는 것이 그의 신념이다. 그에게는 평화 통일도 여기에서 의미를 지닌다.

어쨌든 그는 하나의 들사람(野人)으로서 '죽을 때까지 이 걸음으로' 대듦의 삶을 살았다. 이것으로써 민중을 살리려는 모든 사람에게 희망과 용기를 깊이 안겨 줄 것이다. 그 자신 "하나님의 발길에 채어 다니는" 하나의 씨올일 뿐 아니라, 그의 삶 자체가 하나의 저항사이기 때문이다. 그의 들사람의 얼은 우리의 대듦의 현장에 깊이 함께 있을 것이다. 〈1982〉

참고 문헌

공자 저, 이기석, 한백우 역. 『논어』. 서울: 홍신문화사, 2007.

김승혜 편저. 『종교학의 이해』. 왜관: 분도출판사, 2015.

김하태. 『동서 철학의 만남』. 서울: 종로서적, 1986.

박영호 엮음. 『다석 류영모 어록』. 서울: 도서출판 두레, 2002.

송기득. 『끝내 사람이고자-그리스도교 신학과 민중 구원』. 대전: 한길책방, 1990.

이율곡. 『율곡전서』. 서울: 성균관대학교 출판부, 1971.

이정순. 『신을 묻는다』. 서울: 대한기독교서회, 2020.

한국종교연구회. 『종교 다시 읽기』. 서울: 청년사, 2004.

함석헌. 『인간혁명』. 서울: 일우사, 1962.

함석헌. 『씨알은 외롭지 않다』. 서울: 휘문출판사, 1978.

함석헌. 『생각하는 백성이라야 산다』. 서울: 생각사, 1979.

Barth, Karl. *Church Dogmatics*, vol. 1/2. Edinburgh: T&T Clark, 1956.

Bertocci, Peter, A. *Introduction to the Philosophy of Religion*. New York: Prentice-Hall, Inc., 1951.

Blakney, R. B. *Meister Eckhart: A Modern Translation*. New York: Harper & Brothers, 1941.

Bleicher, J. 저, 권순홍 역. 『현대해석학』. 서울: 한마당, 1990.

Borg, Marcus J. 저, 한인철 역. 『새로 만난 하느님』. 서울: 한국기독교역사연구소, 2001.

Brightman, Edgar S. *A Philosophy of Religion*. New York: Prentice-Hall Inc., 1940.

Bronstein, Daniel J. and Schulweis, Harold, M. ed., *Approaches to the Philosophy of Religion. A Book of Reading*, New York: Prentice-Hall, Inc., 1954.

Cassirer, Ernst. *An Essay on Man*. New Haven: Yale University Press, 1944.

Cassirer, Ernst. *Language and Myth*. trans. by Susanne K. Langer, Dover Publications Inc., 1946.

Ching, Julia. *The Religious Thought of Chu Hsi*. London: Oxford University Press, 2000.

Ching, Julia. *Confucianism and Christianity*, Tokyo: Kodansha International, 1978.

Chan, Wing-Tsit. *A Source Book In Chinese Philosophy*. Princeton: Princeton University Press, 1963.

Croatto, J. S. *Exodus: A Hermeneutics of Freedon*. New York: Orbis Books, 1981.

Cunningham, L.S. & Kelsay, J. The Sacred Quest An Invitation to the Study of Religion. New Jersey: Prentice Hall, 2002.

Ducasse, C. J. *A Philosophical Scrutiny of Religion*. New York: The Ronald Press Co., 1953.

Eckhart, Meister. *Meister Exkhart. A Modern Trans*. by R. B. Blakney. New York: Harper & Brothers, 1941.

Einstein, Albert. "Science & Religion." Daniel J. and Harold M. Schulweis eds. *Approaches to the Philosophy of Religion*. New Jersey: Prentice Hall Inc., 1955.

Ferm, Vergilius. *First Chapters in Religious Philosophy*. New York: Round Table Press, Inc., 1937.

Ford, Lewis S. *The Lure of God: A Biblical Background for Process Theism*. Philadelphia: Fortress Press, 1978.

Fosdick, Harry Emerson. *As I See Religion*, New York: Grosset & Dunlap Publishers, 1932.

Frazer, James G. *The Golden Bough*. New York: The MacMillan Co., 1935.

John B. Cobb Jr. *Transforming Christianity and the World*. New York: Orbis Books, 1999.

Kalton, Michael, et al. *The Four-Seven Debate: An Annotated Translation of the Most Famous Controversy in Korean Neo-Confucian Thought*. Albany: State University of New York Press, 1994.

Kim, Yung Sik Kim. *The Natural Philosophy of Chu Hsi (1130-1200)*. Philadelphia: American Philosophical Society, 2000.

King, Winston L. *Introduction to Religion*. New York: Harper & Brothers, 1954.

Knitter, Paul F. 저, 변선환 역. 『예수 이름으로만』. 천안: 한국신학연구소, 2001.

Kung, Hans. *Christianity and the World Religions*. Garden City, New York: Doubleday & Company, Inc., 1986.

Leuba, J. H. *A psychological Study of Religion*. New Yok: The Macmillan Co., 1912.

Nishida, Kitaro. *A Study of Good*. Trans. By V. H. Viglielmo, Tokyo: Printing Bureau, Japanese Government, 1960.

Noss, John B. *Man's Religions*. New York The MacMillan Co., 1949.

Otto, Rudolf. *The Idea of the Holy*. New York: Oxford University Press, 1926.

Rahner, Karl. *Theological Investigations*, vol. 5. Baltimore: Helicon, 1966.

Royce, Josiah. *The Religious Aspect of Philosophy*. Boston Houghton, Mifflin and Co., 1981.

Schinzinger, Robert and Kitaro, Nishida. *Intelligibility and the Philosophy of Nothingness*. Honolulu: East-West Center Press, 1958.

Thomson, Samuel M. Thompson. *A Modern Philosophy of Religion*. Chicago Henry Regnery Co, 1955.

Tillich, Paul. *The Protestant Era*. Chicago: The University of Chicago Press, 1948.

Tillich, Paul. *The Courage To Be*. New Haven: Yale University Press, 1952.

Tillich, Paul. *Systematic Theology, Volume one*. Chicago: The University of Chicago Press, 1952.

Whitehead, Alfred North. *Adventures of Ideas*. New York: The Free Press, 1967.

Whitehead, Alfred North. *Process and Reality: An Essay in Cosmology*. New York: The Free Press, 1978.

Waldenfels, Hans. *Absolute Nothingness*. trans. by G. W. Heisig. New York: Paulist Press, 1980.

Yu, Eui-Young and Philips, Earl. Eds. *Traditional Thoughts and Practices in Korea*. Los Angeles: California State University, 1983.

Zhu, Xi. *Zhuzi yulei (朱子語類)*. Beijing: Zhonghua, 1986.

西谷啓治. 『神と絶對無』. 東京創文社, 1960.

西谷啓治. 『宗教とは何か』. 東京創文社, 1961.

필자 및 편자 소개

필자 김하태

전 목원대학교 총장, 대학원장, 신학과 교수. 연희전문학교, 미국 Drew 대학교, Syracuse 대학교, 남가주 대학교 등에서 신학, 철학, 종교학 등을 공부했다. 연세대학교, 미국 Ohio Northern 대학교, Whittier 대학 등에서도 교수로 가르쳤다. 『자아와 무아』 등 9권의 저서와 『젊은 지성인』에게 등 2권의 번역서를 출간했다.

필자 송기득

전 목원대학교 신학과 교수. 연세대학교와 한신대학교에서 철학과 신학을 공부했다. 목포 결핵요양소 〈한산촌〉 소장으로 일했으며, 『현존』지 편집장을 역임했다. 한신대, 감신대, 성균관대, 숭실대 등에서도 강사로 가르쳤다. 명저 『인간』 등 20권의 저서와 『달라진 세계와 철학』 등 5권의 번역서를 출간했으며, 은퇴 후 계간지 『신학비평』과 『신학비평 너머』를 발간(2001-2018) 했다.

필자/편자 이정순

현재 목원대학교 신학과 교수. 충남대학교 영어영문학과를 졸업한 후 목원대학교에서 조직신학을 전공하고 석·박사 학위를 받았다. 그 후 미국 Boston University에서 조직신학, 종교철학, 영성 등을 전공하고 다시 박사 학위를 받았다. 미주 한인교회와 미국인 교회에서 목회했으며, Merrimack College 종교학과에서 강사로 종교학과 신학을 강의했다. 귀국 후 목원대학교 및 나사렛대학교 강사, 한신대학교 초빙교수 등을 역임했다.
『한국인의 실존과 신학 하기』, 『신을 묻는다』, 『대전·충남민주화운동사』(책임집필), 『영성과 실천』, Alfred North Whitehead and Yi Yulgok 등을 저술했으며, 『맑스와 예수의 대화』, 『무신론과 해방』, 『엑소더스』, 『프로테스탄트 시대』, 『종교의 정치학』 등을 번역했다. 최근에는 『나그함마디 문서』를 감수하여 출간했다.

종교학의 길잡이

초판인쇄 2022년 10월 31일
초판발행 2022년 10월 31일

지은이 이정순
펴낸이 채종준
펴낸곳 한국학술정보(주)
주 소 경기도 파주시 회동길 230(문발동)
전 화 031-908-3181(대표)
팩 스 031-908-3189
홈페이지 http://ebook.kstudy.com
E-mail 출판사업부 publish@kstudy.com
등 록 제일산-115호(2000. 6. 19)

ISBN 979-11-6801-827-3 93200